2024年度河北经贸大学科学研究与发展计划重点项目（2024ZD09）成果
2023年河北省创新创业教育教学改革研究与实践项目（2023cxcy076）成果
河北经贸大学学术著作出版基金资助

人本德育的唯物史观向度研究

崔 昆 ◎ 著

中国社会科学出版社

图书在版编目(CIP)数据

人本德育的唯物史观向度研究 / 崔昆著. -- 北京：中国社会科学出版社，2024. 12. -- ISBN 978-7-5227-4526-8

Ⅰ. G41

中国国家版本馆 CIP 数据核字第 2024L7L244 号

出 版 人	赵剑英	
责任编辑	田　文	
特约编辑	周晓慧	
责任校对	张爱华	
责任印制	张雪娇	

出　　版	中国社会科学出版社	
社　　址	北京鼓楼西大街甲 158 号	
邮　　编	100720	
网　　址	http://www.csspw.cn	
发 行 部	010-84083685	
门 市 部	010-84029450	
经　　销	新华书店及其他书店	

印　　刷	北京君升印刷有限公司	
装　　订	廊坊市广阳区广增装订厂	
版　　次	2024 年 12 月第 1 版	
印　　次	2024 年 12 月第 1 次印刷	

开　　本	710×1000　1/16	
印　　张	17	
插　　页	2	
字　　数	235 千字	
定　　价	98.00 元	

凡购买中国社会科学出版社图书，如有质量问题请与本社营销中心联系调换
电话：010-84083683
版权所有　侵权必究

前　言

　　以人为本是当代德育研究的核心话语。以往人本德育的理论探索主要是限于德育系统内部的一种抽象理念阐释与具体方法策略构建的研究模式，它缺乏历史观的宏大视野，也就没有真正触及人本德育的根本性问题。因此，需要研究视角有所突破，确立人本德育研究的唯物史观向度，即用唯物史观的基本立场、观点与方法，对人本德育缺失的社会根源、实现的根本条件以及其他相关基本问题进行解答，这将为人本德育的实现奠定根本性理论基础。

　　人本德育唯物史观向度研究的逻辑起点是对以人为本概念的辨析。在马克思主义语境中，以人为本包含两个相统一的基本层面，即哲学抽象意义上的以人为本与以人民为本。从逻辑上讲，德育不但要体现哲学抽象意义上的人本，同时还要体现以人民为本，才能使其人本目标真正得以实现。这一点就要从人本德育缺失的现实根源说起。

　　中西方德育史表明人本德育是人类的一种普遍性追求，但是历史上人本德育却从未真正彻底实现过。究其原因，是以往社会形态中德育人本追求的内在本性被政治系统所扭曲，其本质是德育领域中人民主体性的缺失。这是人本德育缺失的社会性根源，是其根本性问题。社会主义社会形态已经具有了解决此问题的根本条件。解决政治与德育的关系问题，并不意味着使德育脱离政治，而是要正确处理两者的关系，使之达到一种平衡、协调状态。由于政治对德育的介入主要是通过意识形态，因此，需要对意识形态概念进行深入分析。

意识形态是一个复杂、含混的概念。马克思主义经典作家奠定了此概念的基本分析框架，据此，对意识形态的一种理解就在于：意识形态作为一种高度综合的理论体系，在理论形式上，可以看作以理论化的特定阶级意识对于人类基本问题的一种系统解答。根据这个定义，意识形态所直接针对的是人类基本价值，意识形态的基本运动规律存在于它与人类基本价值的辩证矛盾当中：人类基本价值要通过意识形态这种载体表达出来；人类基本价值作为一种历史价值必然性是意识形态的最终评判标准。意识形态概念的探讨为人本德育根本性问题的解决奠定了理论基础。

从历史观的角度来看，根据历史反思，人本德育得以实现的根本在于，在德育中确立起人民主体性。而这一点集中于对意识形态的某种操作，这种操作并非取消灌输论、崇拜群众自发性，而是指将蕴涵人民主体性的人类基本价值与意识形态的辩证关系贯彻到德育之中，达到灌输性与人民主体性的统一，解决人本德育根本性问题。这也回应了"人本德育要体现人民本位"的问题，达到一种逻辑上的彻底。这是人本德育的唯物史观向度考察的逻辑终点。

目 录

导 论 ………………………………………………………… 1

第一章　人本德育研究的逻辑前提 ………………………… 30
第一节　以人为本概念的复杂性　/ 30
第二节　以人为本是人类的一种普遍性价值追求　/ 38
第三节　唯物史观视域中的以人为本　/ 55
第四节　以人为本的逻辑体系与人本德育的基本内涵　/ 73

第二章　人本德育的根本性问题 ……………………………… 87
第一节　中国古代传统德育的人本追求及其根本性问题　/ 88
第二节　西方德育的人本追求及其根本性问题　/ 104
第三节　人本德育根本性问题的理论分析　/ 124

第三章　人本德育唯物史观向度的哲学基础 ……………… 142
第一节　意识形态概念的复杂性　/ 142
第二节　马克思主义意识形态观基本要义及其引申理解　/ 151
第三节　唯物史观中的一般人性问题　/ 169
第四节　人类基本价值的内涵及其与意识形态的辩证关系　/ 185

第四章 人本德育根本性问题的唯物史观向度解答 …………… 195
第一节 德育泛意识形态化的实质 / 196
第二节 德育中人民主体性的确立与人本德育的实现 / 216
第三节 唯物史观向度中人本德育的主体间性 / 239

结　语 ……………………………………………………………… 250

参考文献 …………………………………………………………… 256

导 论

一 问题缘起与研究意义

（一）问题缘起

党的十八大报告指出，"高举中国特色社会主义伟大旗帜，以邓小平理论、'三个代表'重要思想、科学发展观为指导"①。作为科学发展观核心的"以人为本"也是一种对社会各领域具有普遍性指导意义的基本理念。相应地，在德育领域②，人们也普遍主张"以人为本"理念的重要价值，中共中央、国务院《关于进一步加强和改进大学生思想政治教育的意见》明确指出："思想政治教育要坚持以人为本。"习近平总书记指出："培养什么人、怎样培养人、为谁培养人是教育的根本问

---

① 胡锦涛：《坚定不移沿着中国特色社会主义道路前进 为全面建成小康社会而奋斗——在中国共产党第十八次全国代表大会上的报告》，人民出版社2012年版，第1页。
② 关于德育概念，一般来说有大德育与小德育之分。李萍等认为："在人们实际运用'德育'这个概念时，所指的常常是一个不确切的概念，为了便于研究，我们将各种所指分为两类：小德育或狭义德育，即品德为重点的道德教育（伦理学意义上的）；大德育即广义德育，包括政治教育、思想教育、品德教育以及心理教育等。"（李萍、林滨：《比较德育》，中国人民大学出版社2009年版，第5页）本书使用"大德育"概念，它与思想政治教育在适用范围上有所差别，但其内涵基本一致。郑永廷等认为，德育与思想政治教育的区别在于，在范围上，"德育一般在学校使用，而思想政治教育则在全社会通用"，在教育对象上，"德育一般指对在校学生的教育，而思想政治教育则是指对社会所有人员的教育"。但是"两者的指导思想与教育目标完全一致"；"两者的教育内容与重点完全一致"；"两者的教育途径与方式完全一致"；"两者的教育机构与人员完全一致"。因此，"学生思想政治教育与德育……是基本同一的概念"（郑永廷等：《主导德育论》，人民出版社2008年版，第2—4页），也就是说，在较为宽泛的意义上德育与思想政治教育两者可以互换使用。

题。育人的根本在于立德。"① 而学术界也普遍认为，"现代思想政治教育应提倡和坚持'以人为本'的原则和'人的取向'"，它"是现代思想政治教育与传统思想政治教育的本质区别"②，"以人为本是思想政治教育的本质要求"③。也有学者进一步提出，以人为本是现代德育或思想政治教育的新范式，如张耀灿认为："思想政治教育研究应自觉推进人学范式转换。过去思想政治教育研究的社会哲学范式是历史地形成的，向人学范式转换是时代的呼唤。"④ 万光侠也说："必须进行思想政治教育范式的转换，即实现思想政治教育由物本研究范式到人本研究范式转换。"⑤ 人本德育是现代德育的基本样态与发展方向已经成为一种共识，人本德育便成为我国德育理论研究与实践推进的核心问题。

人本德育的兴起是针对以往德育中存在某种程度上的"非人""人的缺失"现象而言的，如戚万学等所说："传统道德教育的一个重要特征就是它不是从人本身、从人的需要和人的发展出发的，而是把道德作为一种外部力量，强调它对人的约束……人在道德面前是被动服从的。我们称这种道德是一种无人的道德，这种教育是一种无人的教育。迄今为止，道德和道德教育中的无人现象依然严重。"⑥ 为此，学界对德育要以人为本的问题进行了比较系统深入的研究。一方面，人们对以往德育人本性缺失的原因进行了探究，提出了诸多观点，主要有德育内容的空疏教条问题，德育方法的硬性灌输问题，德育关系模式的单一主客体问题，德育价值取向上的社会本位、知识本位问题，总的说来就是以往

---

① 习近平：《高举中国特色社会主义伟大旗帜 为全面建设社会主义现代化国家而团结奋斗——在中国共产党第二十次全国代表大会上的报告》，人民出版社2022年版，第34页。
② 张耀灿、郑永廷等：《现代思想政治教育学》，人民出版社2006年版，第287页。
③ 骆郁廷、王若飞：《也谈思想政治教育要以人为本》，《武汉大学学报》（人文科学版）2004年第6期。
④ 张耀灿：《推进思想政治教育研究范式的人学转换》，《思想教育研究》2010年第7期。
⑤ 万光侠：《论思想政治教育人本研究范式》，《学校党建与思想教育》2012年第13期。
⑥ 戚万学、唐汉卫：《以人为本的道德和以学生为本的道德教育》，《中国教育学刊》2003年第1期。

德育从方法、内容、理念到关系模式等方面都缺乏对人本身、人性规律的关注。另一方面，以往德育研究也提出了实现人本德育的具体主张，如德育模式、德育方法、德育理念、德育内容等方面的改进措施与策略。

以往人本德育的研究指出了德育人本性缺失的一些基本原因，也提出了一些具有建设性的意见，从而对人本德育的实现具有一定的推动作用。但是，以往的这种研究模式本身也有一定的局限性。

首先，它尚未真正厘清人本德育与以人为本理念之间的关系。人本德育应该是科学发展观当中的"以人为本"理念在德育当中的贯彻实现，这也是学界的一个基本共识，如陈秉公认为："所谓'人本'德育即全面贯彻以人为本思想的德育。"① 然而，"以人为本"是一个比较复杂的概念。它首先是一种抽象的哲学理念，其内涵就像袁贵仁所说的："以人为本，就是说，与神、与物相比，人更重要、更根本，不能本末倒置，不能舍本求末。"② 而更具体一点的解释在于：以人为本"不仅是指人类的一切活动都要以人的利益、发展、幸福和自由为出发点和归宿点，而且是指以人为目的、以人为主体、以人为动力，是为了人、依靠人并且塑造人"③。这个定义依然是非常抽象的。当人们面对相对具体的问题，把以人为本的抽象哲学理念与特定语境相结合的时候，就出现了多种多样的以人为本的内涵。比如面对经济发展的"物本"倾向，以人为本可以解读为："当前，坚持'以人为本'，促进人的全面发展，关键在于端正发展目的，也就是在发展中既要重物（重视经济发展），这是发展的重要基础；更要重人，以人的全面发展为最终目标。"④ 面对执政党与人民的关系而言，以人为本的内涵就是："'以人为本'作

---

① 陈秉公：《以人为本的德育本体论解读——兼论由"民本"思想影响的德育到"人本"德育的历史性发展》，《教育研究》2005年第12期。
② 袁贵仁：《以人为本是科学发展观的核心》，《哲学研究》2005年第11期。
③ 雷鸣：《以人为本与党的执政能力建设》，《当代世界与社会主义》2007年第2期。
④ 熊宏俊、方彬：《论"以人为本"的几个前提性问题》，《求实》2006年第8期。

为执政治国的一个根本理念，有着极其鲜明的现实针对性，即针对执政党在体制、作风和思想状态等方面存在的突出问题而对症下药，用改革的精神加强党的建设，充分体现了中国共产党对于提高自身执政能力的自觉追求。"以人为本是"对执政党和政府行为的约束"。① 面对社会管理问题，以人为本又被解读为"以人才为本"，"以人为本就是以具有创新能力的人才为本"②。可见，抽象哲学层面的以人为本可以根据不同的问题语境引申出不同的内涵，以人为本除了是一种哲学观，也可以是一种经济发展观、政治执政观、社会管理观。而这些依然是以人为本哲学理念对社会宏观问题统摄、观照的结果，由它们还可以引申出更为具体的内涵，因为以人为本作为普遍指导思想可以统摄社会生活的各项事业，比如德育以人为本、科技以人为本、文艺以人为本等等。可见，对以人为本的解读可以构成一个复杂、庞大的逻辑体系。人本德育既然是以人为本理念从抽象到具体逻辑演化的结果，那么这里存在的问题就是应将以人为本的哪个部分作为人本德育的指导思想？就目前德育研究的现状来看，人们主要从以人为本哲学理念的抽象表述形式来观照人本德育的研究。但是问题在于，形式意义上的以人为本理念与西方人本主义、中国的人本传统有着共通之处，很难区分开来，无论是西方的人本主义还是中国的传统思想，以及马克思主义其实都体现了尊重人、关心人、发展人的人本精神。而在以人为本的研究中人们又普遍认为它们是有着重大区别的，不能把以人为本与人本主义以及中国古代的人本思想等同起来。于是，既然人本德育的研究是以人为本理念的贯彻，它就应该体现出这种区别。但是，当下关于人本德育的研究主要还只是体现出抽象意义上的以人为本，而没有体现出以人为本更为实质的精神内涵。所以国内有些人本德育研究就干脆以西方人本主义思想立论。

其次，这种研究模式也没有展现出我国的人本德育研究与西方人本

---

① 侯惠勤：《"以人为本"的精神实质和理论界限》，《探索》2005年第1期。
② 韩庆祥：《"以人为本"的科学内涵及其理性实践》，《河北学刊》2004年第3期。

主义德育、中国传统德育思想的本质区别。由于人们主要以抽象的人为本观照人本德育的研究，而没有体现出以人为本区别于人本主义、中国人本传统思想的精神实质，由此而展开的人本德育研究就很难与西方人本主义德育、中国传统德育思想区别开来。从西方的人本主义德育思想来看，"受人本主义德育理论的影响，当代西方国家的德育模式、德育方法呈现出明显的人本化趋势。所谓德育模式与方法的人本化就是以学生为中心，尊重学生的人格尊严，关注学生的生存、发展"。西方的人本主义德育思想，在目标指向上，主张培育学生的"完善人性"，在德育关系模式上主张强调建立民主、平等的师生关系，在方法策略上也提出重视学生道德认知能力的发展；强调对学生道德情感体验能力的培育；注重学生道德实践能力的发展；实施个性化教育、因材施教；反对方法上的灌输，主张"讨论法""自我学习法""自由学习法"。"总之，当代西方国家的德育模式、德育方法重视人、尊重人、关心人、理解人、发展人的主体性，表现了强烈的以人为本的倾向，对于形成学生完善的德性具有积极作用。"① 而对于中国传统的德育思想而言，我们同样可以说，它体现着鲜明的人本精神。在中国传统的儒家思想那里，他们主张启发诱导、发挥学生的主体作用。启发式教育，是孔子最重要的教育思想，依靠学生自觉地思考，发挥他们的主体作用，教育活动始终以学生为主体。于是他总结出了"不愤不启，不悱不发。举一隅不以三隅反，则不复也"的著名论断（《论语·述而》）。传统儒家也主张倡导乐学，培养学生的学习兴趣，"学而时习之，不亦说乎"，"发愤忘食，乐以忘忧，不知老之将至云尔"（《论语·述而》）。因材施教，发展学生的个性特长，这也是传统儒家德育思想的基本特征之一。孔子主张根据学生的个性差异和实际水平进行不同的教育。一方面，孔子认为，"性相近也，习相远也"（《论语·阳货》），提出了人性差异的观

---

① 参见范树成、李海《当代西方国家德育模式与方法的人本化趋势》，《外国教育研究》2006 年第 10 期。

念。另一方面,孔子认为"力不同科,古之道也"(《论语·八佾》)。主张根据学生的特点水平进行不同的教育,这就是"中人以上,可以语上也,中人以下,不可以语上也"(《论语·雍也》)。对此,南宋朱熹在《论语集注》中归纳为"夫子教人,各因其材"。鉴于中国传统德育思想的这种人本色彩,我们可以说,中国传统德育思想对当今德育以人为本有着重要而深刻的启发意义。

可见,关于德育之人本的抽象理念与具体的方法策略普遍存在于人类历史当中,所以有学者认为,德育以人为本的理念源自西方文化的人本主义传统和中国文化的人本意识①。而我国当前对于人本德育的研究总体上也是聚焦于抽象理念与方法策略的探讨,这种研究的方法思路对以往的研究范式并没有真正的突破,它所持有的观点主张与西方人本主义德育、中国传统德育思想也很难找到根本性区别,今天关于人本德育各个层面的研究几乎都可以在历史上找到踪迹。对此,一方面是源于德育作为人类的一种普遍性活动,有着普遍性的规律可以遵循,所以人本德育的这种研究向度有其合理性和积极价值。另一方面,从历史现实来看,聚焦于抽象理念与方法策略的人本德育研究未必是通达人本德育的充分条件。因为,尽管中国传统与西方的德育研究在抽象理念与方法策略的探讨上取得了丰富的成果,但是正如学界很多人所主张的,中国传统德育与西方德育同样没有达到人本德育的状态,如有人认为:"思想政治教育是以'人'为对象的社会实践活动,其实施者也是人,因而,以人为本是思想政治教育应有之使命。然而,打开人类教育历史的大门,却可以发现一部'非人'的教育历史。"② 由此看来,仅仅停留于抽象理念与方法策略的研究思路未必是通达人本德育的充分条件。

总的说来,我国当前的人本德育研究实质上是一种就德育而谈德育、聚焦于德育抽象理念与技术策略式的研究模式,即局限于德育系统

---

① 王东莉:《德育人文关怀论》,中国社会科学出版社 2005 年版,第 178 页。
② 刘亦工:《论高校思想政治教育以人为本理念的内涵与实践》,《学校党建与思想教育》2011 年第 35 期。

内部，抽象地在个人与社会、教育者与受教育者、情感与理性、个性与共性之间倒来倒去，寄希望以此来寻找达到德育人本的根本路径。这种研究虽然有重大的积极意义与合理性，依此可以发现人本德育的一些普遍性规律，有助于推进德育的以人为本。但这种思路仍然是不充分的，它并没有真正超出中国古代以及西方德育的研究模式，甚至如李萍等所说，这种研究模式其实是落后于西方现代德育研究的。

> 近现代以来，在教育学领域，我国基本处于一种"失语状态"，能够引领世界教育发展的潮流、出品对世界教育发展具有冲击力的教育经验、理论的大都是西方发达国家，而我国基本处在"听众"的地位，没有话语权，只能引进国外教育研究的成果，而缺乏"走出去"的能力。①

这样看来，目前人本德育的研究模式是有局限性的，仅仅依靠这种研究思路是无法为真正实现人本德育提供根本性理论指导的，是需要有所突破的。

突破以往就德育而谈德育的研究模式，也就是要跳出德育系统，站在历史观的高度，从社会结构与历史运行的角度来看待人本德育。这就是要确立人本德育的唯物史观向度。人本德育研究的唯物史观向度的基本内涵就是，从历史观的高度，借助唯物史观的基本立场、观点与方法，对人本德育缺失的社会根源、人本德育实现的根本条件、人本德育的社会历史意义以及其他相关基本问题进行解答。

此外，人本德育唯物史观向度的确立也具有一种逻辑上的必然性，是"以人为本"理念贯彻到德育领域的一种逻辑必然。人本德育研究的本质是将科学发展观之核心理念的"以人为本"贯彻到德育当中的一种理论思考。如前所述，以人为本首先是一种抽象理念，对于它的解

---

① 李萍、林滨：《比较德育》，中国人民大学出版社2009年版，第14页。

读，面临着"如何理解人""以什么人为本""以人的什么为本""谁是推进以人为本的主体"等问题，对于这些问题的解答就需要超出抽象言说、涉及更具体的哲学基础。而人们普遍认为，对于以人为本解读的哲学基础就是唯物史观，如郭凤志所说："只有结合中国社会主义现代化的实践，以唯物史观的立场、观点和方法才能全面、科学地理解当下中国共产党提出的以人为本的真实内涵。"① 它使得以人为本区别于传统民本思想与西方人本主义思潮。在此前提下，人本德育的研究就必须将"以人为本"中的唯物史观贯彻到人本德育的思考中。

（二）研究意义

人本德育唯物史观向度研究的最根本意义在于，它针对目前人本德育研究的理论局限，能够从历史观的角度确立并解答人本德育的根本性问题即政治与德育的关系问题，从而为人本德育的实现奠定最根本性的理论基础。具体来说就是，只有在唯物史观向度中才能够发现人本德育缺失的最终根源与人本德育实现的根本性条件，即发现要实现人本德育所需解决的根本性问题是什么以及对其作出逻辑解答。这是因为任何社会问题的根源都存在于社会结构与历史运动当中，正如列宁所说，"在分析任何一个社会问题时，马克思主义理论的绝对要求，就是要把问题提到一定的历史范围之内"②。而只有从唯物史观向度发现以及解决人本德育的根本性问题，人本德育才有真正实现的基础与可能性。其理由在于：要实现人本德育就必须解决以往德育所存在"非人"或者"人学空场"问题，对此以往人本德育研究的问题意识是非常明显的，人们指出了关于德育人本缺失的各种原因，也提出了相应的解决之道。但是，这些大多是局限于德育系统之内的思考，如德育方法、德育关系模式、德育理念等方面都是比较单纯的教育学问题。这些问题的解决当然有助于人本德育的推进。但是以往的人本德育研究所没有意识到的一点在于，无论是德育方法、关系模式，还是德育理念原则、价值取向等方

---

① 郭凤志：《唯物史观视域下以人为本的解读》，《理论月刊》2011年第8期。
② 《列宁选集》第2卷，人民出版社2012年版，第375页。

面的非人本性，其实都是对德育现象的一种描述，或者是人本德育缺失的浅层问题，这些问题背后有着深刻的社会性根源。对这种深层的社会性根源问题缺乏一种清醒的认识与解决，诸如德育方法、关系模式、原则理念等方面的人本性是不可能真正建立起来的。比如，我们今天的德育研究主张建立以人为本的德育方法策略，但这种主张在以往的社会形态中早已有之，却始终无法真正贯彻实施，人本德育也从未真正实现，问题何在？其根源还是要到社会历史层面去寻找人本德育缺失的社会根源与实现的社会条件，从而为人本德育方法策略等方面的人本性确立奠定现实基础，而这就是人本德育唯物史观向度的任务。

总之，人本德育唯物史观向度实质上是站在社会历史高度，对人本德育根本性问题的一种哲学反思，它提醒我们要从社会历史高度去关注、解决人本德育的根本性问题或者说元问题，从而为人本德育的实现奠定最根本的理论基础，同时这个问题的解决也能够为关于人本德育的具体性、操作性层面（诸如方法、关系模式、理念等）人本性的确立奠定现实基础。

二 国内外文献综述

（一）国内人本德育研究的文献综述

在我国，自从以人为本的科学发展观提出之后，人本德育就日益成为德育研究的中心话语，学界对此问题进行了比较深入、系统的研究，其研究内容大致包含了人本德育的基本内涵、人本德育缺失的基本原因、人本德育构建的方法策略等方面。

对于人本德育进行研究的逻辑起点是人本德育的基本内涵，对此问题学界已有大量的阐述。石凤妍等认为，以人为本是思想政治教育的必然要求："思想政治教育就是做人的工作。人是思想政治教育的出发点、中心和基础，也是思想政治教育的目的、归宿和根本。"[①] 邵广侠认为：

[①] 石凤妍、徐建康：《论以人为本的大学生思想政治教育》，《道德与文明》2007年第2期。

"以人为本的思想政治教育就是在进行思想政治教育的过程中，顺应人性，注重尊重人、关爱人和发展人的教育。"① 骆郁廷等认为："以人为本在思想政治教育领域的本质要求，强调要突出人的发展，人是教育的中心，也是教育的目的；人是教育的出发点，也是教育的归宿；人是教育的基础，也是教育的根本。"② 沈壮海认为："坚持教育服务人民、着眼人的全面发展、遵循人的发展规律、尊重人的主体地位，是高校德育人本追求的基本内涵。"③

以上是关于人本德育基本内涵的一些主要论述，虽然各种观点的表述有所差异，但是其核心思想都是认为人本德育就是把人本身而非其他事物作为德育的中心，德育所有的环节都是围绕人展开的，都是为了人本身的发展，人既是德育的前提与基础，也是其目的与归宿。但是在此基础上对德育人本内涵所作的进一步具体解读，即在"以谁为本""以什么为本"的问题上，则出现了不同意见。一种观点认为，德育的以人为本就是以学生为本，"以学生为本……真正把人、把学生的发展置于教育中的核心的、本体性的地位"④。"一切教育（包括思想政治教育）都必须坚持以人为本——以受教育者为本。"⑤ 但是也有人认为把德育之人本解读为以"学生为本"是一种误读或者偏差，有人提出德育要以人为本并不能仅仅等于以作为教育对象的学生为本，否则会导致教育实践出现种种误区。持这种观点的人一般把德育以人为本理解为"以师生为本"。沈壮海说："高校德育中的以人为本，即要看到作为教育对象的'人'，也要看到作为教育者的'人'，既要'以生为本'，也要'以师为本'。"⑥ 高文兵认为："以人为本的教育价值观主要体现为以师

---

① 邵广侠：《以人为本的思想政治教育探析》，《探索》2006年第5期。
② 骆郁廷、王若飞：《也谈思想政治教育要以人为本》，《武汉大学学报》（人文科学版）2004年第6期。
③ 沈壮海：《论高校德育的人本追求》，《思想理论教育导刊》2009年第11期。
④ 戚万学、唐汉卫：《以人为本的道德和以学生为本的道德教育》，《中国教育学刊》2003年第1期。
⑤ 万光侠：《思想政治教育的人学基础》，人民出版社2006年版，第478页。
⑥ 沈壮海：《论高校德育的人本追求》，《思想理论教育导刊》2009年第11期。

生为本的教育管理观……教育教学过程可以看做是师生双边活动的过程，必须坚持以师生为本。"① 也有人更加扩展了德育中作为"本"的"人"的内涵，王彦力认为，在人本德育中，"全面的理解应该就是'人'，涵盖了社会上一切与教育有关联的人，具体到日常的教育工作实践中，主要包括教育管理者、每一位在校师生以及学生家长、教师亲友等等相关的社会人员。"② 苏济也说，这里的人是"教育人"，即"学生、教师、教育行政管理人员共同构成'教育人'，意即直接参与教育事业发展的人"③。也有人说，人本德育当中的"人"既指"师生"，也指"全世界的人""人民"④。此外，关于人本德育内涵的解读还存在诸如"以个体为本还是群体为本""以人的一切为本还是以人的某些特性为本"等问题的争论。可见，关于人本德育内涵的解读还存在一些分歧，但是这些分歧不是根本性的、不可调和的。

在人本德育内涵阐释这个逻辑前提下，人们对于人本德育研究有两个基本向度：一是反思性的，即对传统乃至现今的德育存在的困境、问题进行反思；二是建构性的，即在反思现实与传统的基础上，提出德育实现人本的基本条件。

其一，从反思性研究的角度来说，人们大多将以往德育定性为一种"人学空场""人的缺失""人的物化"的教育。比如魏雷东认为，传统德育"在理论和实践上出现'人学空场'。之所以造成如此尴尬局面，根本原因在于把受教育者客体化，对人的理解方式是'人'对'物'。对人的理解方式的偏差，导致德育失去了人性的底蕴，屡屡出现为人诟病的'无人德育'现象"⑤。

人们普遍认为造成德育人本缺失的原因是多方面的，最主要的是以

---

① 高文兵：《试论以人为本的教育价值观》，《中国人民大学学报》2007年第4期。
② 王彦力：《教育"以人为本"误读解析》，《上海教育科研》2010年第7期。
③ 苏济：《对高等教育发展中"以人为本"问题的探讨》，《教育探索》2011年第4期。
④ 杨杰：《"以人为本"的高等教育理念视角》，《学术论坛》2006年第6期。
⑤ 魏雷东：《论当代德育的人本转向》，《河南师范大学学报》（哲学社会科学版）2006年第1期。

往德育在价值立场上是社会本位以及知识本位,从而忽视了受教育者个体的主体性。比如袁本新等说:

> 这种以社会发展为本位而非以个性发展为出发点的道德教育培养目标,是有利于凭借国家的权力,进行自上而下地培养社会所需人才,但是同时也使得个人成为社会、国家的工具。这就存在着巨大的危险,即当国家统治者出现角色错误的时候,道德教育的目标也就随之走向错误,给国家带来巨大的灾难。①

知识本位被称为思想政治教育的文本观,知识本位的德育就是人们通常所说的"美德袋教育""知性德育",很多学者认为,这种价值取向也是造成德育人本缺失的一个主要原因。除了价值立场之外,德育内容的空疏教条、德育方法的硬性灌输、师生双方关系的失衡、角色定位的错误等等都普遍出现在各种反思性德育研究中。

其二,是对人本德育的建构性角度研究。这是目前我国人本德育研究最为重要的部分,它涵盖了德育的理念、原则、方法、模式、内容等方面,力图为德育实现人本提供基本指导思想与具有可操作性的方法策略。总结起来,人本德育的建构性研究主要有几个方面。

首先,是关于人本德育的基本理念或原则问题。人本德育的理念实际上就是对于人本德育抽象内涵的进一步解读。人本德育就是把人本身而非其他事物作为德育的中心,人既是德育的前提与基础也是其目的与归宿。这个基本理念可以进一步解读为,人本德育要尊重人,邵广侠认为:"尊重人是实施以人为本思想政治教育的出发点。"② 尊重人就是要尊重受教育者的需求、个性、人格尊严、思考与判断能力等主体性因素。对于人本德育而言,尊重人是为了发展人,因为"人的主体意识的

---

① 袁本新等:《人本德育论》,人民出版社 2008 年版,第 254 页。
② 邵广侠:《以人为本的思想政治教育探析》,《探索》2006 年第 5 期。

觉醒，对于人的全面发展至关重要。从某种意义上说，只有在主体意识的统摄下，人才能对自身在世界中的地位、作用、权利、义务以及自身的潜能和力量有自觉的认识，才能去自觉追求和占有人的本质，才能自觉承担做人的责任"①。而发展人"就是要通过思想政治教育不断提高人的素质，不断提高和发挥人的主观能动性，这是以人为本思想政治教育的最终落脚点"②。为此就要转变原来的社会本位、物本位的观念，正确处理好社会与个人的关系，张耀灿等认为："个体价值是社会价值的基础，社会价值则是个体价值的延伸和验证。思想政治教育的个体价值和社会价值相互联系、相互促进，共同发展。"③ 杨德广等认为："'以人为本'的吁求的关注，应认识到，在原有教育目标的规定的基础上，将人的价值、尊严、潜能发挥等人性因素及其发展也作为教育应达成的目标，使社会要求与个人的富有活力的生长能有机地结合起来。"④ 尊重人、发展人是人本德育的基本理念，从这个基本理念出发还可以延伸出诸如关心人、了解人、激励人等说法，这些提法都是可以相互推导、相互贯通的。这些理念都体现了方法论与价值论意义上的人本价值的统一，可以对人本德育的实践起到指导作用。从人本德育的基本理念就引申出了人本德育的关系模式与具体方法策略问题。

其次，是关于人本德育的基本关系模式问题。对此问题，学界的基本共识就是现代人本德育是"双主体"或"交互主体"模式，人们普遍认为，传统德育是一种单向主客体关系模式，而现代德育就是以教育活动的参与双方都作为主体进行双向互动的一种教育模式。这种"交互主体"关系模式是对传统教育主客体关系的突破，要求既发挥教育者对受教育者施加影响的主体性，又承认受教育者主动内化教育者所提出思想道德要求的主体性，双向主体缺一不可。双主体模式的表现形式就是

---

① 王东莉：《德育人文关怀论》，中国社会科学出版社2005年版，第268页。
② 邵广侠：《论以人为本思想政治教育的实施策略》，《学术界》2007年第2期。
③ 张耀灿、郑永廷等：《现代思想政治教育学》，人民出版社2006年版，第173页。
④ 杨德广、朱炜：《"以人为本"的教育观述略》，《现代大学教育》2004年第4期。

要建立师生之间平等、民主、互动的关系状态，比如张耀灿就认为："现代思想政治教育中，教育者与受教育者是平等互动的关系。"教育者与受教育者在人格尊严方面是平等的，他们之间的互动是一种平等、民主的对话、交流、商谈的关系，"这种平等互动的关系，是现代思想政治教育的重要标志"①。

最后，从人本德育的理念以及模式中引申出了关于德育具体方法的观点。为了保障人本德育基本理念与交互主体模式的实现，就需要探索更为具体的方法、策略、途径这是人本德育理论研究中与实践结合最为紧密的层面。此方面的研究取得了丰富的成果，主要观点有：(1) 尽量减少和避免强制式灌输，"从单向灌输走向互动对话"②，注重养成教育。(2) 要注重受教育者的情感、意志等非理性因素，实行以情施教、情理结合进行引导的方法，"情感对人的认知活动具有动力作用，思想政治教育既要重视知识方面的教育，同时还要关注人的情感层面，使思想政治教育富于理性的同时，又渗透人情、人性，促使教育对象知、情、信、意、行的全面发展"③。(3) 要注重受教育者的个性差异，实行因材施教的方法；要改变被动接受，实行受教育者自我教育、自我管理的方法。"坚持以学生为本，就是要在思想政治教育过程中尊重学生的主体地位，引导他们自我教育、自我管理、自我服务。"④ (4) 改变以课堂为中心的模式，实行实践体验、环境建设的方法等等，"思想政治教育要促进人的全面发展不能仅仅局限于理论说教，而是要引导教育对象自觉参与合理的实践活动，在广阔的社会生活中感受崇高，践履道德。"⑤这些观点普遍存在于关于德育人本研究的各类文献中，成为人本德育研

---

① 张耀灿、郑永廷等：《现代思想政治教育学》，人民出版社2006年版，第271页。
② 王国银：《"以人为本"理念下高校主体性德育体系构建的思考》，《学校党建与思想教育》2012年第16期。
③ 李丹：《论以人为本的高校德育创新路径》，《学校党建与思想教育》2011年第34期。
④ 刘亦工：《论高校思想政治教育以人为本理念的内涵与实践》，《学校党建与思想教育》2011年第35期。
⑤ 李德平：《思想政治教育以人为本实践路径的思考》，《学术论坛》2011年第1期。

究的最主要、最普遍的内容。

(二) 国外人本德育研究的文献综述

在我国，人本德育是科学发展观中的"以人为本"理念贯彻到德育研究的结果，而国外特别是西方资产阶级国家也讲人本德育，但是它的人本德育实际上是西方人本主义理念统摄德育研究的结果。由于我国的以人为本概念与西方的人本主义有着根本性的区别，因此，严格说来，西方人本德育与我国的人本德育是有差异的。但鉴于德育本身是一种普遍性的人类活动，它具有一些普遍性的规律，因此，中西方的人本德育总会有一定的相通之处，我们也需要对西方人本德育研究状况作一个简要的梳理。

西方文明在其源头即古希腊时期就已经具有了人本德育的思想，这个时期的思想家诸如苏格拉底、亚里士多德、柏拉图等人都提出了德育要以人格的生成为终极目的，西方学者阿伦·布洛克就说过，古希腊思想"奠定了西方文明的一个伟大的假设，即可以用教育来塑造人的个性的发展"[①]。古希腊思想家对人性结构进行了探讨，奠定了此时期德育的人性论基础，也提出了一些具有人本性意味的德育理念以及相应的方法策略。这是西方人本德育思想的起源，而中经文艺复兴、启蒙运动，人本德育思想始终是西方德育思想发展史中一个时隐时现的线索。西方德育理论发展到现代，依托新的社会背景与学术背景，将西方德育的人本精神推进到一个新的阶段，出现了学派林立的繁荣景象。这其中既有以人本主义命名的人本主义道德教育理论，也有一些虽未称为人本主义但实际上却鲜明地体现人本主义立场的道德教育理论流派，如杜威的进步主义教育理论，柯尔伯格的道德教育认知—发展理论，价值澄清学派的道德教育理论，存在主义道德教育思想，关怀论或体谅论的道德教育理论等等。这些不同的流派都有一个共同的人本理念，即道德教育是以

---

① [英] 阿伦·布洛克:《西方人文主义传统》，董乐山译，生活·读书·新知三联书店1997年版，第4页。

人的发展为终极目的。

现代西方人本德育影响最大的是美国哲学家约翰·杜威的进步主义德育理论。杜威在批判传统"三中心"教育理论即教师中心、书本知识中心和课堂中心教育模式的基础上，明确提出了要以学生为本的思想，"现在，我们教育中将引起的改变是重心的转移。这是一种变革，这是一种革命，这是和哥白尼把天文学的中心从地球转到太阳一样的那种革命。这里，儿童变成了太阳，而教育的一切措施则围绕着他们转动，儿童是中心，教育的措施便围绕他们而组织起来。"① 同时，杜威认为以学生为中心并不意味着自由放任，他认为教师具有指导学生的责任。杜威认为，教育者与受教育者构成了一个活动共同体，而教师是这个团体中"明智的领导者"。但他也认为学生的主体性是教学过程中的决定性因素，而教师只是对学生自主学习成长起到辅助性指导作用。杜威在教育方式方法上最显著的特点是提出了"教育即生活"的理念。杜威认为，"一切教育都能塑造智力的和道德的品质"，但"这种塑造工作不只是先天活动的塑造，而是要通过活动进行塑造"②。杜威这种"教育即生活"的理念是对传统知识化、灌输性德育的反拨，能够调动学生的自主性、积极性，是以学生为中心理念的体现。

现代西方人本德育的典型还有人本主义道德教育理论，它建立在马斯洛与罗杰斯的人本主义心理学基础之上。罗杰斯认为："每个个体本身都蕴藏着一种能力……我们……使每个个体去自由地发现他们内在的智慧和自信。"③ 现代教师不同于传统，他是一个"促进者"的角色，"而促进者只需关心学习氛围问题：我如何创造一种心理氛围，使孩子们能感受到从老师、同学、环境和自己的亲身经验中学习的自由，使学

---

① 赵祥麟、王承绪编译：《杜威教育论著选》，华东师范大学出版社1981年版，第32页。
② [美] 约翰·杜威：《民主主义与教育》，王承绪译，人民教育出版社2001年版，第81页。
③ [美] 罗杰斯：《自由学习》，伍新春等译，北京师范大学出版社2006年版，前言第3页。

生兴趣广泛，不畏惧错误?"① 人本主义德育理论的出发点是其对人性的认知，他们认为人本性为善，具有自我实现的内在潜能，马斯洛说："人类生活唯有当其最高理想得到观照时，才可能获致真正的了解。成长、自我实现，迈向健康的奋斗，对独特自我的追寻，对完美的渴望，及其他个体向上发展的形式，现在都必须看作人类普遍的内在倾向。"② 基于这种人性论，人本主义德育认为，教育的目的就在于帮助人最大限度地发挥其自身的潜能，形成"完美的人性"，成为"自我实现的人"，马斯洛说："教育的功能、教育的目的——人的目的、人本主义的目的、与人有关的目的，在根本上就是人的'自我实现'，是丰满人性的形成，是人种能够达到的或个人能够达到的最高度的发展。"③ 为了实现这种教育目的，人本主义者提出要改革传统的教育模式。人本主义道德教育批判传统的师生关系是单一主客体关系，其教育方法也是硬性粗暴地灌输与管制，主张建立平等民主、和谐融洽的师生关系。在这种师生关系中，教师由传统的教育者转变为"促进者"，学生在学习方式、学习目标及人生选择上具有自主选择权、决定权，而教师只是作为促进者帮助学生更好地实现自我。人本主义德育理论认为，这种非指导性教学是一种"以学生为中心"的教育模式。

现代西方人本德育研究还有一个影响比较大的流派就是以科尔伯格为代表的道德教育认知—发展理论。这个学派最大的特点就是注重对学生道德推理能力的培养。科尔伯格反对灌输教育，他认为传统的美德理念"是用灌输的教学方法传授所谓世俗社会公认的道德观念。该理论自以为代表了世俗人们的'共同认识'。进一步说，这种理论通常依据社会相对论，认为价值观具有相对性，考察价值观的唯一客观标尺是看其

---

① [美]罗杰斯：《自由学习》，伍新春等译，北京师范大学出版社2006年版，第157页。
② Abraham H. Maslow, *Motviation and Personality*, New York: Harper & Row, 1970, reface 12-13.
③ [美]亚伯拉罕·马斯洛：《人性能达的境界》，林方译，云南人民出版社1987年版，第169页。

是否与某具体情况下社会群体大多数人价值观相关联。这种假设我不赞同"①。他认为教育对象能自发地形成他们的道德观念。教育者的任务主要在于帮助受教育者形成正确的道德推理判断能力,"我们关于道德推理发展阶段的研究为旨在使儿童的道德判断向高一阶段发展和培养儿童根据其判断去行动的能力的那种道德教育新方法提供了基础。"② 这种道德认知推理能力主要是一种理性的能力,"道德判断主要是一种理性运算的功能,属于情感方面的因素……会进入其中,但道德情境的理解取决于……判断的个体"③。道德认知与发展理论认为,通过这种能力的养成可以使学生成为自我选择、自我决定的人。为了达到这个目的,科尔伯格也提出了一系列具有人本意味的教育思想,比如要注重对受教育者本身身心规律的研究与认识,要建立教育者与受教育者之间交互主体的关系,推崇苏格拉底式的对话式教育方法以及实践教育的方法。

除此之外,现代西方人本德育还包括价值澄清学派的道德教育理论、存在主义道德教育思想、关怀论或体谅论的道德教育理论等,这些德育理论各有不同的理论基础,如心理学、社会学或者哲学等,也都各有不同的侧重点,如价值澄清学派关注人的价值判断选择能力的培养,关怀论关注人的道德情感体验问题,而存在主义则主张在德育中凸显对人的自由本质、教育对象自身主体性的尊重。比如存在主义者奈勒曾说,存在主义不会轻易地提出一套社会的或客观的价值准则。没有道德规范和准则可以指导我们的行为。人必须发自内心地理解真善美。教师珍视的价值观不应该强加于学生,不要把这些所谓的

---

① Lawrence Kohlberg, *Essays on Moral Development*, Vol. I: *The Philosophy of Moral Development*, New York: Harper & Row, 1981, p.2.
② [美] 科尔伯格:《道德教育的哲学》,魏贤超等译,浙江教育出版社 2000 年版,第4页。
③ [美] 科尔伯格:《道德教育的哲学》,魏贤超等译,浙江教育出版社 2000 年版,第6页。

价值观说成是学生应不加批判地接受的行为准则。这些学派对德育的基本理念、模式、方法也提出了各具特色的观点，都体现了德育要以人为本的基本精神。

以上对国内外人本德育研究的梳理表明，中西方人本德育的研究实际上是具有一定的相通性的，它们都注重德育以人为本理念的阐释与弘扬，都注重教育方法策略方面的探索与建构。进一步来说，中西方的现代人本德育研究实际上是一种偏实证性的研究模式。现代社会中自然科学与哲学社会科学的发展使得人们对人的心理活动、社会活动规律有了更为深入细致的认知，于是，现代人本德育就以社会学、心理学等最新科学知识为基础，从各个角度提出了更为新颖、更为科学细致、更具可操作性的德育理论，这是人本德育研究的一个主流趋向。但也可以看出，现代人本德育主要是一种就德育而谈德育的研究思路，它们关注的是比较纯粹的教育学问题，而从历史观特别是唯物史观的角度对人本德育的观照是很少的。这一点对于非马克思主义意识形态的西方国家自不待言，而对于马克思主义意识形态为主流的社会主义中国来说，其德育理论也很少将人本德育与唯物史观连接起来。于是，人本德育缺失的社会历史根源是什么？人本德育实现的根本性社会条件是什么？人本德育的方法策略建设与这种社会根源又是什么关系？这些问题在以往的人本德育研究中一直没有得到系统、深入的探讨。可以说，在我国的德育理论研究中人本德育唯物史观向度的系统探讨其实是一个空白。

三 研究思路与研究方法

（一）研究思路

首先，以人为本概念的辨析是人本德育唯物史观向度研究的逻辑起点。人本德育是科学发展观中"以人为本"概念贯彻到德育领域的结果，对人本德育的任何角度的理论研究都必须首先搞清楚究竟如何理解"以人为本"的问题，这是一种逻辑上的要求。

以人为本作为科学发展观的核心在其提出之时，党中央对其就有比较明确的阐释，胡锦涛指出的以人为本、全心全意为人民服务，"相信谁、依靠谁、为了谁，是否始终站在最广大人民的立场上，是区分唯物史观和唯心史观的分水岭"①。习近平总书记也指出："坚持以人为本，尊重人民主体地位，发挥群众首创精神，紧紧依靠人民推动改革，促进人的全面发展。"② 这种言说表明我国的以人为本概念是以唯物史观为理论基础，其实质内涵是以人民为本。但是政治权威的这种言说只是一种总体指导精神，在理论界对此概念的解读呈现出多样性的态势，这些解读都具有合理性，在其特定角度或语境中都是成立的，但对于人本德育研究而言，我们必须对这些多样性内涵之间的逻辑关联有一个比较清晰的梳理。

对中西思想史的梳理表明，以人为本首先是一种抽象哲学理念，它具有历史普遍性。马克思主义体系继承了这一抽象理念，并依据唯物史观进行了理论上的推进，其理论特质就演变为"人民本位"，并且它与哲学抽象意义上的以人为本是辩证统一的，两者构成了以人为本概念最基本性的层面。这两个层面与特定的具体语境问题相结合，能够推演出执政观、经济观或者管理观等具体性的以人为本概念。根据这种思路，我们就能够建立起关于以人为本概念的逻辑体系。在这个逻辑体系中，抽象的以人为本与人民本位是最具有普遍指导意义的层面，在逻辑上它们必须同时贯彻到德育之中，人本德育才能够真正实现。在人本德育唯物史观向度中，特别强调了从人民本位过渡到人本德育之上的独特价值。这除了逻辑上的要求之外，还根源于唯物史观向度中人本德育的根本性问题。

其次，从历史观的角度，以唯物史观关于人类社会基本构成与运行规律的基本观点为理论工具，分析人本德育缺失的社会根源。这是人本

---

① 《十六大以来重要文献选编》（上），中央文献出版社2005年版，第369页。
② 《十八大以来重要文献选编》（上），中央文献出版社2014年版，第514页。

德育研究的起点问题。

要从社会历史观的高度探究人本德育的根本性问题，就必须以德育史实为基础，运用唯物史观的基本理论框架进行分析。因此，首先需要对中西德育思想史进行回溯与梳理。这种研究表明，实现人本德育是人类历史中的一个普遍性追求，但还没有哪一个历史时期与社会形态能真正做到人本德育。其根源存在于德育系统之外的社会结构中。唯物史观将人类社会基本结构做了经济基础与上层建筑的划分，又将社会上层建筑分为政治上层建筑与思想上层建筑，并阐述了其辩证关系。德育活动属于思想上层建筑范畴，对其影响最大的则是一个社会的经济与政治系统。但经济系统对德育并不会起到直接决定作用，因为经济活动本身是分散的，不能构成一个具有高度自觉性的整体，对德育起到直接决定作用的是政治系统。政治是一种具有高度自觉性的社会子系统，它是整个社会生活的组织中心，不但对经济交往起到一种引导和规范的作用，也直接决定了德育的基本样态。德育的历史现实表明，在以往的社会形态中，政治系统对德育人本追求的扭曲是人本德育的历史追求落空的社会根源。这表明政治与德育的关系问题是社会历史层面人本德育缺失的根本性问题，这种社会现象在某种程度上也同样存在于传统社会主义的历史进程之中。但是，同样根据唯物史观的基本理论，社会主义的经济基础不同于其他社会形态，这种差异决定了社会主义中的政治与德育关系问题又与以往社会形态有所不同，即以往社会形态中政治对德育人本性的扭曲是一种历史必然，而社会主义则具备了解决这个问题的根本条件。现今社会主义社会要实现人本德育就必须正确处理政治与德育的关系问题。

由于政治介入德育并非通过强制力，而是通过意识形态这个中介，因此，对于政治与德育关系问题的探讨可以聚焦到意识形态与德育的关系问题上。但对此问题，需要明确两点：一是德育活动不能非意识形态化。正如列宁所说："或者是资产阶级的思想体系，或者是社会主义的思想体系。这里中间的东西是没有的……"① 这也就是说，意识形态是德育活动所脱离不了的一种精神存在，德育作为人类精神文化传承活动必须在各种意识形态之间作出何为主导的选择，德育非意识形态化的本质就是否定马克思主义意识形态的指导地位，转而走向其他的主要是资产阶级的意识形态。二是德育也不能泛意识形态化，这也是人们基于对以往德育反思所取得的一种共识。比如谢宏忠认为："在整个'文革'期间，学校和社会结构几乎完全丧失了培养人、塑造人的作用而沦为政治斗争的工具。……主流意识形态的泛化，在党和国家的这段历史上留下沉痛的教训。"② 邱柏生也说：在反对"去政治化"倾向的前提下，要"避免'泛政治化'现象的出现"③。而要能够正确解决政治与德育或意识形态与德育的关系问题，就必须对意识形态概念有所分析。

再次，以马克思主义意识形态观基本要义为基础，探究意识形态的基本内涵、特性及其根本性运行规律，奠定人本德育唯物史观向度考察的哲学基础。

意识形态向来是社会科学研究领域最为复杂、含混的一个概念，中外理论界对其有多样性的理解。我们界定意识形态概念的基础就是马克思主义经典作家奠定的关于意识形态概念分析的基本框架与核心要义。我们对这些要义进行整合，以逻辑推理的方式确定了意识形态概念的基本内涵：意识形态作为一种高度综合的理论体系，在理论形式上可以看作以理论化的特定阶级意识对于人类基本问题的一种系统性、理论性解答。从这个界定可以看出，意识形态所直接针对的是人类基本问题。而人类基本问题，就是人与人、人与社会、人与自然关系的问题，从哲学意义上说，这些问题从古至今并没有发生本质改变，都是为了摆脱人对

---

① 《列宁选集》第 1 卷，人民出版社 1995 年版，第 326 页。
② 谢宏忠：《大学生价值观导向——基于文化多样性视野的分析》，社会科学文献出版社 2010 年版，第 66 页。
③ 邱柏生主编：《高校思想政治教育的生态分析》，上海人民出版社 2009 年版，第 301—302 页。

人的依赖、对物的依赖，最终走向自由全面发展的问题。这些基本问题贯穿了人类历史发展的始终，它意味着人类社会中普遍性基本价值的存在。这样，意识形态所直接针对的就是人类基本价值，意识形态与人类基本价值构成了一对基本辩证矛盾，而意识形态的基本运动规律就存在于它与人类基本价值的辩证运动当中。人类基本价值是一种普遍性价值，为了确证它的存在以及内涵，就需要为其奠定哲学基础，这就涉及了唯物史观中的一般人性问题。我们在对一般人性与唯物史观关系的探讨中确定了人类基本价值的基本内涵：它本质上是一种历史价值，是一种历史价值必然性，也是一种普遍价值与绝对价值。它是从人类共通的人性生发出来的，天然地存在于人民群众的思想与实践中，这种基本价值具有先验合法性、合理性，它是人民群众历史主体性的精神之维。

根据这样的分析，我们就能够确定意识形态与人类基本价值的辩证关系在于：人类基本价值要通过意识形态这种载体表达出来；人类基本价值作为一种历史价值必然性是意识形态的最终评判标准。

最后，以意识形态内涵与根本规律的探讨为理论基础，对人本德育的根本性问题作出唯物史观向度的解答，这是人本德育唯物史观向度研究的逻辑终点。

在前面的推理中，我们确定了人本德育的根本性问题在于处理意识形态与德育的关系问题，人本德育唯物史观向度研究最终就是为了能够解答这个问题，而为了能够解答这个问题，首先必须明确这个问题的实质究竟是什么，即德育泛意识形态化的实质是什么。对意识形态概念的专门分析为此奠定了基础，据此，德育泛意识形态问题的实质并非一个教育学问题，它存在于社会主义意识形态总体运动之中，有着这个总体运动的基本特征。通过对社会主义意识形态运动的历史现实、运行机制的分析表明，传统社会主义意识形态总体运动所存在的最大问题就是人民主体性的缺失，这也构成了社会主义德育泛意识形态化问题的实质。

为了能够解决德育泛意识形态化问题，就必须在德育中确立人民主体性，但这并非列宁所批判过的那种取消意识形态引导与灌输、对群众自发性的崇拜，它是针对德育的泛意识形态化问题而言的，它要解决的是在坚持意识形态引导与灌输论的前提下，如何避免意识形态运动的单一主客体问题（即人民主体性丧失），因此，它所追求的是灌输论与人民主体性的统一。德育中人民主体性确立的基本途径就在于将蕴含"人民主体性"的人类基本价值与意识形态的辩证关系贯彻到德育当中。在这一过程中，将会涉及意识形态现实认同、意识形态理论认同、人类基本价值等概念之间的逻辑关系，这几个要素及其辩证关系构成了独立人格的内在结构。独立人格是人本德育的终极追求，并且在德育中引入意识形态与人类基本价值辩证关系而建立起来的这种独立人格结构，能够完成人本德育一系列基本范畴诸如德育的人本性与政治性、意识形态性与非意识形态性、社会性与个体性等之间的辩证统一。因此，这种人格结构就是人本德育唯物史观向度考察的逻辑终点。另外，将意识形态与人类基本价值引入德育确立这种人格结构的过程，同时回应了如何处理政治与德育、意识形态与德育的关系问题，以及回应了"为何人本德育要体现'以人为本'中人民本位才能够实现"的命题，这样就达到了一种逻辑上的彻底。

（二）研究方法

本书主要使用逻辑与历史相统一的思维方法。本书面对的是一种基本理论问题，因此，本书所使用的主要是概念分析与逻辑推理的方法。唯物史观向度中的人本德育研究将会涉及一系列基本性、抽象性的理论概念或命题，诸如"以人为本""意识形态""人类基本价值""一般人性"，这些都是人本德育唯物史观向度的核心概念，能否对其有一个非常清晰、精确的理解、界说将会直接影响对人本德育基本问题解读的成败。而这些命题或者概念又是在逻辑上极为复杂、含混的问题，这就要求本书在进行研究的过程中时刻依赖大量而精深的概念分析与逻辑推理的思维，这是本书所使用的基本研究方法。同时逻辑角度的探索又不能脱离对现实的观照，本书从唯物史观角度对人本德育的根本性问题进行思考，而人本德育根本性问题同时也是一个历史现实问题，为了能够说明人本德育缺失的社会性根源以及解决路径，需要大量的社会历史事实作为支撑。总的说来，逻辑分析是建立在社会历史现实的基础之上的，而逻辑分析的结论也要能够解释、指导现实性问题，因此，一种科学的研究方法就必须达到逻辑与历史相统一，这是本书所使用的核心研究方法。

另外，本书还使用了文献阅读法、比较分析法等其他方法。从唯物史观角度研究人本德育的根本性问题就必然涉及唯物史观的一些基本理论问题，诸如意识形态概念、一般人性等，对这些问题的分析必须以马克思主义为基本立场，因此笔者大量地阅读了马克思主义经典文献，这包括马克思、恩格斯、列宁的相关经典著作，也包括毛泽东、邓小平、江泽民、胡锦涛、习近平等的相关理论文献，力图使马克思主义基本立场贯彻于本书的始终。再者，人本德育问题也是一个普遍性问题，不但社会主义讲求人本德育，西方资本主义乃至中国传统文化也同样存在对人本德育的追求，这就要求本书对中外的基本哲学思想演进、基本教育思想演进都有所涉及，因此本书大量查阅了中西方哲学以及德育思想文献。并在此基础上，将社会主义德育与中国古代传统德育以及西方资产阶级德育问题进行比较研究，为唯物史观向度中的社会主义人本德育问题研究奠定基础。

四 创新之处与不足

（一）本书的创新之处

其一，本书提出了人本德育研究的唯物史观向度，这是一种研究角度的创新。以往人本德育研究主要聚焦于人本德育抽象内涵、基本原则、关系模式、方法策略等方面，这是一种抽象形式与技术策略式的研究，即局限于德育系统内部就德育而谈德育的一种理论思维。它有其重大的积极价值与合理性，依此可以发现人本德育的一些普遍性规律，有助于推进德育的以人为本。但这种思路仍然是不充分的，因为从根本上说来，人本德育不是一个单纯的教育问题，而是一个社会性问题，人本德育缺失的最终根源、人本德育实现的根本条件与基本规律都存在于社会历史的运动当中。因此，需要突破传统的就德育而谈德育的研究思路，从社会历史观的角度对人本德育的根本性问题进行观照，这就是人本德育唯物史观向度提出的必要性与合理性，这同时也是以往德育研究所欠缺的思维向度。所谓人本德育的唯物史观向度是指：从历史观的高度，借助唯物史观的基本理论，对人本德育缺失的社会根源、人本德育实现的根本条件、人本德育的社会历史意义以及其他相关基本问题进行解答。具体说来，唯物史观是人本德育思考的一种理论角度，它启示我们人本德育并非一个单纯的教育问题，人本德育缺失的根源与实现的条件都在于社会历史运动当中；唯物史观也是人本德育思考的基本方法，对于人本德育一系列基本问题的思考都需要以唯物史观的基本立场方法为分析框架；唯物史观也在实质意义上内含着人本德育实现的根本条件。

其二，本书提出了人本德育实现的根本性条件在于德育中人民主体性的确立。以往人本德育研究主要是把德育的抽象理念或基本原则的确立（如反思传统的物化、奴化德育，确立以人为本即关心人、解放人、发展人的基本立场），德育方法与策略的改进（诸如改变原来的硬性灌输，实施因材施教、个性化教育、情感教育、实践教育等教育方法），德育关系模式的转变（从传统的单一主客体模式向交互主体性模式转变）等等方面作为人本德育实现的基本条件或路径。实际上这些德育抽象理念、方法策略以及关系模式背后的更深层根源在于社会历史的结构与运行。一方面，人本德育缺失的社会性根源在于德育与政治系统关系失衡问题，这集中表现为德育的泛意识形态化问题，这是人本德育的根本性问题。而德育的泛意识形态化问题的实质存在于社会的意识形态总体运动当中，即人民主体性的缺失，因此人本德育根本性问题的解决就在于在德育系统中确立人民主体性，从而达到灌输性与人民主体性的统一。另一方面，从逻辑角度来说，社会主义德育是以科学发展观中的"以人为本"命题为根本指导的，以人为本命题至少包含了两个基本性层面。一是哲学抽象理念，这是一种普遍性的价值追求；二是以人民为本。既然人本德育将"以人为本"作为指导，那么它不但要体现哲学抽象意义上的价值立场，还要体现"人民为本"的唯物史观立场，人民主体性要贯彻到人本德育当中。可见，将"人民主体性"贯彻到德育系统当中，既有现实的依据也有逻辑上的必然性，从社会历史高度来说，这是人本德育实现的根本性条件。而以往的研究只是以一般性的、抽象性的人本理念观照人本德育，人民为本、人民主体性之于人本德育的意义被忽略了。

其三，本书提出了人本德育的根本性问题在于德育与政治的关系问题，也就是德育与政治两大社会系统关系的扭曲（即德育泛政治化或泛意识形态化）是人本德育缺失的社会性根源。严格说来，认识到德育泛政治化或泛意识形态化问题并非本书的全新创见，因为在以往人本德育研究中，德育泛政治化或者德育泛意识形态化也通常被作为人本德育缺失的一个基本原因而提及。但是在以往的论述中，德育泛政治化问题通常与人本德育缺失的其他原因（诸如前已述及的德育方法、德育理念、德育模式等方面的不科学性）并列在一起，人们并未认识到人本德育缺失的诸多原因之间究竟是什么关系，以及德育泛政治化在人本德育缺失中究竟处于什么地位。本书一方面以中西方德育发展史实为基础，依据唯物史观的基本理论为分析框架，详细论证了在社会有机体当中，政治系统是对德育影响最大的社会子系统。另一方面，在此基础上继续探讨了德育泛政治化与人本德育缺失的其他原因的关系，提出了在人本德育缺失的各种原因中，政治与德育的关系问题是最根本性的问题，人本德育缺失的其他诸多问题都根源于此。以上两方面的分析使本书关于人本德育根本性问题的结论具有严密性、科学性。"人本德育的根本性问题在于德育与政治的关系问题"的观点是人本德育唯物史观向度考察的基本内容之一，它的提出、确立也有助于推进人本德育的反思性研究。另外，本书还提出，在政治与德育的关系问题上，社会主义德育与以往其他社会形态既有关联也有根本区别。

其四，本书提出了与德育问题相关的一些唯物史观内在问题的新见解，这主要是唯物史观中的一般人性问题，以及唯物史观中的意识形态概念问题，对这些问题的讨论不但为人本德育根本性问题的解决提供了哲学基础，同时也推进了对唯物史观基本理论的理解，这也是本书的主要创新之一。在以往的人本德育研究中，德育的泛意识形态化问题也一直被提及，但是关于德育泛意识形态化问题的实质以及解决这个问题的路径始终没有被真正触及。以往研究通常只是停留于对德育泛意识形态化现象存在的描述上，以及停留于"德育不能泛意识形态化也不能非意识形态化"这类比较空泛的解决之道上。这其中的理论根源就在于以往研究中缺乏对意识形态进行深入的分析与解读。意识形态本身是一个极为复杂的概念，它的内涵所指、基本属性与基本规律等问题向来是非常含混的。本书以马克思主义意识形态观的基本要义为基础，经过严密的逻辑推理，对意识形态概念进行了新的界定，这种界定不但具有逻辑合法性，也具有较强的理论解释力。并且，在界定意识形态概念的基础上，讨论了意识形态运行的基本规律在于它与人类基本价值的辩证关系之中。为了确立人类基本价值的存在与具体内涵、特性，又需要对人类基本价值的哲学基础即一般人性进行讨论，这里就涉及了唯物史观中的重大理论问题，即如何理解马克思主义的"现实的人"概念，以及如何理解马克思主义经典作家对"抽象人性论"的批判等问题，本书通过对此问题的深入分析探讨，确立了一般人性在唯物史观理论结构中的逻辑位置，从而为进一步深入理解唯物史观奠定了基础。

（二）本书的不足之处

本书属于对人本德育的基础理论研究，其最终目的在于从社会历史观的高度为人本德育根本性问题提供一种基本逻辑解答，但其主要不足之处就在于缺乏现实性、可操作性内容的阐述。具体说来就是，人本德育唯物史观向度研究的逻辑结论为，人本德育实现的根本性条件在于将蕴含人民主体性的意识形态与人类基本价值辩证关系放置到德育的思想结构当中。这种推论是基于一种逻辑性必然。但问题在于，意识形态与人类基本价值的划分是基于一种纯粹逻辑结论，在实际德育内容中两者是否能够明确划分开来？将两者的辩证关系放置到德育当中究竟会呈现出什么样的状态？一个可能的解答就在于，这种辩证关系落实到德育当中会使德育以文化德育的形式而出现。因为文化形态当中包含了意识形态性的内容与符合人类基本价值的非意识形态内容。但社会主义的意识形态本身也是要符合甚至代表人类基本价值的。说到底，意识形态与人类基本价值是很难截然分开的，但同时它们的张力又需要得到体现。因此，尽管人类基本价值与意识形态辩证关系在德育当中展现出的一个可能解答是文化德育形态，但是其最终的具体形态又如何涉及德育实际内容、课程安排、教育方法等具有可实践性、可操作性方面研究的配套，这是本书的不足之处，也是笔者实践经验与学识功底所欠缺的。这些问题需要今后以实践经验的积累以及在进行进一步理论思考的基础上逐步解决。

第一章
人本德育研究的逻辑前提

以人为本是我国科学发展观的核心与本质，它作为一种具有普遍指导意义的基本理念要贯彻到国家社会各项事业工作当中。当以人为本理念落实到德育领域当中时，就出现了德育的新形态即人本德育。人本德育就是科学发展观中的"以人为本"理念贯彻落实到德育领域的结果，它是将"以人为本"作为核心理念的德育形态。因此，在逻辑上，对于"以人为本"理念具体内涵的辨析考察就成为人本德育研究的逻辑前提。

第一节 以人为本概念的复杂性

"以人为本"理念是科学发展观的核心，党中央在提出此概念时对其有明确的界定。胡锦涛在2004年的时候就指出："坚持以人为本，就是要以实现人的全面发展为目标，从人民群众的根本利益出发谋发展、促发展，不断满足人民群众日益增长的物质文化需要，切实保障人民群众的经济、政治和文化权益，让发展的成果惠及全体人民。"[①] 党的十七大报告更为系统完整地阐述了对于以人为本的理解：

---

① 《十六大以来重要文献选编》（上），中央文献出版社2005年版，第850页。

> 必须坚持以人为本。全心全意为人民服务是党的根本宗旨，党的一切奋斗和工作都是为了造福人民。要始终把实现好、维护好、发展好最广大人民的根本利益作为党和国家一切工作的出发点和落脚点，尊重人民主体地位，发挥人民首创精神，保障人民各项权益，走共同富裕道路，促进人的全面发展，做到发展为了人民、发展依靠人民、发展成果由人民共享。①

而党的十八大报告又重申这一点：

> 必须更加自觉地把以人为本作为深入贯彻落实科学发展观的核心立场，始终把实现好、维护好、发展好最广大人民根本利益作为党和国家一切工作的出发点和落脚点，尊重人民首创精神，保障人民各项权益。②

习近平总书记指出："坚持人民性，就是要把实现好、维护好、发展好最广大人民根本利益作为出发点和落脚点，坚持以民为本、以人为本。"③

从以上的表述来看，党中央提出以人为本，主要是把以人为本作为处理执政党与人民群众关系的基本指导思想，因此，以人为本从根本上讲是一种政治理念，是一种执政观，其直接的哲学基础是马克思主义唯物史观当中的群众史观。但是，政治权威对于以人为本的阐释是从执政党的角度提出的，是针对特定的问题而言的，同时也是一种对国家发展问题具有指导意义的基本精神。在此基本精神的指导下，在理论逻辑上，学界对于以人为本的理论探讨呈现出多样性的态势，人们对以人为

---

① 《十七大以来重要文献选编》（上），中央文献出版社2009年版，第12页。
② 胡锦涛：《坚定不移沿着中国特色社会主义道路前进 为全面建成小康社会而奋斗——在中国共产党第十八次全国代表大会上的报告》，人民出版社2012年版，第8页。
③ 《习近平谈治国理政》第1卷，外文出版社2018年版，第154页。

本进行了多角度、多层面的解读。

其一，以人为本被理解为一种发展观，它作为发展理念是直接针对经济社会发展中出现的一定程度的"见物不见人""物化"问题。陈学明认为，人类社会发展中存在着严重的物化现象，也就是消费主义、商品拜物教的泛滥，商品、金钱成为目的，而人本身成了物质金钱的奴隶，而"以人为本的命题无疑是针对'以物为本'。以人为本在一定意义上，只有相对于'以物为本'才是成立和正确的。""当今我们贯彻以人为本首先要做的就是改变这种'见物不见人'的现象，摒弃'商品拜物教'，真正按照人的需要来组织生产，使我们的社会不是以商品、财富为中心，而是以人为中心。"① 严世雄等也说，以人为本的发展观的确立"是对传统发展模式的深刻反思"。"在发展生产力、增加社会的物质财富的同时，作为社会主体的人的发展没有受到应有的重视，在发展理念中重视生产力中的物质因素而轻视人的价值，把人当作发展的手段而不是目的，在发展道路上片面追求经济增长和 GDP 的增长。"②

其二，以人为本也被解读为执政党的执政理念。侯惠勤认为，以人为本"作为执政治国的一个根本理念，有着极其鲜明的现实针对性，即针对执政党在体制、作风和思想状态等方面存在的突出问题而对症下药，用改革的精神加强党的建设，充分体现了中国共产党对于提高自身执政能力的自觉追求"③。陈志尚也说："讲'以人为本'就是要确认并保证人民的主体和当家作主的地位，党和政府的全部活动都必须以人民的利益为出发点、目的和评价标准。党员、干部和国家工作人员都是人民的公仆，其职责就是全心全意为人民服务……忘记了这个根本道理就

---

① 陈学明：《建设中国特色社会主义如何贯彻以人为本的原则》，《毛泽东邓小平理论研究》2010 年第 9 期。
② 严世雄、郝翔：《论中国共产党发展观的历史演进——从阶级斗争到以人为本》，《湖北社会科学》2012 年第 2 期。
③ 侯惠勤：《"以人为本"的精神实质和理论界限》，《探索》2005 年第 1 期。

是忘'本'。"①

其三,以人为本也被视为一种哲学理念。夏甄陶认为:"以人为本是贯穿于人的世界的一个根本原则。在人的世界中,人不是附属于某个凌驾于人的世界之上的超人主宰的附庸……人本身就是人的世界的根本、主体。"② 袁贵仁认为,从哲学上看,以人为本就是说,与神或物相比,人更重要、更根本,这个顺序不可颠倒。黄枬森也说:"'以人为本'指的是人们处理和解决一个问题时的态度、方式、方法,即指人们抱着以人为根本的态度、方式、方法来处理问题,而所谓根本就是最后的根据或最高的出发点与最后的落脚点。"③

其四,以人为本也被视为一种社会管理的基本理念。韩庆祥认为,在以人为本的解读当中,可以人的权利、人的需要、人的人格为本,"但对于当代中国发展来讲,最根本的是以人的能力为本。"即"以人的创新能力为本"④。张云飞也认为:"我们必须将'以人为本'作为贯彻和落实人才强国战略的指导原则,大力开发我国人力资源,科学引领人才成长。"⑤

其五,以人为本也被看作具体社会事务、社会交往的一个基本原则。比如贾建芳认为:"对于社会每个成员来说,坚持以人为本的思想观念和价值取向,就是要互相尊重、互相理解、互相信任、互相关心、互相爱护、互相帮助、融洽相处。这是现代新型人际关系的一个重要表现,也是建设新型人际关系的一个基本方法,是构建社会主义和谐社会的基本要求。"⑥

以上是学界对以人为本概念基本性质的定位,以人为本可以是一种

---

① 陈志尚:《"以人为本":世界观、历史观和价值观的统一》,《高校理论战线》2006年第1期。
② 夏甄陶:《论以人为本》,《新华文摘》2003年第9期。
③ 黄枬森:《论"以人为本"的思想渊源和科学内涵》,《伦理学研究》2011年第3期。
④ 韩庆祥:《"以人为本"的科学内涵及其理性实践》,《河北学刊》2004年第3期。
⑤ 张云飞:《以人为本与群众史观》,《高校理论战线》2006年第1期。
⑥ 贾建芳:《以人为本是科学发展观的核心价值取向》,《科学社会主义》2005年第6期。

发展观，可以是一种执政观，可以是一种哲学观，也可以是一种社会管理观或者社会交往原则。这些多样的理解之间并不是相互冲突的，理解的差异主要源于以人为本这个概念所处的具体语境、所针对的具体问题。当语境与问题发生转变的时候，人们对于以人为本具体内涵的理解也随之发生着变动，这集中体现在人们对"以人为本"概念中的"人"的理解，也就是这里的人应该具体指称"什么人"以及"人的什么"，以人为本是以什么人为本，以人的什么为本。

在以人的什么为本的问题上，存在着一些不尽相同的表述。有的学者认为是以人的权利为本，有的认为是以人的需求为本，也有的观点认为是以人的能力、自由或者人格为本，等等。但是学界对于以"人的什么"为本的问题并不存在什么根本性对立，无论以人的什么方面为本都是属于马克思所说的"人的自由全面发展"的组成部分，只是面对不同的具体问题而侧重有所不同而已。问题的关键在于，在"以什么人为本"或者说对以人为本中的人应该怎样理解的问题上，存在着不同甚至对立的观点。有的学者认为，以人为本中的人是指人民，以人为本就是以民为本、以人民群众为本。比如"以人为本中的'人'应该是指现实的、具体的、处在一定社会关系中从事社会实践活动的人。在现实中国，'人'就是指……最广大的劳动人民群众。"① 张艳玲认为，以人为本是党的根本宗旨和根本执政理念的集中体现，因此"在当代中国，以人为本的实质是以民为本，即以人民为本"②。人们之所以把以人为本中的人解读为"人民"，把以人为本理解为"以民为本"，反对将其理解为一般性的人、所有的人，是因为他们认为，谈论作为类的人就是在抽象地谈人，就是人本主义的立场了。甚至在某些人看来，由于"以人为本"这个概念一般性地使用了"人"的概念，很难与西方人本主义

---

① 刘静茹：《解读以人为本》，《社会科学战线》2012年第1期。
② 张艳玲：《论"以人为本"：从马克思的唯物史观到科学发展观》，中国社会科学出版社2010年版，第218页。

区分开来，所以有些学者也曾主张用"以人民为本"代替"以人为本"，或者至少尽量少用"以人为本"概念。

但是有些学者持有不同观点，他们认为，以人为本中的人并不等于"民"。黄枬森认为，以人为本中的"人"不能仅仅解读为"民"，这两个概念是不能等同的。"民"是相对于统治者或者领导者而言的一个概念，而"人"的外延更为宽泛，它指称作为类的人，包括了所有的人。因此，也不能用"以民为本"来代替"以人为本"。他还认为，20世纪下半叶以来，人的一般问题、全人类的问题逐渐凸显，因此，"党中央提出'以人为本'，即从原来的'为人民服务'（以人民为本）发展到'以人为本'，是从特殊的人（人民）发展到一般的人（人），正是对这种进展的肯定。"① 王锐生也认为，以人为本中的人是指作为类的人，是所有人。他说：

> 至于用"以人民为本"代替"以人为本"作为贯穿全部人类历史的一个历史观的根本原则，也是值得商榷的问题。人民是相对于敌人或特定阶段的剥削阶级而言的。但全部历史并不都是阶级的历史；就全部历史来说，只能提：历史是人们自己创造的，因而"以人为本"才是人的社会、人的历史的根本原则。涉及全部人类历史的场合。②

因此，在这些学者看来，以人为本中的人是指所有人，以人为本是以一切人为本，但是他们并不否定以人民为本的观点，而是认为以人为本包含了以人民为本，以人民为本是以人为本最重要的内涵，是其主体部分。陈志尚说，"'以人为本'的'人'，是个集合名词（相当于英文

---

① 黄枬森：《"以人为本"原则在科学发展观中的位置》，《中共中央党校学报》2006年第1期。
② 王锐生：《"以人为本"：马克思社会发展观的一个根本原则》，《哲学研究》2004年第2期。

的 human being)。现实的人是一个复杂的系统概念,有两层含义:一是指全体社会成员,即马克思所说的'每个人'、'一切人';二是指'人民'"①。

问题还在于,即使在承认以人为本中的"人"是指所有人、一切人,也存在着究竟是以整个人类为本、社会群体为本,还是以个人为本的问题。有些学者主张,应该把以人为本的人不但理解为作为类与群体的人,而且应该将其作为个体性的人。张传开认为:

> 以人为本,不仅仅是一切为了人,而且是为了一切人。为了少数人当然不是以人为本,甚至一般意义上的为了多数人,也还没有彻底体现以人为本。真正彻底的以人为本,应该是为了一切人。……以人为本的'人'包括一切人,所谓'一切人',不仅是指类存在意义上的人,而且更是指一切具有独立人格与个性的个人。②

而另外一种观点则认为,以人为本应该是以社会为本,而不是以个人为本,否则就会滑向西方的个人主义与人本主义立场。张有奎认为:

> 以人为本的"人"被理解为"个人",以人为本就是"以个人为本"。……这种理解的最大不足在于,它把人理解为抽象实体意义上的原子个人,人似乎具有某种"实体"性的本质,忽视了人是一种社会关系中的存在,忽视了人的本质属性乃是人的社会性,人在一定的意义上被抽象化了。所以,这种对以人为本的解读并不是一种正确的理解。③

---

① 陈志尚:《"以人为本":世界观、历史观和价值观的统一》,《高校理论战线》2006年第1期。
② 张传开:《论以人为本及其与人本主义的关系》,《学术界》2005年第2期。
③ 张有奎:《克服"以人为本"的五个误区》,《求实》2007年第12期。

刘永富也说："有不少人却总是有意或无意地把'以人为本'等同于'以个人为本'，这一等同，不仅在理论上把马克思主义的'以人为本'思想混同于非马克思主义的人本主义思想，而且在实践中会造成对贯彻新的发展观的歪曲，其危害是难以估计的。"① 于是，有些学者针对以人为本的个人本位解读主张社会本位论：

> 社会是由人组成的，人是社会的基本成分，人与社会不可分割。当两种利益不一致时，就有以个体为本还是以社会为本的问题。社会主义当然把社会利益、国家民族利益摆在第一位，而不是把个人利益摆在第一位。所以，马克思主义的社会主义基本原则是社会本位主义，而决不是个人本位主义或个人主义。②

以上表明，虽然党中央对于以人为本的内涵有明确的界说，但是这只是起到一种基本指导精神的作用，在具体的理论逻辑上对于以人为本又有着不尽相同的理解。根据目前学界关于以人为本的讨论，人们在对以人为本的理解上存在着某些共识，比如，以人为本不同于西方人本主义，也不同于中国古代的民本思想；以人为本的理论基础是唯物史观；以人为本最重要的是以人民群众为本。但也有着多样性解读，其中有些观点是可以兼容的，有些则存在着冲突的地方，比如，以人为本的人究竟是什么，有的说以人类为本，有的说以人民群众或者社会为本，有的则突出以个人为本。最重要的是，在对以人为本的理解中，存在着一些模糊的地方，人们对以人为本的理解存在多种角度、多个层面，以人为本可以是一种发展观，可以是一种执政理念，可以是一种社会管理观，也可以是一种抽象的价值哲学理念。虽然这些层面并不冲突，但是问题

---

① 刘永富：《"以人为本"不能解读为"以个人为本"》，《西北大学学报》（哲学社会科学版）2005 年第 4 期。
② 郭晓君、赵建辉：《关于以人为本若干问题的探析》，《哲学研究》2005 年第 12 期。

在于这些不同层面究竟是什么关系？我们究竟应该如何系统完整地理解"以人为本"？这些问题尚未得到真正解决。可见，虽然人们对以人为本的理解达成了某些共识，但总体上终究处于一定程度上模糊不清的状态。而人本德育是以人为本在德育当中贯彻落实的结果，要取得对人本德育内涵的一种精确的认知，就必须以对以人为本的精确认知为前提。我们必须搞清楚，究竟是应将以人为本的什么内涵或者什么意义上的以人为本落实到德育领域。

第二节　以人为本是人类的一种普遍性价值追求

前已表明，对以人为本可以有多样化的解读，而这些多样化的解读本身在抽象性上是属于不同的层次，我们对于以人为本概念的系统梳理，首先要从最为抽象的层面开始，这就是以人为本的哲学层面。哲学抽象意义上的以人为本，其内涵就是像袁贵仁所说的，在与神或者物的对比中，人更为重要，更具优先性、优越性。这种意义上的以人为本，是将人与外在于人的"物"或者超自然的"神"相对比的结果，它要求尊重人的主体性，张扬人的尊严与价值，将人作为一切思维与行动的出发点与最终目的，不能将人等同于物，不能将人作为附庸或者纯粹的手段。这种哲学抽象意义上的以人为本是一种普遍性的价值立场，它存在于人类社会历史的各个地域与时期。可以从中国传统思想与西方文化传统两个角度来说明这个问题。

一　中国传统文化的人本性

对于中国传统思想的基本特征，冯友兰曾说："中国哲学的特点就是发挥人学、着重讲人。无论中外古今，无论哪家的哲学，归根到底都要谈到人。不过中国的哲学特别突出地讲人。""在中国哲学传统中，哲学是以研究人为中心的'人学'。"① 之所以可以下如此判断是因为整体而言，中国传统思想的重点并不在鬼神、来世以及自然宇宙如何，而是主要探讨人的现实问题，用《大学》里的一句话概括就是"修身齐家治国平天下"。但是，依据这一点还不足以判定中国古代传统思想就一定是以人为本的。因为"论人"、对于人的问题的关注与谈论未必就一定有资格被称为"人本"的，未必就一定产生人本的思想，论人也可能从某些意义上偏离了人。前已述及，以人为本的抽象哲学内涵是"在与神或者物的对比中，人更为重要，更具优先性、优越性"，因此，判断某种思想传统是否具有人本色彩，除了它是否以人的问题为核心之外，还需要进一步的标准，就是看在人与人之外的某种存在的对比中，人是否占据了更为优先的地位。若是人的地位与价值次于物或者神、天之类的存在，那么它就不是人本的。按照这个标准，判断中国传统思想是否以人为本，主要看其是如何处理人与物、人与神的关系的。而在中国传统思想中，对这两个问题的回答集中体现在天人之辩上。由于中国古代文化并不是像西方那样鲜明地以人神关系为主题的宗教文化，而中国传统思想中的"天"大致上是一种超越人之上的本原性存在，所以天人之辩就相当于西方的人神观了，它就是中国传统思想对于人与超越性存在之间关系问题的回答。同时在天人之辩中也包含了人与天地万物的对比，因此，通过对于天人之辩这个问题的考察就能在理论逻辑上严格地证明中国传统思想是不是以人为本的。

中国在夏商时代，就已经产生了统治一切的最高神的观念，这个最高神被称为"帝"或者"上帝"。而从周朝开始，这个作为万物主宰的至上神开始被称为"天"，其意志被称为"天命"。虽然"天命靡常"，但同时也是"皇天无亲，惟德是辅"。所以，周初的统治者认为要用他们自己的"德"去配合天命，统治秩序只有依循天命才能稳固，也就

---

① 《中国哲学的精神：冯友兰文选》（上），国际文化出版公司1998年版，第296、325页。

是"聿修照德，永言配命，自求多福"。这个"德"作为统治者自身的德性修养主要是指"政德"，由于天的意志主要体现在民的意愿上，"民之所欲，天必从之"，这个配合天命的"德"也就是处理统治者与民的关系的德性，其内容就是"敬德配天""敬天保民"。春秋时期之前的这种天人关系基本上是一种宗教天命思想，在这种思想中人的地位并没有凸显出来。

自春秋时期开始，随着生产力的发展以及生产关系的逐渐变革，之前的至上神以及天命论的思想开始产生动摇，神的权威与主宰性开始削弱，人的主体性地位开始凸显。此时出现了一批对西周以来宗教神秘主义进行批判的学者，他们要求摆脱对于鬼神的盲目崇拜，把注意力放在人本身之上。《左传》记载随国的季梁说："夫民，神之主也。是以圣王先成民而后致力于神"（《左传·桓公六年》）。虢国的史嚚说："吾闻之，国将兴，听于民；将亡，听于神。神，聪明正直而壹者也，依人而行。"（《左传·庄公三十二年》）神要"依人而行"意味着人的主体地位优越于神，是人自己掌握自己的命运，而不是由鬼神的主观意志来决定的。当时鲁国的闵子马说："祸福无门，唯人所召。"（《左传·襄公二十三年》）而郑国的子产说："天道远，人道迩，非所及也，何以知之？"（《左传·昭公十八年》）也就是主张人要关注人自己的事情，依靠人自己的力量来解决问题，这就凸显了人的主体性优越于神或者天命。

自春秋时期开始，人们已经开始摆脱单纯的宗教思想水平，以一种哲学思想形式来探讨天人关系。老子是传统思想中第一个建立系统完整哲学体系的人，他并不以天为最高主宰，"天"在老子那里仅是作为与地相对应的实体性存在，他把"道"作为其哲学体系的最高范畴，认为道乃是宇宙的最高实体与最根本性的法则："人法地，地法天，天法道，道法自然。"（《老子》二十五章）同时老子也把人提升为宇宙万物之根本的地位，他说："道大、天大、地大、人亦大。"（《老子》二十五章）人与其他三者并称为宇宙间的根本性存在，即"域中四大"。

与老子的"道"不同，孔子把天作为宇宙万物的最高主宰，"天何言哉？四时行焉，百物生焉，天何言哉？"（《论语·阳货》）孔子所谓的"天"并非一种自然物质性的存在，而是一种具有意志与情感的存在，他说："获罪于天，无所祷也。"（《论语·八佾》）又说："予所否者，天厌之，天厌之。"（《论语·雍也》）"知我者其天乎！"（《论语·宪问》）这些言论都表明孔子所谓的天是有意志、有情感的最高主宰。天的意志即为"天命"，孔子认为，人受天命的主宰，《论语》中即有"死生有命，富贵在天"的说法，所以孔子主张人要了解且敬畏天命，他说："不知命，无以为君子也。"（《论语·尧曰》）"君子有三畏：畏天命，畏大人，畏圣人之言。"（《论语·季氏》）但是孔子并未否定人的主体性地位，虽然人事的成败由天命决定，但是人依然可以作出他自己的努力，"知其不可而为之"（《论语·宪问》）。孔子又论鬼神，他并不否认鬼神的存在，但是他对鬼神的态度是"存而不论"，"敬鬼神而远之，可谓知矣。"（《论语·雍也》）也就是认为鬼神虽然存在，但人还是应该关注人自身的事情，他说："未能事人，焉能事鬼""未知生，焉知死？"（《论语·先进》）可见，在孔子的思想中，天不等于鬼神，鬼神是一种具体性的超自然存在，而天虽有意志情感，但却是一种广袤高远的宇宙本原性的存在。但无论是天命还是鬼神，孔子还是主要把注意力放在人身上，认为人本身的问题最为重要，他并未因鬼神天命的存在而消泯人本身。

孟子天人观的最大特点就是开启了中国哲学中天人相通的思想传统。这里的天人相通主要是指人与天在道德义理上的合一。在孟子那里，"天"也有最高主宰的意思，"'然则舜有天下也，孰与之？'曰：'天与之。''天与之者，谆谆然命之乎？'曰：'否。天不言，以行与事示之而已矣。'"（《孟子·万章》）"莫之为而为之者，天也；莫之致而至之者，命也。"（《孟子·万章》）这一点与孔子相同，但是孟子又明确赋予天以道德属性，认为天是道德义理的本原，人在道德本源于天。孟子说:"尽其心者,知其性也,知其性,则知天矣。"(《孟子·尽心上》)这里孟子所说的"心"是思维器官,"耳目之官不思,而蔽于物,物交物,则引之而已矣。心之官则思,思则得之,不思则不得也,此天之所与我者"(《孟子·告子上》)。而"性"就是心所具有的道德属性,"恻隐之心,人皆有之;羞恶之心,人皆有之;恭敬之心,人皆有之;是非之心,人皆有之。"也就是人的心具有恻隐、羞恶、恭敬、是非的属性,将这些属性发挥出来,就是仁义礼智的德性。这些道德属性都是人天生具有的,是天赋予人的,"仁义礼智,非由外铄我也,我固有之也,弗思耳矣。"(《孟子·告子上》)他认为,人本身具有道德的天赋潜能,之所以出现恶是因为人"弗思耳矣",所以人要发挥主观能动性,实现人自身的道德潜能,这样就能"知天""事天",与天相通了。而人的这种主观努力被孟子称为"诚","诚身有道,不明乎善,不诚其身矣。是故诚者,天之道也。思诚者,人之道也。"(《孟子·离娄上》)由于人禀受天之所赋,人的心性与天乃是一体的,人道与天道乃是一体的,所以,他又说:"万物皆备于我矣。反身而诚,乐莫大焉。"(《孟子·尽心上》)这样就把人提升到了与宇宙本原一体的地位。

孟子的天人合一的思想在其后的儒学经典《中庸》中得到了发挥。《中庸》认为,"诚"作为天道本原,而人则天赋禀受这种天道,"诚者天之道也,诚之者人之道也",所以人要尽力发挥这种天赋,而达到天人合一的境界。《中庸》说:"唯天下至诚,为能尽其性;能尽其性,则能尽人之性;能尽人之性,则能尽物之性;能尽物之性,则可以赞天地之化育;可以赞天地之化育,则可以与天地参矣"。由于"诚"为天道本原,因此,当人能够通过主观努力达到"诚"的境界的时候,就能够"尽人之性、能尽物之性",最终能够与天地并列,"经纶天下之大经,立天下之大本",成为参与宇宙万物生成化育的本体。这同孟子一样把人提升到了宇宙万物中无比优越的地位。

荀子天人观的主要特点是"明于天人之分""制天命而用之"。荀子的"天"主要是一种自然性的天,他认为,天"不为而成、不求而得,夫是之谓天职。"(《荀子·天论》,以下只注篇名)又说:"列星随旋,日月递炤,四时代御,阴阳大化,风雨博施,万物各得其和以生,各得其养以成。不见其事,而见其功,夫是之谓神。皆知其所以成,莫知其无形,夫是之谓天功。"(《天论》)这就是说,天并非一种有目的、有意志的人格性主宰,它只是一种能够生化万物的自然性力量,表现出一种自然而然的、具有客观规律的变化过程。荀子认为,人是天的产物,"形具而神生,好恶喜怒哀乐臧焉,夫是之谓天情。耳目鼻口形能各有接而不相能也,夫是之谓天官。心居中虚,以治五官,夫是之谓天君。"(《天论》)人的情感、感官、思维都是天所生成的,人的存在及活动都体现着天道。在此基础上,荀子主张天人相分,他认为,天与人各有职分,"不为而成,不求而得,夫是之谓天职。如是者,虽深,其人不加虑焉;虽大,不加能焉;虽精,不加察焉,夫是之谓不与天争职。天有其时,地有其财,人有其治,夫是之谓能参。"(《天论》)因此,天的运行变化与人事的兴衰福祸并无必然关联,人事的成败兴衰是由人的主观作为决定的,"天行有常,不为尧存,不为桀亡。应之以治则吉,应之以乱则凶。强本而节用,则天不能贫;养备而动时,则天不能病"(《天论》)。所以,荀子主张依据天的规律来发挥人的主观能动性,"圣人清其天君,正其天官,备其天养,顺其天政,养其天情,以全其天功。如是,则知其所为,知其所不为矣;则天地官而万物役矣。"(《天论》)这样人就成了自然万物的主人,能够管理使用万物。这样的人"则可谓至人矣"。由于人能够"制天命而用之",他在宇宙间处于非常独特的位置,"人有气、有生、有知,亦且有义,故最为天下贵也。"(《王制》)可见,虽然荀子对于天人观的理解不同于孔子孟子,但是他们都在天人的对比中突出了人的独特地位与价值。

荀子之后,对于天人观作出系统性、独特性论述的是汉初大儒董仲舒,其天人观的主要特点是"天人相类"。董仲舒所说的天的概念比较含混，有时指自然变化的力量，有时指主宰万物运动变化的人格神。总的说来，董仲舒的天主要是指具有意志、情感、目的的人格神，但是由于他同时用天来指称自然万物变化的力量，因此这个人格神虽有意志情感但没有具体的形体。天具有生化万物的力量，人也是其产物，"天者，万物之祖，万物非天不生。"（《春秋繁露·顺命》，以下只注篇名）"为生不能为人，为人者，天也。人之人本于天，天亦人之曾祖父也。"（《为人者天》）但是人具有区别于其他万物的独特性，那就是人"乃上类天也"。董仲舒的天人相类，具体来说有如下几个方面。一是人的形体结构与天相类。"人有三百六十节，偶天之数也；形体骨肉，偶地之厚也；上有耳目聪明，日月之象也；体有空窍理脉，川谷之象也；……天以终岁之数，成人之身，故小节三百六十六，副日数也；大节十二分，副月数也。内有五脏，副五行数也；外有四肢，副四时数也。"（《人副天数》）二是人的性情情感方面与天相类。"人之诚有贪有仁，仁贪之气两在于身。身之名取诸天。天两，有阴阳之施，身亦两，有贪仁之性。""身之有性情也，若天之有阴阳也，言人之质而无其情，犹言天之阳而无其阴也"（《深察名号》）。三是人的伦理道德方面。"王道之三纲，可求于天。""是故仁义制度之数，尽取之天，天为君而覆露之，地为臣而持载之；阳为夫而生之，阴为妇而助之"（《基义》）。总之，也就是人的形体结构、情感性情、伦理道德都是源于天的赋予，人是天这种主宰的一个凝缩。

董仲舒以天人相类为基础，突出了人之于万物的卓越性，由于人是天的凝缩，因此人是宇宙万物中最可贵的存在，"莫精于气，莫富于地，莫神于天，天地之精所以生万物者，莫贵于人。"（《人副天数》）由于"以类合之，天人一也"（《阴阳义》），天人本是一体，所以人也成了参与万物化育的本体力量，"天地人，万物之本也。天生之，地养之，人成之"（《立元神》）。"人下长万物，上参天地，故其治乱之故，动静顺逆之气，乃损益阴阳之化，而摇荡四海之内"（《天地阴阳》）。这一点同他之前的思想家基本上是一致的。

中国传统思想中关于天人关系的论述，从逻辑上基本分为两类。一个是天人相分，另一个则是天人合一。后者是中国传统思想的主流。张岱年曾说，关于人与宇宙之关系，中国哲学中有一特异的学说，即天人合一论。中国哲学之天人关系论中所谓天人合一，有两种内涵：一是天人相通，二是天人相类。① 以上梳理表明，从春秋时代到汉初已经出现了关于中国传统思想中天人关系的几种基本模式。而在中国哲学中，占据主导地位的是由孟子及《中庸》所阐发的天人相通思想，秦朝之后儒学成为中国传统文化的主流，而先秦儒家的这种天人相通观在后世的发展中一直是中国古人对天人观的基本态度，这种天人观在宋明理学中得到系统深入的阐述与发挥。从张载开始，宋明理学的思想家们在本体论上的立场与论证方式有所差异，存在着唯物主义（如张载的气本原论）与唯心主义（如二程的理本原论）、客观唯心主义（如朱熹的理学）与主观唯心主义（如陆九渊、王阳明的心学）的对立，其所使用的本体概念也有所不同，但是其关于天人之辩的基本精神却基本上都承袭了先秦时期的天人相通的思想，都主张天人合一，并且都通过天人合一来凸显人在宇宙间较之万物的优越地位。

从总体上看，无论是天人相分、天人相类还是作为中国传统思想主流的天人相通，最终都凸显了人本身。在中国传统的天人关系的框架内，天并不是外在于人的某种存在，而是与人为一体的本原，古代哲学体系通过设定天这个最高的本原为逻辑前提，在本体论上把人提升为宇宙根本的地位，在价值论上凸显了人之于万物万事的优越性、优先性。说到底，天人之辩的设立并不是以神为最终目的、以某种超越性存在来贬低人的尊严与价值，天作为一个逻辑设定是对人的主体地位、主体力量、主体价值的一种肯定与张扬，以人的某种形式的发展（主要是人的精神境界与德性修养）为目的。这样，在天人之辩中，人才是最终指

---

① 张岱年：《中国哲学大纲》，商务印书馆2015年版，第286页。

向。以上梳理与分析表明，中国传统思想在处理人与物、人与神（天）的问题上，基本上贯彻了某种以人为本的精神。

二 西方文化传统中的人本性

以人为本也是西方思想文化传统的一个基本特征。鉴于中西文化是两种不同性质的思想传统，它们对人本精神的体现方式有所不同，中国传统文化的人本倾向主要体现在其天人关系当中，而西方文化中的人本精神主要体现在西方人对人与神、人与自然关系问题的解答中。这一点在西方文化的源头古希腊时期就已经有明显的体现。古希腊文化的最早形式主要是神话，希腊神话是以神为主题的文化传统，它认为神是这个世界的统治者，世界的秩序、宇宙万物的生成变化、人的祸福兴衰都是由神决定的。但希腊神话并未泯灭人的存在，它以人与神的关系为其核心问题，以人的形象与特性来描述神的存在，神具有人的形象与性情，它与人的区别主要在于它们掌握了巨大的超自然力量。希腊神话还通过描述与歌颂人类英雄的能力、品德与功业来凸显人的主体性力量。随着社会生产力的发展与人类思维的进步，古希腊人开始摆脱神话思维的感性特征，以一种理论理性来把握世界，形成了古希腊的自然哲学思潮。古希腊自然哲学以自然界为对象，以探究世界本原为主题，产生了诸多流派，如米利都学派的泰利士的水本原说，爱菲索学派的赫拉克利特的火本原说，毕达哥拉斯的数本原说，爱利亚学派的克赛诺芬尼的土本原说等，而德谟克利特的原子论则是古希腊自然哲学的最高成就。古希腊自然哲学的主要特征是以某种自然实体（如水、火、土或原子物质元素）为世界的本原，认为世界万物的生成、运动、变化都是以某种自然元素的变动为根基的。

古希腊社会历史条件的变动推动其哲学思想的发展，由关注研究外在的自然世界转变到以人本身为研究对象，这以智者学派的出现为标志，由此，古希腊哲学思想开始出现明显的人本倾向。智者学派的普罗泰格拉认为，神的存在与否是难以证明的，他说，对于神，我们既不能说他存在，也不能断定其不存在。他提出了一个著名的人本主义命题：人是万物的尺度，是存在者存在的尺度，也是不存在者不存在的尺度。这是对希腊神学传统的反叛，他认为，衡量事物的尺度不是神的意志，而是人本身的主体性，即人的需求情感、人的意志思维等。所以，对于社会历史问题的解释就不再求助于神意，而是从人出发，把人本身的某些特性作为国家、法律、道德存在的根据与变动的原因。智者学派反思神学传统，把人的问题作为其哲学思考的中心，把人作为标准与目的，具有明显的人本特征。伴随着智者学派的发展，出现了苏格拉底的哲学。苏格拉底被称为古希腊时期第一个把思考目光从天上拉回人间的人。苏格拉底持有一种目的论的世界观，认为宇宙是一个有目的、有意义的过程，世界万物运动都是朝向一个共同的目的即"善"，这种"善"是世界存在的根据与运动的归宿。苏格拉底认为，既然世界是一个合目的性的过程，而自然哲学只是说明了世界的表象，没有认识到世界的本质，所以研究自然是没有意义的，他批评一些人只是把注意力放在研究天上的事情而完全忽略了对人类事务的关注。苏格拉底提出了哲学思考的主题是要"认识你自己"，倡导人们认识他们自己的心灵，要人们认识他们自己心灵在德性与知识上的匮乏，认识人自己发展的方向与目标。所以，苏格拉底哲学主要研究人的德性问题与认知问题，以此追求人本身的完善。苏格拉底哲学完成了古希腊哲学从自然哲学到人学的转向，正如黑格尔所说："苏格拉底的原则造成了整个世界史的改变，这个改变的转折点便是：个人精神的证明代替了神谕，主体自己来从事决定。"[①] 之后的柏拉图与亚里士多德作为古希腊的主要哲学家都是沿着苏格拉底开辟的人学方向继续推进。他们都建立了完整严密的哲学体系，都是以特定的本体论（柏拉图的理念论、亚里士多德的"实体说"）为基础，研究人的认知问题（柏拉图的"回忆说"、亚里士多德

---

① [德] 黑格尔：《哲学史讲演录》第 2 卷，贺麟等译，商务印书馆 1981 年版，第 89 页。

的"灵魂学说"),思考人的社会政治问题(柏拉图的理想国设想,亚里士多德对国家本质、形式、起源问题的研究)的解决,最终服务于人本身(特别是人的德性与认知能力)的发展与完善。

以上表明,古希腊文明经过了神话形式、自然哲学的阶段,最终转向对人本身的研究,虽然古希腊诸多哲学体系大多并不否认有神论,但哲学家们并不是以神与世界本体的存在来压制人,而是将其作为对人本身思考的逻辑前提,其关注的根本问题还是人本身问题的解决、人本身的发展完善。正如美国学者安·邦纳所说的:"全部希腊文明的出发点和对象是人,它从人的需要出发,它注意的是人的利益和进步,为了求得人的利益和进步,它同时既探索世界也探索人,通过一方探索另一方。"①

古希腊之后的古罗马时代,在一个时期内继承了古希腊哲学的人本情怀,但古罗马时代的中后期,宗教神学开始占据主导地位,唯心主义、神秘主义盛行,出现了新斯多亚主义、新柏拉图主义和以奥古斯丁为代表的早期基督教教父哲学。在这些哲学体系中,神开始占据主导地位,人的主体地位开始受到压抑。特别是奥古斯丁的宗教神学开始对基督教的基本教义如"三位一体""创世说""原罪说""救赎论"进行系统论证,宣扬神的存在与至高无上,宣扬上帝创造一切,宣扬人性本恶,认为人的自由、人的命运、人的解放都要求助于上帝。这样就开始确立了神高于人、信仰高于理性的神本主义立场,古希腊所张扬的人本光辉开始暗淡。这种神本主义立场在欧洲的中世纪被推至巅峰,在中世纪宗教神学占据绝对的统治地位,哲学、自然科学、文学艺术等都沦为为神学服务的工具,如恩格斯所说,"中世纪的历史只知道一种形式的意识形态,即宗教和神学。"② 在这种环境下,所有的思想文化都是为

---

① [苏] 鲍·季·格里戈里扬:《关于人的本质的哲学》,汤侠声等译,生活·读书·新知三联书店1984年版,第29页。
② 《马克思恩格斯文集》第4卷,人民出版社2009年版,第289页。

了论证上帝的存在，都是为了张扬神的主体性，而人就处于一种被贬低、被压抑的状态，人为了得到自由和幸福就必须消解其自身的主体性而把他自己交给上帝，就像中世纪著名神学家安瑟伦所说的，轻视他自己的人，在上帝那里就受到尊重。不顺从他自己的人，就顺从了上帝。人应当把他自己看得微小，这样，在上帝眼中人就是大的；因为人愈是为人间所蔑视，就愈是得到上帝的珍视。宗教神学统治的中世纪从一定意义上讲是一个"人的缺失"的时期，它不是以人为中心、主体，为目的，而是把人视为依附于神的存在，以人为本的立场在欧洲中世纪处于一种比较隐匿的状态。

从 14 世纪末期开始，欧洲进入了文艺复兴时期，开始了人文主义运动。文艺复兴以复兴古希腊罗马的人文主义古典文化为形式，以资产阶级意识形态为本质，表达了对神本主义的批判。文艺复兴时期的人文主义者认为，中世纪神本主义对人本性的压抑是一种罪恶，他们反对神性对人性的压抑，而是尊重、赞美人的价值与地位，甚至认为人性要高于神性，文艺复兴初期的诗人但丁说，人的高贵，就其许多的成果而言，超过了天使的高贵。因而他们主张人应该按照人的本性来生活，爱拉斯谟说："我实在看不出你们为什么把一个按照自己的身份、教育、本性而生活的人称之为不幸。这不就是一切生存的东西的命运么？凡是停留在自己的自然状态中的东西都不至于不幸；否则我们可以说人很可怜。"① 人文主义者所说的人的本性，首先是指人的感性欲望、自然需求，所以他们反对宗教禁欲主义，主张人应该追求世俗享乐。彼特拉克说："我不想变成上帝，或者居住在永恒中，或者把天地抱在怀抱里，属于人的那种光荣对我就够了。这是我祈求的一切，我自己是凡人，我只要求凡人的幸福。"② 人的本性也包括理性，人本主义者认为，宗教神学远离真理与智慧，其统治造成了思想沉寂、愚昧落后，所以他们反

---

① 转引自冒从虎等编著《欧洲哲学通史》（上卷），南开大学出版社 1985 年版，274 页。
② 转引自冒从虎等编著《欧洲哲学通史》（上卷），南开大学出版社 1985 年版，273 页。

对宗教蒙昧主义，认为理性是人的本性，主张尊重和发挥人的理性认知能力，人应该按照他自己的理性来进行判断与选择，从而确立起他自己的主体地位，追求人的幸福，而不是听从神学的命令。人的本性也包括自由、平等、博爱，薄伽丘宣称："人类是天生平等的，只有品德的高低才是区分人类的标准。"人文主义者也认为，爱是人与人之间关系的本质，是人类永恒的、普遍的、内在的本性，是人性的根本标志之一。人文主义者对人的自由、平等、爱等属性的强调同样也是对神性压迫的反抗。

总的来说，西方文艺复兴时期的人文主义运动的核心问题是"发现人、尊重人、解放人"，它通过对中世纪神本主义的批判，重新确立了人本立场。人的主体地位、尊严价值、理性能力、感性欲望、自由平等、个性解放等等人本属性都在人文主义运动中得到阐发，因此，文艺复兴的人文主义运动可看作近代西方人本主义传统的开端。但是文艺复兴时期的人本思想具有一定的局限性。首先，人文主义者主要是把"人"理解为一种活生生的自然实体，是一种"自然人"，突出人的感性欲望与世俗幸福，人的理性能力并未占据首要位置。所以，文艺复兴时期的人文主义运动被有些学者称为"自然主义的人本主义"。其次，人文主义者主要还是以一种文学艺术的感性形式来表达他们的人本立场，缺乏严密系统的哲学理论的论证。这两点问题在之后的启蒙运动时期得到回应。

启蒙运动是欧洲开始于 17 世纪末而盛行于 18 世纪的又一次思想解放运动，它是文艺复兴人文主义运动的继续，它在批判宗教神学与封建专制的基础上，继续宣扬人本主义的基本立场，其主要内容就是主张人的自然天赋，主张人的自由平等博爱的价值追求。18 世纪法国启蒙运动的先驱伏尔泰说，一切享有各种天然能力的人，显然都是平等的；当他们发挥各种动物技能的时候，以及运用他们的理智的时候，他们是平等的。卢梭也说："人是生而自由的"，他认为，自由是人的天赋本性，是人之为人的基本规定性:"人所共有的自由,乃是人性的产物。""放弃自己的自由,就是放弃自己做人的资格,就是放弃人类的权利……这样一种放弃是不合人性的。"① 而18世纪后半叶德国古典哲学的代表人物康德则提出了"人是目的"的经典命题,康德认为,人是一个值得尊重的对象,他本身就是具有内在价值的目的性存在,我们不能将人仅仅看作达成某种目的的手段,人不能等同于物。这是典型的人本主义命题。

启蒙运动时期的人本立场与文艺复兴时期在基本精神上是一致的,但启蒙时期是以一种理性主义的方式来确立人的中心地位。启蒙运动就是以理性为主题的哲学思潮,如康德所说的:"启蒙运动就是人类脱离自己所加之于自己的不成熟状态。不成熟状态就是不经别人的引导,就对运用自己的理智无能为力。……要有勇气运用你自己的理智!这就是启蒙运动的口号。"② 启蒙时代的思想家们把理性作为人的本质,视之为人区别于动物的根本特性,认为人之所以成为主体、处于世界的中心位置就在于人的理性能力。也就是说,理性是启蒙时代人本立场确立的根本依据,各种人本价值诸如人的自由平等的天赋权利、人的目的性地位都以理性为根基得到了说明,比如伏尔泰认为人之所以平等,在于"运用它们的理智的时候";卢梭认为人之所以是自由的,是因为他具有理性的认知、选择判断的能力;而康德认为人之所以是目的、之所以"人为自然立法",也是因为人的理性,他认为自然界本身是无理性的,所以自然存在物本身至多是作为手段,具有工具性价值,它们只是被称为"物",而有理性的存在者被称为"人",他在本性上是作为目的存在的。按照这个逻辑,要反对宗教神学与封建专制对人的压迫,确立人的主体与中心地位,就必须研究人的理性,所以从17世纪末期开始的启蒙运动的主要思想家都以不同方式突出理性的价值,英国哲学家培根

---

① [法] 卢梭:《社会契约论》,何兆武译,商务印书馆2003年版,第4、12页。
② [德] 康德:《历史理性批判文集》,何兆武译,商务印书馆1990年版,第22页。

指出"知识就是力量",他以唯物主义经验论为基础探究理性认知的新工具;法国哲学家笛卡尔作为17世纪唯理论的代表更是提出"我思故我在"作为其哲学体系的"第一条原理",认为人本质上是一个精神实体,理性是人存在的依据,并且理性是人认知真理的根本依据与最终标准,一切知识与事物都要放在理性面前进行评判。而19世纪的康德更是建立了庞大的理性批判体系,对人的理性能力进行了系统而深入的研究。启蒙时代对理性的强调到了黑格尔那里发展到了极致,黑格尔把理性作为"世界的灵魂",认为以理性为本质的绝对理念"既是实体又是主体",整个世界包括人类社会历史发展都是这种绝对理性精神的产物,这样就把理性抬高到了宇宙本体的高度,其对人类理性的尊崇达到了极致地步。

在德国古典哲学中,继黑格尔之后的费尔巴哈同样坚持人本立场,把人作为世界的主体、中心与目的。他说:"一切星辰的庄严、多神教最高的神灵的庄严,在人类灵魂的庄严面前都消失了,世界的一切威力在人心的威力面前都消失了,一切死的无意识的自然的必然性,在人的、有意识的本质的必然性面前都消失了,因为一切都只是为我的手段。"①费尔巴哈对宗教神学进行了批判,认为上帝就是人的本质的一种投射,"人使他自己的本质对象化,然后,又使自己成为这个对象化了的、转化成为主体、人格的本质的对象。这就是宗教之秘密。"②人把他自己的本质交给上帝,但是却使人变得匮乏,宗教使人的本质发生了异化,所以,费尔巴哈主张通过张扬人类之爱的方式来消除宗教异化,他说:"对人的爱,决不会是派生的爱;它必须成为起源的爱。只有这样,爱才成为一种真正的、神圣的、可靠的威力。如果人的本质就是人所认为的至高本质,那么,在实践上,最高的和首要的基则,也必

---

① 《费尔巴哈哲学著作选集》(下卷),荣震华等译,商务印书馆1984年版,第493页。
② 《费尔巴哈哲学著作选集》(下卷),荣震华等译,商务印书馆1984年版,第56页。

须是人对人的爱。"① 通过人类之爱就能解决人的异化问题，使人重新占有他自己的本质，使人成为人。在坚持以人为本的基本立场上，费尔巴哈与之前启蒙思想家是一致的，但是费尔巴哈的独特之处在于，他以一种新的理论方式来完成其人本思想的表达。费尔巴哈认为，在整个启蒙时期，无论是18世纪法国唯物主义，还是19世纪德国思辨哲学在论证以人为本上都存在问题。旧唯物主义以外在于人的物质实体为世界本原，认为人是物质世界的组成部分，如拉美特利那样把人视为机器，这样是不能彰显人的独特地位与价值的。而黑格尔突出人的理性，却把理性视为在人之外的独立实体与世界本原，这样在理论上造成了理性与神学的某种结合，为上帝的存在留下余地。所以，费尔巴哈在人本立场的论证上提出了一种新思路，就是把人本身而非物质实体或者人的理性作为最高实体，认为人是思维与存在统一的基础。他说："思维与存在的统一，只有在将人理解为这个统一的基础和主体的时候，才有意义，才是真理。"② 费尔巴哈理解的人是自然的产物，人是一种自然感性的实体，同时费尔巴哈并不否认理性之于人的价值，他认为理性是人区别于动物的根本特性。因此，人在总体上是一种内在包含理性、感性欲望、意志、情感的统一体。虽然费尔巴哈认为人是自然的产物，但是他并不把自然作为最高实体，他认为自然是盲目的，没有理性与意志，只是为人所设立的一种手段。所以"自然界这个无意识的实体，是非发生的永恒的实体，是第一性的实体，不过是时间上的第一性，而不是地位上的第一性……有意识的，属人的实体，则在其发生的时间上是第二性的，但在地位上说来则是第一性的。"③ 在费尔巴哈那里，只有人而非自然才是思维与存在统一的基础，人才是世界的最高实体。

费尔巴哈是近代欧洲哲学史上第一个明确把"人"作为哲学理论

---

① 《费尔巴哈哲学著作选集》（下卷），荣震华等译，商务印书馆1984年版，第315页。
② 《费尔巴哈哲学著作选集》（上卷），荣震华等译，商务印书馆1984年版，第181页。
③ 《费尔巴哈哲学著作选集》（下卷），荣震华等译，商务印书馆1984年版，第523页。

体系之中心的思想家，就像他在阐述自己学说的核心主旨时所说的，人是其"新哲学"的"唯一的、普遍的、最高的对象"。这样，费尔巴哈以一种最彻底的理论形式凸显了以人为本，他的哲学思想是名实俱有的人本主义。费尔巴哈的思路影响了西方现代人本主义思潮、西方现代人本主义，如叔本华、尼采的唯意志主义，柏格森的生命哲学，以海德格尔、萨特为代表的存在主义，西方马克思主义等都是以人为其哲学体系的最高命题与出发点，他们不再执着于外在于人的世界本原问题，而是从人的某种特性，以及人与世界关系的问题入手建构其哲学体系，比如从人的情感或意志、人的语言、人的理解等方面入手来建构其哲学体系，更加突出了人在世界中的本体地位，更加注重对人的意义与价值的说明。

以上通过对西方思想传统中人与神、人与自然关系问题的考察表明，相比于神与自然存在，以人为中心，以人为本位，确立人的主体地位，张扬人的价值，实现人的解放与发展是西方文化传统的一个基本倾向，如同以人为本是中国传统文化的基本精神一样，以人为本也是西方思想文化的一个基本线索。

综上所述，哲学抽象意义上的以人为本是人类历史中的一种普遍性价值追求，这并不是什么怪诞之论，人在本能上总是以自我为中心的，尽管可能在人类历史上存在某些时期的蒙昧与迷失，出现了神本主义或者物本倾向，但人类终究会转向以人本身为中心的基本立场。所以，无论是哪个时代、哪个民族，以人为本始终是人类文化的主流与基本特征，就像张岱年所说，以人为本是中国文化的基本精神之一，而西方学者阿伦—布洛克在其著名的《西方人文主义传统》一书中则说，人文主义是西方思想看待人和宇宙的基本模式之一。当然，这种以人为本的基本价值立场在不同的历史时代、不同的社会阶段、不同的社会历史条件、不同的民族文化中所展现出的具体形态是不同的，也就是在"如何以人为本"的问题上可能存在着诸如理性主义与非理性主义、伦理主义与理性主义、功利主义与道德主义、个体主义与整体主义、唯心主义与唯物主义的差别,但是以人为本,而不是以物、以神或者其他什么东西为本的这种倾向却是一以贯之,且不断推进的。

第三节 唯物史观视域中的以人为本

抽象意义上的以人为本是一种普遍性的价值立场,人类绝大多数思想体系都建立在这个根本立场之上,它们以不同的方式在不同角度、不同层面上凸显了人本精神。而马克思主义作为人类思想发展链条中的一环也同样继承了这一基本价值立场。这鲜明地体现在马克思主义经典作家的相关论述当中。

首先,马克思主义经典作家把人作为人类社会历史的主体与目的。经典作家曾把人本身视为人自身以及人类社会历史的根基与最高本质,马克思曾说,人是人的最高本质,"人是本质、是人的全部活动和全部状况的基础"[①]。所谓"人是人类社会历史的本质与根基",其具体内涵就是:人是人类社会历史产生、存在与发展的根本主体与最终目的。这种观点相对于神本史观或某些旧唯物主义而言,就是一种典型的以人为本思想。经典作家指出,人是主体,它以自由自觉的创造性活动为本质,通过这种主体性力量来创造社会与历史。马克思说:"正像社会本身生产作为人的人一样,社会也是由人生产的。"[②] 这就是说,人是创造社会的主体,社会在本质上是人的一种存在方式、表现形式。人也是创造历史的主体,经典作家认为,社会发展史与自然发展史在某些方面是根本不同的,自然现象是一种无意识的、盲目的纯粹客观过程,而人类历史则是由有意识、有目的的人所推动的。

[①] 《马克思恩格斯文集》第 1 卷,人民出版社 2009 年版,第 295 页。
[②] 《马克思恩格斯文集》第 1 卷,人民出版社 2009 年版,第 187 页。

历史什么事情也没有做，它"不拥有任何惊人的丰富性"，它"没有进行任何战斗"！其实，正是人，现实的、活生生的人在创造这一切，拥有这一切并且进行战斗。并不是"历史"把人当做手段来达到自己——仿佛历史是一个独具魅力的人——的目的。历史不过是追求着自己目的的人的活动而已。①

马克思曾以人本身的发展状况来划分人类历史的发展阶段，提出人类历史的发展要经过三个阶段：以"人的依赖关系"为特征的第一阶段；以"物的依赖性为基础上的人的独立性"为特征的第二阶段；以"建立在个人全面发展和他们共同的社会生产能力成为他们的社会财富这一基础上的自由个性"为特征的第三阶段。这就是说，人类社会历史发展从本质上讲就是人本身的发展，人本身是人类社会历史发展的最终目的。

其次，马克思主义经典作家对人类社会当中存在的各种"非人"的异化现象进行了批判。人本应该是主体、是目的，但是人类社会历史当中存在的各种原因与局限使人丧失了这种主体地位，使人被贬低为一种工具性、手段性的"物"，这就是人的"异化"问题。异化就是指，本应是作为人的活动产物与工具的各种事物由于各种原因而成为一种人的异己性、主宰性力量，它非但不能体现与促进人的主体性与目的性，反而束缚、阻碍人的发展，从而使得人的本质丧失，成为"非人"的存在。造成人的异化的原因是多方面的，因而人的异化的表现形式也是多样的，经典作家对异化现象进行了全方位的批判。其一是宗教异化问题。关于宗教，马克思在《黑格尔法哲学批判导言》中说：

人创造了宗教，而不是宗教创造人。就是说，宗教是还没有获得自身或已经再度丧失自身的人的自我意识和自我感觉。但是，人

---

① 《马克思恩格斯文集》第 1 卷，人民出版社 2009 年版，第 295 页。

不是抽象的蛰居于世界之外的存在物。人就是人的世界，就是国家，社会。这个国家、这个社会产生了宗教，一种颠倒的世界意识，因为它们就是颠倒的世界。①

也就是说，宗教本质上是本质不完善的人所特有的一种意识，由于种种原因，人把其自身的本质转化为外在的幻想的本质，把这种本质客体化，使之成为主宰人本身的力量，而人本身却受到其自身意识产物的支配，丧失了主体地位与目的性价值。这就是宗教异化问题。所以，马克思主张对宗教进行批判，认为并非上帝而是人本身才是人的最高本质。其二是物的异化问题。物的异化就是以物为本，就是"商品拜物教"，它指称这样一种现象：人们以追求金钱与物质的占有为最高目的，人生的价值与意义都以物质为标准进行衡量，于是，对于金钱与商品的偏执使物质成为主宰人的力量，人被物质所奴役而降低到动物的水平。马克思认为，这就是人的本质的一种异化，这是对人类尊严的贬损：

> 我们彼此进行交谈时所用的唯一可以了解的语言，是我们的彼此发生关系的物品。我们不懂得人的语言了，而且它已经无效了；它被一方看成并理解为请求、哀诉，从而被看成屈辱，所以使用它时就带有羞耻和被唾弃的感情；它被另一方理解为不知羞耻或神经错乱，从而遭到驳斥。我们彼此同人的本质相异化已经到了这种程度，以致这种本质的直接语言在我们看来成了对人类尊严的侮辱，相反，物的价值的异化语言倒成了完全符合于理所当然的、自信的和自我认可的人类尊严的东西。②

其三是社会政治方面的异化。马克思认为社会关系与社会制度本身

---

① 《马克思恩格斯文集》第1卷，人民出版社2009年版，第3页。
② 《马克思恩格斯全集》第42卷，人民出版社1979年版，第36页。

也存在着造成人异化的问题。马克思曾说,异化是"个人相互间的社会联系作为凌驾于个人之上的独立权力"①。这是一种社会关系方面的异化,它造就的是社会之于人的异化。社会本来是人的产物,是发展人的工具,但是它却与人的固有本质相对立,成为束缚人、压抑人的存在。马克思认为,只要人不承认他自己是人,不是按照人的本质来组织世界,这种社会联系就会以异化的形式出现。马克思认为,专制制度就是一种典型的社会政治异化,"专制制度的惟一思想就是轻视人,使人非人化","君主政体的原则总的说来就是轻视人,蔑视人,使人非人化"。②马克思曾把欧洲的封建专制时期称为"人类史上的动物时期"。

其四是劳动异化的问题。马克思认为,人的本质就是人的自由自觉的活动,即劳动是人的本质,但由于私有制的存在使得劳动这种人的本质活动发生了异化。生产资料的资本主义私有制使得工人的劳动产品被剥夺,劳动产品就成为对劳动者而言的一种异己性力量,马克思说:"工人对自己的劳动的产品的关系就是对一个异己的对象的关系。……工人在劳动中耗费的力量越多,他亲手创造出来反对自身的、异己的对象世界的力量就越强大,他自身、他的内部世界就越贫乏,归他所有的东西就越少。"③而劳动产品的异化造就了劳动本身的异化,"工人在他的产品中的外化,不仅意味着他的劳动成为对象,成为外部的存在,而且意味着他的劳动作为一种与他相异的东西不依赖于他而在他之外存在,并成为同他对立的独立力量;意味着他给予对象的生命是作为敌对的和相异的东西同他相对立"④。劳动本来是人的本质活动的体现,本应是人发展他自己、解放他自己的方式,但是由于劳动产品的异化,劳动本身对劳动者而言也就变成了仅仅是一种谋生的手段,变成了一个充满痛苦与压抑的过程。这样,劳动就变成了与人的本质相对立的存在,劳动使

---

① 《马克思恩格斯全集》第46卷(上册),人民出版社1979年版,第145页。
② 《马克思恩格斯全集》第47卷,人民出版社2004年版,第58、59页。
③ 《马克思恩格斯文集》第1卷,人民出版社2009年版,第157页。
④ 《马克思恩格斯文集》第1卷,人民出版社2009年版,第157页。

人丧失了人之为人的本质，使人降低到类似动物谋求生存的水平。并且，马克思还认为，劳动异化是一种根本性异化，它是其他形式的异化如社会关系的异化、物的异化产生的社会根源。马克思说，在异化劳动中，"无论是自然界，还是人的精神的类能力，都变成了对人来说是异己的本质，变成了维持他的个人生存的手段。异化劳动使人自己的身体同人相异化，同样也使在人之外的自然界同人相异化，使他的精神本质、他的人的本质同人相异化。"①

马克思所批判的异化现象不仅仅造成了工人劳动者的异化，还造成了包括资本家在内的所有人的异化，"异化既表现为我的生活资料属于别人，我所希望的东西是我不能得到的、别人的占有物；也表现为每个事物本身都是不同于它本身的另一个东西，我的活动是另一个东西，而最后，——这也适用于资本家，——则表现为一种非人的力量统治一切"②。恩格斯也认为，在一个异化的社会环境中，统治阶级在某些方面也是畸形发展，甚至在很大程度上超过了被压迫阶级。由于社会现实中存在着各种"非人"的异化现象，马克思认为，为了消除异化现象，确立人的主体地位与目的性价值，使人成为人，就必须推翻那些使人成为受屈辱、被奴役、被遗弃和被蔑视的东西的一切关系。马克思所设想的共产主义就是人的自我异化的积极扬弃，是通过人并且为了人而对人的本质的真正占有，是人向其自身的复归。

以上就是马克思主义经典作家的抽象意义的以人为本思想，当他们在谈论人的本质、人的异化问题时所说的"人"就是指与物或神相对而言的类存在意义上的人，即一般性的人、所有的人，而他们所追求的也是所有人类的解放。虽然他们在一般性地谈论人的异化、人的解放时，其中某些思想可能还带有资产阶级人本主义的痕迹，但是，其中关于"要消除束缚人、压抑人的各种因素，要确立人的主体地位与目的性

---

① 《马克思恩格斯文集》第1卷，人民出版社2009年版，第163页。
② 《马克思恩格斯文集》第1卷，人民出版社2009年版，第233页。

价值，要尊重人、解放人、发展人"的思想依然是合理的，是具有永恒价值的。因此，从这个角度来说，马克思主义经典作家继承了人类普遍共有的人本立场，这一立场也是他们进行马克思主义体系创建的一个基本前提。

问题在于，虽然马克思主义经典作家继承了抽象意义上的人本立场，但是仅仅这一点还不能使得马克思主义与其他的思想体系区分开来，抽象意义上的以人为本也还不完全具有我们今天所讲的以人为本概念的实质。众所周知，我们今天所讲的以人为本是以马克思主义为背景的，特别是以唯物史观为理论基础的。因此，要探究以人为本的实质，除了要看到以人为本是一种普遍性价值追求之外，还要探究在唯物史观向度下的"以人为本"的特质。这是对以人为本的更深层的理解。

唯物史观对以人为本理解的独特性，首要的在于它对以人为本的"人"的理解不同于人类以往的思想体系。在马克思之前，资产阶级人本主义主要是持有一种抽象人性论，也就是他们所理解的人仅仅是一般性的人、抽象的人，而中国古代传统哲学在涉及人本问题时，谈论的同样也是抽象意义上的人，如冯友兰所说："古代的哲学家都离开人的社会性和阶级性而谈抽象的人性。"[1] 马克思主义经典作家则反对抽象人性论，主张应把人理解为现实的人。马克思与恩格斯曾说："我们不是从人们所说的、所设想的、所想象的东西出发，也不是从口头说的、思考出来的、设想出来的、想象出来的人出发，去理解有血有肉的人。我们的出发点是从事实际活动的人。"[2] "主张现实的人"这一点是在马克思主义的经典文本当中反复强调的。而正是基于这一点，现今我国学界在谈论以人为本时，几乎绝大部分学者都会首先强调"以人为本中的人是现实的人、具体的人，而不是抽象的人。"但是，人们通常只是依据经典文本把这一点作为理解以人为本的前提，却通常忽略了其中的原

---

[1] 冯友兰：《中国哲学史新编》（中卷），人民出版社2004年版，第311页。
[2] 《马克思恩格斯文集》第1卷，人民出版社2009年版，第525页。

因，也就是为什么马克思等人要把人理解为现实的人、具体的人？这样的理解对以人为本内涵的界定会产生什么影响？

实际上，马克思之所以强调人是现实的人，是与唯物史观的创建本身相关联的，进一步来说，唯物史观只有以"现实的人"这种特定的人性论为基础才能建立起来。我们可以从马克思关于人性的理解的思想历程来说明这一点。

马克思包含人性论在内的唯物史观的创立是一个思想过程，是在摆脱、超越黑格尔、费尔巴哈等德国古典哲学的基础上才最终完成的。在此之前，马克思也是明确提倡一般人性或抽象人性的。马克思曾说："难道存在着植物和星辰的一般本性而不存在人的一般本性吗？"① 执着于"人类的一般性质"是受到传统思辨哲学的影响，这种思维对马克思的理论活动造成了深远的影响，马克思在其唯物史观真正创立之前的一个时期内的理论思考都是以这种人性论为逻辑前提的。

在青年黑格尔学派与莱茵报时期，马克思的人性论思想基本上属于黑格尔哲学的范围，他承认人的一般本性，把理性与自由作为人的固有本性，他曾把自由称为全部精神存在的类本质。马克思以这种人性论为基础来分析社会历史现象，比如，他认为国家应该是政治的和法的理性的实现，哲学所要求的国家是符合人的本质的国家，不符合理性自由本质的国家就是坏的国家。而此后，马克思开始转向费尔巴哈的唯物主义哲学，其关于人性的认知总体上依然是抽象人性论。在《〈黑格尔法哲学批判〉导言》与《1844年经济学哲学手稿》中，马克思依然主张人的一般本质或类本质，他曾说，人的根本就是人本身，人是人其自身的最高本质，人是为其自身而存在着的类存在物。马克思以这种人性论为基础用异化概念来阐述他的社会历史观，他认为，各种不合理的社会现象在本质上都是人同其自己本质的异化问题，而"任何解放都是使人的世界即各种关系回归于人自身"，"是以宣布人是人的最高本质这个理

---

① 《马克思恩格斯全集》第1卷，人民出版社1995年版，第215页。

论为立足点的解放"。① 共产主义就是人的自我异化的扬弃，是人的固有本质的复归。但在《1844年经济学哲学手稿》中，马克思是把劳动作为人的类本质的：

> 动物和自己的生命活动是直接同一的。动物不把自己同自己的生命活动区别开来。它就是自己的生命活动。人则使自己的生命活动本身变成自己意志的和自己意识的对象。他具有有意识的生命活动。这不是人与之直接融为一体的那种规定性。有意识的生命活动把人同动物的生命活动直接区别开来。

"自由的有意识的活动恰恰就是人的类特性。"② 虽然马克思仍然使用了类本质的概念，但其对人的类本质的理解已不同于费尔巴哈的抽象人性论。由此，马克思开始摆脱费尔巴哈人本主义的影响。在《关于费尔巴哈的提纲》与《德意志意识形态》中，马克思、恩格斯明确批判了费尔巴哈的抽象人性论。马克思说：在费尔巴哈那里，人的"本质只能被理解为'类'，理解为一种内在的、无声的、把许多个人自然地联系起来的普遍性"③。在《德意志意识形态》中马克思、恩格斯进一步指出，费尔巴哈"他还从来没有看到现实存在着的、活动的人，而是停留于抽象的'人'，并且仅仅限于在感情范围内承认'现实的、单个的、肉体的人'"④。在批判前人的基础上，马克思成熟的、科学的人性论确立起来了，在《关于费尔巴哈的提纲》中他提出，人的本质不是单个人所固有的抽象物，在其现实性上，它是一切社会关系的总和，并且社会生活在本质上是实践的。而在《德意志意识形态》中，马克思、恩格斯进一步明确了这一点，他们提出其自身理论研究的出发点不

---

① 《马克思恩格斯文集》第1卷，人民出版社2009年版，第46、18页。
② 《马克思恩格斯文集》第1卷，人民出版社2009年版，第162页。
③ 《马克思恩格斯文集》第1卷，人民出版社2009年版，第501页。
④ 《马克思恩格斯文集》第1卷，人民出版社2009年版，第530页。

是人们所说的、所设想的、所想象的人，也不是口头上说的、设想出来的、想象出来的人，而是从事实际活动的人。

马克思之所以反对抽象人性论，是因为由这种人性论所引发出来的历史观是一种历史唯心主义，它把某种固定的、永恒的人性看作一种精神力量，并作为历史发展的最终决定力量与评价标准，这样就只能推论出：人类的各种社会历史问题的根源在于主观精神因素，其解决之道也只是在于改变人的主观精神状态，就可以改变社会历史现实。空想社会主义、德国古典唯心主义、费尔巴哈人本主义、"真正的社会主义"等各种流派都是遵从同样的逻辑，无不求助于道德的教育、精神的感化、思想的宣传、理性的确立、良心的改造等各种措施，但是历史证明，这种思路没有真正改变现实，没有真正解决社会历史问题。恩格斯说过，人道、自由、平等、博爱这些抽象的名词固然很好听，但在现实的社会历史和政治问题上却什么也证明不了。马克思、恩格斯在《德意志意识形态》中也说道：按照历史唯心主义的逻辑"'人'的'解放'也并没有前进一步；只有在现实的世界中并使用现实的手段才能实现真正的解放"①。"真正的解放"是一种现实的解放，现实的根基在于社会的物质生产关系，这是人类历史的决定力量和最终根源，这是唯物史观的根本立场。所以，唯物史观"这种历史观就在于：从直接生活的物质生产出发阐述现实的生产过程，把同这种生产方式相联系的、它所产生的交往形式即各个不同阶段上的市民社会理解为整个历史的基础"②。而要达到这种根本立场就必须完成对于人性的认识的转变，只有确立了现实的人、实践的人、社会关系的人的人性论才能够发现人的物质生活条件的根基地位，才能为发现人类社会历史的基本规律开辟道路。这就是在《德意志意识形态》中马克思、恩格斯所指出的：

---

① 《马克思恩格斯文集》第1卷，人民出版社2009年版，第527页。
② 《马克思恩格斯文集》第1卷，人民出版社2009年版，第544页。

> 我们开始要谈的前提不是任意提出的,不是教条,而是一些只有在臆想中才能撇开的现实前提。这是一些现实的个人,是他们的活动和他们的物质生活条件,包括他们已有的和由他们自己的活动创造出来的物质生活条件。
>
> 迄今为止的一切历史观不是完全忽视了历史的这一现实基础,就是把它仅仅看成与历史进程没有任何联系的附带因素。①

唯物史观的确立需要现实的人、社会关系的人为人性论前提,这就是马克思主义人性论转变的根本原因。

由于劳动实践、社会关系是人的本质属性,而劳动实践、社会关系显然是变动的、有差异的,所以经典作家也就顺理成章地强调人的具体性即特殊性、差异性、变动性。马克思说:"各个人借以进行生产的社会关系,即社会生产关系,是随着物质生产资料、生产力的变化和发展而变化和改变的。"② 因而,可以推论:整个历史也无非人类本性的不断改变而已,并且物质生产关系按照生产资料的占有情况又划分为阶级关系,而人是一定阶级关系与物质生产关系的承担者,阶级关系是人最重要、最基础性的社会关系。马克思、恩格斯认为,原始公社解体之后,"至今一切社会的历史都是阶级斗争的历史"③。

总之,对人性的现实性与具体性的强调是经典作家的人性论中的显著特征,只有以"现实的人、具体的人"这种人性论为基础,才能建立起唯物史观,才能发现人类历史的真实面貌与基本规律。但是,把人理解为现实的人、具体的人还不是唯物史观对以人为本理解的终点,因为当我们停留在"人是现实的具体的人"这个命题上时,还不能确定"以人为本"中的"人"究竟是指称谁,在逻辑上还是会把"以人为

---

① 《马克思恩格斯文集》第1卷,人民出版社2009年版,第516—519、545页。
② 《马克思恩格斯文集》第1卷,人民出版社2009年版,第724页。
③ 《马克思恩格斯文集》第2卷,人民出版社2009年版,第31页。

本"的"人"理解为所有人、一切人，因为既然人在本质上是社会关系的总和，人在本质上是自由自觉的活动，那么这个本质是适用于所有人的，所有的人都是社会关系的总和，都进行了自由自觉的活动。而当我们把以人为本中的人理解为抽象意义上的人、一切人的时候，还没有超出以往人本思想的界限，还不能体现出唯物史观中对以人为本理解的特质。但是，这并不是说，主张现实的、具体的人对以人为本的理解没有意义，对现实的人的强调对以人为本的理解而言是一种方法论意义。由于强调了人的现实性、具体性，并且在此基础上揭示了人类社会历史运动发展的基本规律，这就意味着发现了人类整体内部不同的组成部分如各个阶级、阶层、社会集团。按照唯物史观，这些不同的组成部分在人类历史发展中所起到的作用是不同的，有积极消极、进步反动之分，所以，在唯物史观的视域中，以人为本不能简单地归结为以所有人、一切人为本。唯物史观认为，在历史上起到决定作用与进步意义的人是指"人民群众"，所以唯物史观视域下的以人为本主要是指"以人民群众为本"，也就是说，在唯物史观中，是以群众史观来统摄以人为本的，以人为本的本质内涵是群众史观，这是唯物史观中对以人为本理解的特质，是与其他思想体系的人本思想的根本区别之处，这也是唯物史观中对以人为本理解的终点，因为它明确指出了以人为本究竟是以谁为本的问题。

接下来的问题就是，人民群众何以成为以人为本的实质？人民群众究竟指称人类当中的什么群体？这就要对唯物史观中的群众史观思想有一个明晰的考察。

之所以说唯物史观中的以人为本的特质是以人民为本，是因为马克思主义是把人民群众作为创造历史的主体，同时也把人民群众视为历史发展的目的。这个观点是马克思、恩格斯在对青年黑格尔派的布鲁诺—鲍威尔的英雄史观进行批判时提出来的。早在黑格尔的思想体系中就明确主张英雄史观或精英史观，黑格尔认为，作为绝对理念的"世界精神"是人类历史的本质与根基，人类历史是这种"世界精神"自身运动的结果与外显。这种"世界精神"通过某些辩证运动成为"一切个人内在的灵魂"，但是在不同的人身上这种"世界精神"的表现方式是不同的，对大部分普通民众而言，世界精神是处于不自觉状态，而少数精英人物则可以一种自觉状态成为这种世界精神的代表，黑格尔将这种人称为"世界历史个人"。黑格尔认为，这两类人在历史创造过程中的作用是不同的，作为"世界历史个人"的精英人物自身的特殊目的是与"世界精神"关联在一起的，是世界精神与时代意志的代表与现实显现。"世界历史个人"才能卓越、目光高远、具有理性自觉，能够把握时代的脉搏、引领时代的潮流，他们就是现实历史的创造者或真正主体。黑格尔认为，普通群众处于一种不自觉的、缺乏理性的甚至荒蛮的状态，他们只是追求眼前物质欲求的满足，他们只是世界精神与"世界历史个人"实现他们自己目的的工具而已。这就是黑格尔的英雄史观，而青年黑格尔派中的鲍威尔等人则继承了这一观点。鲍威尔认为，普通群众是盲目无知的，他们缺乏精神力量，是"思想的对立物"与"精神的真正的敌人"，并且宣称非但"工人什么东西也没有创造"，他们还是历史进步的障碍，认为群众是历史发展的障碍，一切重大历史变革之所以在一开始没有取得成功或实效，就是因为它们唤醒了群众的关怀与热情。而真正能够推动历史前进与创造的是像他们这样高高在上、离群索居的思想精英们。

马克思、恩格斯与这种精英史观针锋相对，他们在《神圣家族》中曾说，像鲍威尔这样号称的"批判的批判"什么都没有创造，工人阶级才创造一切，甚至就以他们的精神创造来说应该使得这些知识精英感到羞愧。他们明确立了群众史观的立场，"历史的活动和思想就是'群众'的思想和活动"，"历史活动是群众的活动，随着历史活动的深入，必将是群众队伍的扩大"。① 这是唯物史观的基本立场，晚年的恩

---

① 《马克思恩格斯文集》第1卷，人民出版社2009年版，第268、287页。

格斯在《路德维希·费尔巴哈和德国古典哲学的终结》中谈到历史的根本动力时也说道,"引起重大历史变迁"的根本原因"与其说是个别人物、即使是非常杰出的人物的动机,不如说是使广大群众、使整个整个的民族,并且在每一民族中间又是使整个整个阶级行动起来的动机"①。人民群众是历史创造的真正主体的观点在马克思、恩格斯之后的历代马克思主义思想家那里都是一以贯之的。列宁认为,相比之前的历史观,对群众史观的阐述是历史唯物主义的主要创新之一。毛泽东更是明确指出:"人民,只有人民,才是创造世界历史的动力。"② 邓小平也说:"马克思主义向来认为,归根结底地说来,历史是人民群众创造的。"③

在马克思主义的体系中,人民不但是创造历史的主体与根本决定力量,还是历史发展的根本目的。马克思、恩格斯认为,历史的发展就是追求包括无产阶级在内的人民群众的解放;毛泽东时代就提出要全心全意为人民服务;邓小平指出,要把满足人民群众物质文化需要与自由全面发展作为判断社会主义建设实践的根本标准之一;而江泽民提出,"我们建设有中国特色社会主义的各项事业,我们进行的一切工作,既要着眼于人民现实的物质文化生活需要,同时又要着眼于促进人民素质的提高,也就是要努力促进人的全面发展。这是马克思主义关于建设社会主义新社会的本质要求。"④ 胡锦涛则明确提出,"要始终把实现好、维护好、发展好最广大人民的根本利益作为党和国家一切工作的出发点和落脚点,尊重人民主体地位,发挥人民首创精神,保障人民各项权益,走共同富裕道路,促进人的全面发展,做到发展为了人民、发展依靠人民、发展成果由人民共享。"⑤ 习近平总书记指出:"坚持人民性,

---

① 《马克思恩格斯文集》第4卷,人民出版社2009年版,第304页。
② 《毛泽东选集》第3卷,人民出版社1991年版,第1031页。
③ 《邓小平文选》第1卷,人民出版社1994年版,第217页。
④ 《江泽民文选》第3卷,人民出版社2006年版,第294页。
⑤ 《十七大以来重要文献选编》(上),中央文献出版社2009年版,第12页

就是要把实现好、维护好、发展好最广大人民根本利益作为出发点和落脚点，坚持以民为本、以人为本。"①

马克思主义之所以把人民群众称为历史发展的主体与目的，这是由唯物史观理论体系的内在逻辑所得出的必然结论。关于这一点，首先要从"人民群众"这个概念的内涵说起。当马克思与恩格斯在批判鲍威尔的英雄史观时所使用的"群众"，作为与少数知识精英相对立的概念，主要是指物质生产劳动者。当然，这个劳动者并不仅仅是直接从事物质生产的体力劳动者。马克思认为："资本主义生产方式的特点，恰恰在于它把各种不同的劳动，因而也把脑力劳动和体力劳动，或者说，把以脑力劳动为主或者以体力劳动为主的各种劳动分离开来，分配给不同的人。但是，这一点并不妨碍物质产品是所有这些人的共同劳动的产品"，所以，"所有以这种或那种方式参加商品生产的人，从真正的工人到（有别于资本家的）经理、工程师，都属于生产劳动者的范围"。②"真正的工人"之外的"经理""工程师""技术专家"等虽然不是直接从事物质生产劳动，但他们是"总体工人的一个器官"。因此，马克思所说的作为人民群众的劳动者既指直接劳动者也包括间接劳动者即脑力劳动者，但是马克思还是主要依据物质生产问题来对"人民群众"进行规定的。而马克思之所以把作为物质生产劳动群体（包括脑力劳动与体力劳动）的人民群众作为历史的主体，是因为基于唯物史观的基本逻辑。唯物史观认为，人类社会历史发展的基本规律在于生产力与生产关系、经济基础与上层建筑的矛盾运动，其中生产力是历史发展的决定性力量，它决定着人类社会的基本样态与发展轨迹，所以物质生产活动就是人类历史产生发展的基石。马克思曾把物质生产称作"历史的诞生地"，认为人类历史是通过人的物质生产劳动而诞生的过程，物质生活的生产方式制约着整个社会生活、政治生活和精神生活的过程。恩格斯

---

① 《习近平谈治国理政》第1卷，外文出版社2018年版，第154页。
② 《马克思恩格斯文集》第8卷，人民出版社2009年版，第418、218页。

晚年也曾说:"根据唯物史观,历史过程中的决定性因素归根到底是现实生活的生产和再生产。无论马克思或我都从来没有肯定过比这更多的东西。"① 而物质生产力与物质生产活动的主体则是人,确切地说是直接或间接从事物质生产的劳动者,并且,马克思把这个占人口大多数的群体称为人民群众。这样,依据唯物史观所发现的人类历史发展规律,也就在逻辑上必然推导出从事物质生产劳动的人民群众是历史的主体与决定性力量,是人民群众创造了人类历史。

但是人类社会历史的创造与发展并不仅仅是生产力直接发展的问题,还包括了人类的政治解放、精神解放等问题,依照这个逻辑,人民群众这个概念也就必然要发生扩展。这个扩展在毛泽东那里得到典型的体现,毛泽东首先继承了经典作家对人民群众概念理解的思路,毛泽东指出,人民群众"是指一切体力劳动者(如工人、农民、手工业者等)以及和体力劳动者相近的、不剥削人而又受人剥削的脑力劳动者"②。但是,毛泽东对人民概念又有所创新,他依照阶级斗争与革命运动的需要来理解人民这个概念。对此,毛泽东有过集中表述:

> 应该首先弄清楚什么是人民,什么是敌人。人民这个概念在不同的国家和各个国家的不同的历史时期,有着不同的内容。拿我国的情况来说,在抗日战争时期,一切抗日的阶级、阶层和社会集团都属于人民的范围,日本帝国主义、汉奸、亲日派都是人民的敌人。在解放战争时期,美帝国主义和它的走狗即官僚资产阶级、地主阶级以及代表这些阶级的国民党反动派,都是人民的敌人;一切反对这些敌人的阶级、阶层和社会集团,都属于人民的范围。在现阶段,在建设社会主义的时期,一切赞成、拥护和参加社会主义建设事业的阶级、阶层和社会集团,都属于人民的范围;一切反抗社

---

① 《马克思恩格斯文集》第10卷,人民出版社2009年版,第591页。
② 《毛泽东选集》第4卷,人民出版社1991年版,第1287页。

会主义革命和敌视、破坏社会主义建设的社会势力和社会集团，都是人民的敌人。①

这样人民的内涵就是阶级斗争与革命运动中的进步性力量。而到了改革开放以来的社会主义建设新时期，人们对人民概念的理解又有所扩展，即不再局限于物质生产与政治斗争、革命运动问题，而是在此基础上扩展为依据整个社会历史进步发展这样更宽泛的问题来界定人民概念。这样，人民的内涵就被界定为一切对社会的发展起积极进步作用的人们，人民概念的外延也随之扩展，江泽民在建党80周年讲话中明确指出：

> 改革开放以来，我国的社会阶层构成发生了新的变化，出现了民营科技企业的创业人员和技术人员、受聘于外资企业的管理技术人员、个体户、私营企业主、中介组织的从业人员、自由职业人员等社会阶层。
>
> 这些新的社会阶层中的广大人员，通过诚实劳动和工作，通过合法经营，为发展社会主义社会的生产力和其他事业作出了贡献。他们与工人、农民、知识分子、干部和解放军指战员团结在一起，他们也是有中国特色社会主义事业的建设者。②

至此，人民这个概念就发展到最广义的程度。这个意义上的人民概念，在外延上是以物质生产劳动者为基础的，也包括其他特定社会群体的人群集合，他们在数量上占社会人口的大多数。人民概念在内涵上则是指能够推动历史进步、社会发展的群体。如习近平总书记所说的："人民群众是历史发展和社会进步的主体力量。"③ 这就是现今对人民概

---

① 《毛泽东文集》第7卷，人民出版社1999年版，第205页。
② 《江泽民文选》第3卷，人民出版社2006年版，第286页。
③ 《习近平谈治国理政》第1卷，外文出版社2018年版，第27页。

念的理解。

当然，我们需要说明，现今这种人民群众概念的扩展并没有与经典作家关于人民群众概念的认知相冲突，这在于两个方面。其一，现在的人民群众这个概念虽然超出了原来的直接的物质生产劳动者或者与物质生产劳动直接相关联的脑力劳动者，包括了与生产力发展并不直接相关的从事各种社会活动的群体类型，比如从事文艺、体育、教育等事业的群体，甚至包括那些支持社会主义与国家统一的海外华人中的爱国者。但是人民群众的概念始终是以物质生产劳动者为主要组成部分，比如我国现阶段的人民就是以工人、农民为基础，他们占"人民群众"这个集合概念的大多数。其二，虽然人民群众概念的扩展超出了物质生产劳动者的范畴，把社会中不与生产力发展直接相关的各个领域（如政治、文艺、体育、教育等）的活动群体都包含在人民概念之中，无论这些领域看似如何远离物质生产领域，但是它们之所以能够被归结为人民群众这个以历史进步性为主旨的概念中，还是因为它们以某种方式在某种程度上能够有利于生产力的发展。毕竟，按照唯物史观，生产力是社会发展的根基与根本性判断标准，经典作家之后，人民概念扩展所依据的阶级斗争、革命运动标准与社会历史进步标准在根本上都与生产力标准相关联。这就意味着人民这个概念的扩展本身依然没有脱离唯物史观的根本逻辑，进一步来说，它是经典唯物史观中的群众史观在新的历史条件下的新形态。这个新形态与经典作家的相关表述在根本逻辑上是一致的，亦即都以唯物史观为理论基础。

根据上述分析，把人民概念界定为"推动社会历史发展的人们"是符合唯物史观的，这样理解的人民群众包含了物质生产劳动者与脑力劳动者，也包含了所有能够推动社会历史进步的其他群体。因此，人民群众是社会物质生产的主体，他们奠定了人类社会生产发展的基础，人民群众也是社会精神生产的主体与社会变革的主要推动力量，他们推动了人类社会的发展。总之，人民群众是创造历史的主体与决定性力量，他们决定了人类社会发展的基本样态与发展轨迹。

以上就是唯物史观中群众史观的基本逻辑，既然人民群众是历史创造的主体与前提，也是历史发展的目的与归宿，那么，在特定意义上，在唯物史观视域下的以人为本应主要理解为以人民为本，而不能简单武断地理解为以所有人为本，毕竟人类历史发展的特定阶段还是划分为各种阶层、阶级或其他社会集团的，他们在历史发展中的作用通常是有所差异的，有的起到了积极进步作用，有的则起到了消极反动作用。以人为本当然不能以历史反动势力为本，满足他们的需要，而应该以作为历史进步力量的人民为本，促进人民群众的解放与发展。

列宁把群众史观的确立作为整个唯物史观体系的根本创见之一，他说：

> 发现唯物主义历史观，或者更确切地说，把唯物主义贯彻和推广运用于社会现象领域，消除了以往的历史理论的两个主要缺点。第一，以往的历史理论至多只是考察了人们历史活动的思想动机，而没有研究产生这些动机的原因，没有探索社会关系体系发展的客观规律性，没有把物质生产的发展程度看做这些关系的根源；第二，以往的理论从来忽视居民群众的活动，只有历史唯物主义才第一次使我们能以自然科学的精确性去研究群众生活的社会条件以及这些条件的变更。①

习近平总书记也说，人民是创造历史的根本动力，这是"历史唯物主义基本观点"②。这意味着群众史观是马克思主义在如何理解人的问题上与以往其他所有理论体系相区别的根本标志，它不再是抽象地讲人

---

① 《列宁选集》第 2 卷，人民出版社 2012 年版，第 425 页。
② 习近平：《在纪念毛泽东同志诞辰 130 周年座谈会上的讲话》，人民出版社 2023 年版，第 15—16 页。

的主体性与目的性，而是根据唯物史观的基本方法与观点，提出了人民是历史的主体与目的的观点。而今天讲的以人为本毫无疑问是以马克思主义的唯物史观为理论基础的，那么，以人为本也就理所当然地要体现出唯物史观的这种理论特质，即要体现群众史观的基本立场与观点。

这样，我们就可以对以人为本有一个相对完备的理解：我们今天所讲的以人为本与其他所有的人本思想有相通之处，即在抽象意义上，它们都主张确立人的主体性，以人的解放发展为最终目的，但它们也有不同之处，即以人为本是以唯物史观特别是其中的群众史观为理论基础，它区别于其他人本思想的特质就在于它把"以人民为本"的思想作为其核心，这正如胡锦涛在谈到以人为本时所说的，以人为本就是"以人民为本"，就是"是否始终站在最广大人民的立场上"，并且这"是区分唯物史观和唯心史观的分水岭"。

第四节 以人为本的逻辑体系与人本德育的基本内涵

以上的论述主要说明了两个问题。其一，哲学抽象意义上的以人为本是一种普遍性的价值立场，它遍布于人类历史的各个时期、各个民族，是人类绝大部分思想体系立论的基本立场。其二，马克思主义继承了这种普遍性的人本立场，并且依据唯物史观，以人为本在马克思主义语境中的特质是指以人民为本。这样的结论就指出了当下我国以人为本命题的最主要内涵，这奠定了对以人为本进行辨析的前提，我们可以在此基础上阐明究竟该如何理解以人为本。

首先，要说明的是马克思主义语境中的以人为本所包含的两个层面，即抽象意义上的以人为本与以人民为本这两者究竟是什么关系。前文在表述以人为本概念的复杂性时已经说过，在有些学者看来，我们今天所谈的以人为本是不同于西方人本主义的，人本主义是在抽象意义上谈人，而唯物史观则认为人是现实的、具体的人，所以，他们认为不应该在抽象意义上讲以人为本，不能把以人为本解读为以作为类存在的人为本，即不能以所有人、一切人为本，应该坚持马克思主义唯物史观的基本观点，把以人为本仅仅解读为以人民为本。比如，有的学者认为，对于以人为本这个概念而言，"这里的'人'是脱离社会关系的抽象的人、一般的人，而所谓'为本'，也就是'为先'、'为中心'、'为本源'的意思。……'以人为本'是一个公认的人本主义概念"，认为以人为本概念的使用是向唯心史观和资产阶级抽象人性论的理论倒退，而党中央提出这个概念"不是从上述理论和概念出发来理解和使用'以人为本'的，不是倡导什么人本主义，而是从现实问题着眼，从科学发展观着眼，强调要关心人、尊重人，要切切实实地重视和解决人民群众的困难和疾苦，……其实，我们党一贯使用的'全心全意为人民服务'和'立党为公，执政为民'已经很明确地表达了上述思想"①。因此，"以人民为本"就已经能够达到初衷了，所以最好不用"以人为本"这个概念或者至少不能在抽象意义上解读以人为本，认为是以所有人为本，而只能将其解读为"以人民为本"。并且，虽然马克思等经典作家也曾抽象地谈论人的本质、人的异化以及人的解放问题，但是这些思想被一些人认为是马克思受资产阶级人本主义影响时期所持有的思想，在马克思创立唯物史观之后，这种立场就被抛弃了。所以，真正的马克思主义体系中不存在抽象意义上的以人为本。

实际上，这种观点是将方法论与世界观意义上的以人为本与价值论意义上的以人为本相混淆了。马克思主义经典作家所强调的现实的人、具体的人，并不是直接指出以人为本当中"人"的所指内容，它只是一种观察人的方法，其目的在于引申出唯物史观这种特定的世界历史观。这种特定的人性论与世界观就是马克思主义以人为本与西方资产阶级人本主义的根本区别，这是一种方法论与世界观上的区别。但是在价

---

① 《靳辉明文集》，上海辞书出版社 2005 年版，第 133—134 页。

值论意义上，马克思主义与西方人本主义乃至人类所有的人本思想都是相通的，马克思主义所继承的抽象意义上的以人为本是一个价值论意义上的命题。马克思所说的人的本质、人的异化以及人的解放问题，抛开其方法论问题，从价值论角度来说，是阐明了人类在发展过程中所受到的种种束缚与阻碍，所存在的种种"非人"的困境，他与恩格斯都认为这种困境不但是工人阶级所遇到的，也是所有被压迫阶级乃至所有统治阶级所具有的，是整个人类、所有人、一切人都有的困境。经典作家所主张的也是整个人类，不但包括被统治阶级也包括统治阶级在内的一切人的解放。这一点是整个马克思主义的基本立场，并不因唯物史观的创立为转移。从这个意义上说，马克思主义的以人为本当然包括了抽象意义上的以人为本。

就马克思主义当中的抽象以人为本与以人民为本的关系来说，其一，抽象以人为本是抽象前提，以人民为本是具体结论。马克思主义在抽象意义上继承了人本精神，主张以人为主体、为目的，促进人的自由全面发展，但是，当将这个抽象命题放置在唯物史观体系中，经过唯物史观的过滤时，就变成了以人民为本，其基本逻辑在于：首先承认人是人类社会历史的主体、目的，但是根据马克思主义的人性论，人是现实的、具体的人，所以要在"人"这个抽象概念中区分出不同的阶级、阶层或者其他社会集团，这些处于不同社会关系、不同实践活动中的人，在历史发展中所起的作用不同，有消极与积极、进步与反动之分。继而根据唯物史观所发现的人类历史发展的基本规律，发现"人民群众"是推动历史的进步力量与真正主体，所以，抽象以人为本至此就演变为以人民为本。可见，以人民为本是抽象以人为本经过"现实具体人"这种人性论以及唯物史观的基本观点所演变出来的结果，但是抽象以人为本命题的基本精神在"以人民为本"命题当中保留了下来。其二，以人民为本是手段或工具，而抽象以人为本则是目的或归宿。前已述及，人民是依据历史进步性为标准对人类群体进行划分的结果，而把人类划分为"人民"与"非人民"，只是特定历史阶段的产物。在特定的历史阶段，由于生产力、生产关系乃至社会制度等各方面的局限，人们在社会活动中的角色与位置不同以及对社会历史发展的作用不同，有的有助于社会进步发展，有的则对人类发展产生阻碍破坏作用，由此就产生了"人民"与"非人民"的划分，并且随着历史条件的变动，"人民"与"非人民"的具体内涵与外延都会有所变化。在此前提下，为了能够促进人类历史的发展，就只能以"人民"为本，而不能以非人民的反动势力为本。但是，只是以"人民为本"、不能以一切人为本，这也是人类社会发展不完善的产物，人类历史发展的目的在于整个人类、一切人而非某一部分人的解放与发展。也就是说，以人民为本最终是为了整个人类、一切人的解放与发展，它并不是把另一些"非人民"的人仅仅作为物或工具，仅仅促进"人民"这个群体的发展。因此，总的来说，以人民为本在某种意义上只是特定历史阶段为了促进社会历史发展而采取的权宜之计，只是特定历史阶段的产物，而抽象以人为本即一切人、整个人类的解放则是以人民为本的根本目的，以人民为本相对于抽象以人为本而言只具有相对意义。从人类历史进程的角度来说，随着生产力、生产关系、社会制度等方面的完善，作为历史阻碍的"非人民"会越来越少，"人民"会逐渐与"人"概念重合，这样，以人为本与以人民为本就达到同一状态。

总之，抽象以人为本与以人民为本是马克思主义体系中辩证统一的一对概念，这两个概念有所差异，又相互关联、相互贯通，在一定意义上可以统一起来，其相互关联、相互转换的理论基础或逻辑中介就是唯物史观。

其次，在以人为本的理解中，最重要的就是要明确以人为本是一个完整、系统、多层次的逻辑体系。前已述及，国内学界对以人为本概念的基本内涵已经进行了大量的思考，其中的观点结论也是林林总总。一方面，在以人为本的定性上，它可以是一种抽象哲学观，可以是一种经济发展观、一种执政观，可以是一种社会管理观，也可以是一种社会交往原则；在以人为本所针对的问题上，有的认为是针对物本问题，有的认为是针对神本问题，有的则强调是针对官本问题；在以人为本中"人"的所指上，有的认为是作为类的人，有的强调是作为个体的人，也有的坚持是人民群众。这些观点从不同层面、不同角度对以人为本进行了阐释，扩展了人们对以人为本的理解视野，但另一方面，这种状况并未使人们对以人为本有一个真正清晰的理解，它在某种程度上增加了问题的复杂性。这是因为目前学界关于以人为本解读的这些多样化观点相互之间存在一些对立矛盾的地方，这些观点似乎都各有依据与理由，相互难以说服。更重要的是，关于以人为本解读的诸多观点相互之间存在一些衔接上的错位，比如，人们把以人为本视作一种抽象哲学价值理念，或者视为一种发展观、执政观，或者视作一种社会管理观，似乎看起来都有道理，但问题在于以人为本的诸多层次之间究竟是什么关系？这一点是目前对以人为本的理解中最为欠缺的思路，这使得相关解读看起来多种多样、成果颇丰，但实际上对以人为本的理解反而陷入一种更加模糊不清的状态。因此，对以人为本的理解而言，最重要的是厘清以人为本诸多层面、诸多角度之间是什么关系，从而建立起以人为本的逻辑体系。

以人为本逻辑体系的建立，就是设定一个逻辑框架，依照特定的标准将以人为本的诸多层面归置到这个逻辑框架的相应位置上，这样就能够清晰地展示以人为本诸多层面的相互关联，从而有助于完整、准确地把握以人为本的基本面貌。以人为本逻辑体系框架建立的标准就是抽象性，依此标准，此逻辑体系呈现出一个金字塔结构，处于金字塔顶端的是一个最为抽象的命题，它能够统摄其他任何层面的以人为本。当这个最抽象的命题与具体的问题与语境相结合的时候，依据抽象与具体的程度不同，就产生了不同层面的以人为本命题。按照这个思路，位于此逻辑体系顶端的是前面所说的哲学抽象意义上的以人为本，即"以人为本，就是说，与神、与物相比，人更重要、更根本"。这个命题具有最高的抽象性，这里的"人"是指作为类存在的所有人，这里的"神或者物"是指人之外的所有存在物，这里的"为本"是一种最抽象、最宽泛的价值判断，它适用于人类社会历史活动的方方面面，如人与自然、人与物的关系、人与社会的关系、人与神的关系等维度，如政治、经济、文化、法律、道德等领域，它是针对所有的"非人"问题如物本、神本乃至官本问题的。由于这个意义上的以人为本具有最高的抽象性，因此它遍布于人类历史的各个时期、各个民族，几乎是人类所有思想体系立论的出发点，也同样是马克思主义的立论起点。这个最为抽象的命题就位于以人为本逻辑体系的顶端，可以称其为以人为本体系的一级命题。以人为本命题的基本问题是"以什么人为本"以及"谁来推进以人为本"，在这个层面的以人为本中，作为"本"的人是人的一切存在形态，即作为整体的人类、作为群体的人、作为个体的人，而推进"以人为本"的主体则同样宽泛，它并不定位于特定的人，而是指所有的人。也就是说，在抽象意义的以人为本中，任何人都是推进以人为本的主体，任何人也是以人为本的受体。以人为本逻辑体系的下一级命题则是基于唯物史观的"以人民为本"，它是抽象以人为本经过唯物史观的人性论与世界历史观这个理论中介演变的结果。"人民"这个概念在抽象性上弱于"人"，在外延上小于"人"，人民并不是指所有的人，是具有特定性质（即历史进步性）的人。以人民为本可看作以人为本逻辑体系的二级命题，在这个层面的以人为本中，人民是推进以人为本的受体，而推进以人为本的主体则主要是指"社会管理者或执政者"，也包括了全体社会成员，因为以人民为本并不仅仅是执政者的任务，也是对全体社会成员的要求，但是，以人民为本主要是针对执政者而言的。如习近平总书记所说的："全党要坚持全心全意为人民服务的根本宗旨，……坚持一切为了人民、一切依靠人民"。① 因此，这个层面的以人为本主要是作为一种执政观而言的。以人为本逻辑体系的第三级命题则具有更大的丰富性多样性，它是抽象以人为本、"以人民为本"

---

① 习近平：《高举中国特色社会主义伟大旗帜 为全面建设社会主义现代化国家而团结奋斗——在中国共产党第二十次全国代表大会上的报告》，人民出版社 2022 年版，第 70 页。

命题与基本的社会活动领域相结合的产物，它包括了经济领域、法律领域、道德领域、科技领域、私人交往领域乃至文化教育领域的以人为本。人们通常所说的作为社会管理观的以人为本、作为经济发展观的以人为本、作为交往原则的以人为本都属于这个层次。再者，在基本社会活动领域中又包含了丰富多样的活动类型，这样就又出现了更为具体层面的以人为本，如企业管理活动中所说的以人为本。这就是以人为本逻辑体系的第四级命题，也是以人为本逻辑体系的最具体、最基础层面。

在以人为本的这几个层面之间，哲学抽象意义上的以人为本作为一级命题是抽象性最大的命题，其他层面的以人为本都是以之为前提、结合特定的具体问题而引申出来的。对以人为本的二级命题而言，它是在继承了抽象人本的基本内涵下，以人民群众与执政层的关系为核心问题而引申出来。同时，它也有很大的抽象性，因为作为执政理念，它不仅是一个政治问题，还在某种程度上统摄了社会生活的所有基本领域，社会生活中经济、文化、法律、道德、教育等基本领域都是在执政党的领导下建构的。因此，可以推论得出，哲学抽象意义上的以人为本与以人民为本同时统摄社会生活各个基本领域的以人为本，各个基本社会活动领域层面的以人为本一般是同时以前两个层面的以人为本为逻辑前提，体现其基本内涵的。但是，严格说来，抽象以人为本作为抽象性、统摄性最强的命题，它涵盖了人类活动的所有领域与一切层面，其他各个层面的以人为本都要以特定方式来体现其基本内涵，它在外延上要大于以人民为本。这是因为社会生活基本领域的具体内容并不全都是执政问题，比如法律领域中对待犯罪分子也同样讲以人为本，也就是说，即使是犯罪分子这个不属于人民的群体类型，也要保留其作为人的最基本的尊严与权利，这里所涉及的并不直接是执政者与人民群众的关系问题，它所体现的主要是哲学抽象意义上的以人为本。因此，"哲学抽象意义上的以人为本与以人民为本同时统摄社会生活各个基本领域的以人为本"是仅就社会运行的总体态势而言的。

根据以上分析，可以看出，各个层面的以人为本是一个层层递进、环环相扣的逻辑关系，它呈现为一个逻辑链条：哲学抽象意义上的以人为本→以人民为本→各社会基本领域中的以人为本→更为具体现实问题中的以人为本。这个链条的前一环节是后一环节的逻辑前提，后一环节是根据具体问题而引申出来的，它要体现前一环节的基本内涵。以上就是以人为本逻辑体系的基本结构与内在逻辑。

这里需要说明的是，我国的以人为本是作为科学发展观的核心与本质提出来的，而科学发展观是由执政党提出来的，因此，科学发展观中的以人为本主要可以理解为一种执政观。同时，科学发展观又不仅仅是一种执政观，因为它是针对当下中国的整个发展问题提出来的，而发展问题并不仅仅是执政党与人民群众的关系问题，推动以人为本科学发展的主体并不仅仅是执政党，也包括了全体社会成员。这样，我们需要明确作为发展观的以人为本与作为执政观的以人为本并不完全是同一个问题，作为科学发展观的以人为本的内涵与外延要大于作为执政观的以人为本，可以说，它涵盖了以上所列举的各个层面的以人为本，各个层面的以人为本都包容在科学发展观的以人为本当中，都是对它的具体解读。因此，科学发展观中的以人为本是一个总体性概念。这是在理解以人为本概念时需要特别注意的一点。

以人为本的逻辑体系的建构，可以统摄目前对于以人为本的多样化理解，因而可以对以人为本有一个比较清晰的理解。以人为本作为一个逻辑体系意味着，我们把以人为本理解为一种执政观、经济发展观、社会管理观、社会交往观、哲学价值观，说以人为本是以个体为本、以人类为本、以人民为本等其实都是可以成立的，但是前提在于，要把这些理解之间的逻辑关系搞清楚，同时要确定某种层面的以人为本所针对的特定问题，这是理解以人为本所要坚持的最重要原则。搞清楚了特定的语境与问题，对以人为本的各层面理解都是可以成立的，并不存在根本性的矛盾。比如有人认为，以人为本应该是以作为类存在的人为本，而有人认为以人为本就是以人民为本，不能谈以所有人为本；有人提出以人为本是以个体人为本，但也有人认为以人为本是以社会群体为本，不能理解为以个体为本。实际上，这些相互冲突的观点都是因为没有搞清楚以人为本实际上是一个逻辑体系，也没有搞清楚特定层面的以人为本是针对特定问题、特定语境而言的。例如，以人民为本主要是针对执政行为而言的，而我们在谈到自然与人的关系时，以人为本就是以人类为本。又如，我们在谈到社会总体发展问题时，以人为本可以侧重指以群体为本，但是在谈到教育问题时，以人为本则主要是指以个体为本。

至此，通过历史梳理与逻辑分析，我们对以人为本概念有了一个基本明确的认知，这样就奠定了人本德育研究的理论前提，因为前已述及，人本德育是以人为本在德育领域贯彻落实的结果。问题就在于，既然以人为本是一个逻辑体系，那么，人本德育是以人为本逻辑体系中哪个层面落实到德育的结果？对此，我们前面说过，以人为本逻辑体系的一级命题即哲学抽象意义上的以人为本具有最强的抽象性，社会生活的所有活动领域、层面都要体现抽象以人为本，相应地，人本德育也应该体现这种抽象以人为本的基本内涵。而从学界的研究状况来说，目前人们也主要是依据抽象以人为本来理解人本德育，这样就形成了人本德育的基本范式，这是一个由人本德育的基本内涵、实质、德育目标、德育关系模式、德育方法等要素所构成的逻辑体系。

首先是人本德育的内涵与本质问题。关于此问题，学界已有大量表述。万光侠认为：

> 人是思想政治教育的中心，也是思想政治教育的目的；人是思想政治教育的出发点，也是思想政治教育的归宿；人是思想政治教育的基础，也是思想政治教育的根本。以人为本，就是要把思想政治教育与人的幸福、自由、尊严、终极价值联系起来，使思想政治

教育真正成为人的教育，而不是机器的教育。①

范树成认为："人本德育就是以现实的人（学生）为出发点，以人的需要和情感为动力，在德育过程中充满人文关怀，以促进学生德性发展完善为最终目的的德育理念和运作形态。"② 以上表述虽有所不同，但其核心思想都是认为，人本德育就是把人本身而非其他事物作为德育的中心，德育所有的环节都是围绕人展开的，都是为了人本身的发展，人既是德育的前提与基础也是其目的与归宿。这就是人本德育的基本内涵。人本德育在本质上是一种主体性德育。人本德育是针对以往德育的"非人"现象而提出的，所谓的"非人"现象就是，一方面在教育过程中把受教育者仅仅作为被动接受教育灌输的接收容器，忽视了受教育者的能动性、积极性；另一方面，在教育的目的上，不是把受教育者本身的发展作为目的，而是将其仅仅作为达到某种外在目的（如经济或政治方面的社会需要）的工具。在这样的德育中，受教育者被看作客体、工具，被降低到器物的层面，他自身作为人的尊严与价值失落了，这就是德育中"人的缺失"，本质上就是人失去了作为主体的地位。人本德育要以人为本，要确立人在德育中的中心地位，实质上就是要把受教育者的主体性作为前提与归宿。这具体表现为，一方面，在教育目的上，不是把人作为实现某种外在目的的工具，而要把受教育者自身主体性的发展作为最终目的，使他们成长为具有自主独立性人格的人，最终能够不依赖于他人（包括教育者）而进行合理的判断与选择。这就是著名教育家叶圣陶所说的"教育的目的就是达到不教育。"这是主体性德育的价值论之维。另一方面，在教育过程中，教育方法、策略要以受教育者自身的主体性为根基进行建构，也就是说，教育方法策略要合乎受教育

---

① 万光侠：《现代人本思想政治教育建构的几个理论问题》，《济南大学学报》2007年第6期。

② 范树成：《当代学校德育范式转换与走向研究》，人民出版社2011年版，第327页。

者心理活动、德性成长的规律,并且在教育过程中要能够调动受教育者自身的能动性、积极性,使他们参与到德育过程中,使他们在教育者的引导下能够自我教育、自主建构其主体人格。这是主体性德育的方法论之维。总之,人本德育本质上就是主体性德育,人们常说,人本德育就是关爱人、尊重人、发展人的德育,这实质上就是尊重人的主体性、发展人的主体性的德育。

其次是人本德育的终极指向问题。人本德育本质上是一种主体性德育,这一点本身就蕴含着人本德育的终极指向,即以确立、发展受教育者的主体性人格为最终目的,而主体性人格就是自由独立人格。自由独立人格就是不被他人思想所奴役,具有能够自主认知、判断与选择的精神勇气与能力的人格特质。以自由独立人格作为德育的终极指向是古今中外诸多教育思想家的一个基本共识。我国古代的孟子就提倡要培养"威武不能屈、贫贱不能移"的"大丈夫"人格。而近代蔡元培在《教育独立议》一文中说道:"教育是帮助被教育的人,给他能发展自己的能力,完成他的人格,于人类文化上能尽一分子的责任;不是把被教育的人,造成一种特别器具,给抱有他种目的的人去应用的。"[1] 当代中国教育学者也同样如此主张,张耀灿等曾说:"思想政治教育最本原的目的是促进人类更好地生存和发展;其终极价值追求是人的自由全面发展,是使人从动物性存在提升到人性存在。"[2] 虽然他们在这里没有直接使用"自由独立人格"概念,但是人的自由全面发展、完全人格意味着人在认知、情感、意志等精神状态上的健全、无欠缺,这样的人就必然不会依赖于他人,就必然是一种独立自由的人格。"完全人格""人的自由全面发展"最终集中体现为人的自由独立个性。而国外学者也同样认为自由独立人格是教育的根本目标,如存在主义者雅斯贝尔斯

---

[1] 刘铁芳主编:《新教育的精神——重温逝去的思想传统》,华东师范大学出版社2007年版,第164页。
[2] 张耀灿等:《思想政治教育研究的人学取向探析》,《思想理论教育导刊》2006年第12期。

说道:"所谓教育,不过是人对人的主体间灵肉交流活动……包括知识内容的传授、生命内涵的领悟、意志行为的规范,并通过文化传递功能,将文化遗产教给年轻一代,使他们自由地生成,并启迪其自由天性。"① 自由独立人格不但是德育的目的,而且是整个教育事业的根本追求,这一点在当代已成为共识,联合国教科文组织国际教育发展委员会编著的《学会生存——教育世界的今天和明天》中指出:教育的最终目的是"培养完人"②。

自由独立人格作为人本德育的终极指向是有其哲学基础的,即自由是人的最高价值。马克思曾把自由看作人的本质,马克思与恩格斯所设想的共产主义本身就意味着"人终于成为自己的社会结合的主人,从而也就成为自然界的主人,成为自身的主人——自由的人。"③ 因此,在马克思主义经典作家那里,自由是人的本质,"自由个性""自由的人"是人所追求的终极目的。而德育作为人类社会活动的一个基本领域,当然也要服从于这个终极目的,它就必然从一个特定的角度、以特定方式把这种自由价值作为其最终指向,即表现为自由独立人格。

根据"人本德育的终极指向是自由独立人格的确立"这一点,我们也可以看出,所谓德育的以人为本,是指以学生或受教育者为本,确切地说,是以受教育者个体的主体性人格的生成与确立为本。

最后是人本德育的关系模式与具体德育方法问题。人本德育本质上是一种主体性德育,其终极指向是树立人的自由独立人格,这是人本德育的最基本理念。为了实现这个基本理念,就需要有相应的具有可操作性、实践性的教育策略。这首先是人本德育的基本关系模式。"非人"德育本质上是一种主体性缺失的德育,确切地说,是受教育者主体性的

---

① [德] 卡尔·雅斯贝尔斯:《什么是教育》,邹进译,生活·读书·新知三联书店1991年版,第3页。
② 联合国教科文组织国际教育发展委员会编著:《学会生存——教育世界的今天和明天》,教育科学出版社1996年版,第192页。
③ 《马克思恩格斯文集》第3卷,人民出版社2009年版,第566页。

缺失,这集中体现在传统德育的关系模式上。在传统德育中,受教育者仅被认为是被动接受灌输的客体性容器,而教育者被看作主导教育活动的主体,这样传统德育的教育者与受教育者之间是一种单一主客体关系模式,在此关系模式中教育者与受教育者之间是控制与被控制、塑造与被塑造、统治与被统治的关系。《学会生存——教育世界的今天和明天》一书指出:

> 我们应该从根本上重新评价师生关系这个传统教育大厦的基石,特别是当师生关系成了一种统治者和被统治者的关系的时候。这种统治和被统治的关系,由于一方在年龄、知识和无上的权威等方面有利条件和另一方的低下与顺从的地位而变得根深蒂固了。在我们当代的教育界中,这种陈腐的人类关系,已经遭到了抵抗。①

为了实现人本德育的最终目的、树立受教育者的主体性,就要改变这种关系模式,建立起一种新的关系模式,即交互主体性模式。在这种模式中,教育者与受教育者之间是一种以双方人格平等为前提的相互尊重、相互理解、相互交流沟通的关系状态。交互主体性的德育关系模式具体表现为,一方面要坚持教育者的主体性,发挥教育者的主导作用,能够从整体上掌控调节整个德育活动,且对受教育者的人格成长起到启发、规范、引导作用。另一方面,受教育者的主体性也要得到尊重,教育者要能够唤起受教育者的主体意识,使之有能力、有机会对德育活动的内容与形式进行独立的认知、反思、评价,最终作出自主的选择。这样,德育活动呈现为一个教育者的主体性(主导性)与受教育者的主体性(自主建构性)交互作用的过程,德育过程中人格的生成是以教育者主导性为前提的受教育者自主建构的过程。

---

① 联合国教科文组织国际教育发展委员会编著:《学会生存——教育世界的今天和明天》,教育科学出版社1996年版,第107页。

教育者与受教育者之间平等、开放、民主的交互主体关系作为人本德育的基本关系模式，是人本德育基本理念向实践转化的中介，但是这个关系模式还不是最直接的德育实践，为了能够支撑这个关系模式，使之有效运行，就需要有一系列具体的人本德育方法。如要注重受教育者的情感、意志等非理性因素，实行以情施教、情理结合进行引导的方法；要注重受教育者的个性差异，实行因材施教的方法；要改变被动接受，实行受教育者自我教育、自我管理的方法；改变以课堂为中心的模式，实行实践体验、环境建设的方法；要避免单向强制灌输，实行双向互动、启发诱导的方法等等。这些方法都是建立在受教育者的心理活动、德性成长规律认知基础上的，都体现了对受教育者主体性的尊重，并且都是以促进受教育者主体性发展为最终目的的。它们是人本德育基本理念的进一步具体化、实践化。

以上阐述了人本德育作为一个德育范式的基本内容，它涉及了人本德育的基本内涵、实质、德育目标、德育关系模式、德育方法等要素。这也是目前学界人本德育研究的主要思路与基本面貌。但是对人本德育的这种理解仅仅是以人为本逻辑体系中第一个层面即哲学抽象意义上的以人为本统摄德育领域的结果。同时我们也说过，社会活动的各个基本领域中的以人为本一般包含了哲学抽象意义上的以人为本与以人民为本两个层面，德育作为一个基本的社会活动领域，也同样需要体现以上两个层面的以人为本，仅仅以哲学抽象意义上的以人为本来观照人本德育，是无法真正实现德育之人本的，只有在以哲学抽象意义上的以人为本为前提，同时体现以人民为本的基本内涵，才能够使人本德育真正得以实现。这一点，首先要从人本德育缺失的现实根源说起。

第二章
人本德育的根本性问题

当下我国所提倡的人本德育,是科学发展观中以人为本理念统摄德育领域的结果,但是人本德育并非只是一种新近出现的德育模式,前已述及目前学界所理解的人本德育范式的基本内涵,若是按照此标准,人本德育实际上是存在于人类教育史中的一种普遍性追求。人类历史现实中还未出现过一种真正的人本德育,就是说,人本德育从理想追求到现实实现始终存在着障碍。既然人本德育是一种普遍性的历史追求,且现今的人本德育与以往的德育有着基本相通之处(即都属于人本德育的基本范式),那么,我们今天要追求人本德育,就必须从历史的角度搞清楚,人本德育始终未能实现的根源性问题,这就是列宁所说的,解决社会问题要有一种科学分析的眼光,"那就是不要忘记基本的历史联系,考察每个问题都要看某种现象在历史上怎样产生、在发展中经过了哪些主要阶段,并根据它的这种发展去考察这一事物现在是怎样的。"① 因此,对于德育人本的问题,我们不能仅从当下的现实与理论出发,还要把德育人本问题放在整个德育历史发展的背景下进行考察,才能发现实现人本德育的根本性问题。关于人本德育的历史考察,将从中国古代传统德育以及西方人本德育的历史两个方向进行。

---

① 《列宁选集》第4卷,人民出版社2012年版,第26页。

第一节 中国古代传统德育的人本追求及其根本性问题

关于传统德育，人们对其有着不同的评价。一种观点认为，中国古代传统德育并非人本德育，它是一种"奴化"或者"物化""人的缺失"的德育。比如，范树成认为：

> 在历史上和现实中存在的奴化德育和物化德育就是以使人成物为目标的。奴化德育是封建社会的一种德育形态，中国在解放后奴化德育也并未完全销声匿迹。奴化德育培养的是没有独立性的依附人格。这种人格没有独立的思想，缺少创造性，因循守旧、模仿和绝对服从是其基本特征，是听话的驯服的工具。这样的人没有独立的人格，不会做出自己的道德判断与选择，完全听任他人的智慧，仅仅是实现某种社会目的的工具。①

陈秉公也说：中国的传统德育中"'民本'思想延伸到德育领域的最大弊端便是德育中'人的缺位'和德育'工具理性化'。"② 但同时也存在着另一种关于传统德育的判断，认为它是一种以人为本的德育模式。郑承军认为："德育以人为本的观念形成经历了漫长的历史演变过程。从源头上讲，它既有来自西方文化人本主义传统的源泉……也有来自中国人文传统的人本意识。""中国传统的人文思想对当今德育以人为本有着重要而深刻的借鉴意义。"③ 看起来，关于传统德育的判断似乎存在着两种相冲突的立场，那么究竟该如何看待中国传统德育的基本

---

① 范树成：《当代学校德育范式转换与走向研究》，人民出版社2011年版，第16页。
② 陈秉公：《以人为本的德育本体论解读——兼论由"民本"思想影响的德育到"人本"德育的历史性发展》，《教育研究》2005年第12期。
③ 郑承军：《以人为本的中国传统德育思想》，《中国文化研究》2007年春之卷。

性质？这两种截然不同的判断实际上是针对传统德育的两个层面的言说。一个是就传统德育的理想追求而言的，另一个则是针对传统德育的现实效应而言的。从中国古代德育的内在本性来说，它展示了人本德育的基本范式，并非可以简单地用"物化教育"来概括。这主要表现在以下几个方面。

其一，中国古代传统德育的出发点或者前提是人，也就是说，古代德育是以特定的人性论为逻辑前提，是根据对于人性的特定认知来建立其德育理论体系的。

中国传统文化有丰富的人性论思想，孔子所说的"鸟兽不可与同群，无非斯人之徒与而谁与"（《论语·微子》）是对人的道德属性的自觉，以之区别于动物，并且他认为"性相近也，习相远也"（《论语·阳货》），这是其注重道德教化思想的人性论基础。"性相近"是指人的本然性情、天赋素质大体相同，而"习相远"中的"习"是习染之意，也就是说，人的天然素质、天赋本性大致相同，但是，由于后天环境与教育的差异，导致人表现出善恶好坏的差异。这样，孔子就以其人性论强调了后天教育的决定性作用，为其开展德育方法原则的探讨奠定了基础。而孟子主张性善论，其所主张的人性主要是"四心"，即恻隐之心、羞恶之心、辞让之心、是非之心，这是人"不虑而知""不学而能"的天赋本能，是人区别于禽兽者，它们是人的道德品质的始端或潜能基础。"恻隐之心，仁之端也；羞恶之心，义之端也；辞让之心，礼之端也；是非之心、智之端也。"只要人将这四种潜能发挥出来，就能实现仁义礼智四德。"凡有四端于我者，知皆扩而充之矣，若火之始然，泉之始达。"（《孟子·公孙丑上》）人既然本性为善，恶从何来？孟子认为这是由于后天环境影响以及人的主观努力缺失。"若夫为不善，非才之罪也。"（《孟子·告子上》）"求则得之，舍则失之，是求有益于得也，求在我者也。"（《孟子·尽心上》）这种人性论使得孟子主张要对人进行道德教化，引发其德性修养的能动性。相对于孟子，荀子主张性恶论。荀子认为，性是天赋本性，是人"生之所以然者"，它不是人后天环境与主观习得的产物。荀子所说的"性"的内容主要是指人"饥而欲食，寒而欲暖，劳而欲息，好利而恶害"之类的自然欲求，"若夫目好色，耳好听，口好味，心好利，骨体肤理好愉佚，是皆生于人之性情者也；感而自然，不待事而后生之者也。"（《荀子·性恶》）荀子认为，顺从这种自然本性就必然产生恶：

> 今人之性，生而有好利焉，顺是，故争夺生而辞让亡焉；生而有疾恶焉，顺是，故残贼生而忠信亡焉；生而有耳目之欲，有好声色焉，顺是，故淫乱生而礼义文理亡焉。然则从人之性，顺人之情，必出于争夺，合于犯分乱理，而归于暴。故必将有师法之化，礼义之道，然后出于辞让，合于文理，而归于治。用此观之，人之性恶明矣，其善者伪也。（《荀子·性恶》）

为了遏制人性的恶，就产生了作为道德的"礼"，道德规范是后天人为制定的产物，荀子称其为"伪"。而用道德来约束人性之恶，就是"化性起伪"，荀子认为，人性乃是天赋无法去除的，但是人性"可化"即用伦理道德进行改造，"凡贵尧禹君子者，能化性，能起伪。伪起而生礼义。然则圣人之于礼义积伪也，亦犹陶埏而为之也。"（《荀子·性恶》）这样，荀子就以人性恶为前提，引出了道德教育的重要性、必要性。以上表明，无论是孔孟还是荀子等先秦儒家的主要人物都是从特定的人性论出发引申出道德教育问题，他们的德育思想，如关于德育的必要性、重要性的认知，关于德育的目标、方法、原则的认知都受其特定人性论的影响。而这一点也是整个中国古代德育思想的一个基本特征。先秦儒家之后，经两汉儒学、宋明理学直至明清时期的伦理思想，人性论的探讨贯穿了中国传统道德文化的始终，这些人性论思想都深刻地影响了各种德育思想体系的构建。实际上任何一种自成体系的人文思想包括德育思想，没有人性论基础，没有对人性的深刻观照都是不可能建立起来的。

总的说来，中国古代德育思想都是建立在特定的人性论基础之上的，各种德育思想体系的具体内涵如德育目标、德育方法、德育价值等都是以特定的人性论为基础、为逻辑起点进行推导、演绎的结果，所以说，对于中国古代德育思想而言，"人"是其逻辑前提或者出发点。

其二，中国古代传统德育的目标或者归宿是人，具体地说，中国传统德育都是以"成人"即确立完善人格为最终指向的。

儒学经典《礼记》说："古之欲明明德于天下者，先治其国。欲治其国者，先齐其家。欲齐其家者，先修其身。"以"修身为本"是整个传统儒学的基本特征与核心问题，修身就是成就人的理想人格，也就是"成人"。关于"成人"，孔子说"若臧武仲之知、公绰之不欲、卞庄子之勇、冉求之艺，文之以礼乐，亦可以为成人矣。"（《论语·宪问》），孔子心目中的理想人格是具有仁、勇、礼、智、艺等诸多方面品质的完善人格。具有这种理想人格的人，孔子称其为"君子"，孔子认为，君子人格构成中最重要的是智慧、道德与勇气。"君子道者三，我无能焉：仁者不忧，知者不惑，勇者不惧。"（《论语·宪问》）《中庸》称："知、仁、勇三者，天下之达德也。"而在这三种德性品质中，又以"仁"为核心，孔子说："君子去仁，恶乎成名？君子无终食之间违仁，造次必于是，颠沛必于是。"（《论语·里仁》）这就是说，君子之所以为君子，就在于他具备了"仁"这种品质。为了获取"仁"这种品质，人又需有"知"与"勇"的品质，"知"意为认识"礼"这种伦理规范秩序，《论语》说："知者利仁"，而不知"焉得仁？"而"勇"意为践行"仁"的勇气，"仁者必有勇"。可见，孔子的理想人格就是以"仁"德为核心、兼备"知"与"勇"品质的君子形象。孟子继承并发展了孔子的人格观，孔子"贵仁"，而孟子则在"仁"的基础上突出了"义"，从而仁义并举。孟子认为，理想人格就是兼具仁义品质的人，他说："人之所以异于禽兽者几希，庶民去之，君子存之。舜明于庶物，察于人伦，由仁义行，非行仁义也。"（《孟子·离娄下》）又说："人皆有所不忍，达之于其所忍，仁也；人皆有所不为，达之于其所为，义也。人能充无欲害人之心，而仁不可胜用也；人能充无穿逾之心，而义不可胜用也。"（《孟子·尽心下》）也就是，君子应该知道什么应当做，什么不应该做，而判断的标准就是"仁与义"，所以是"由仁义行"。

孔孟所主张的以"仁义"为核心的理想人格，是一种具备坚强意志、仁爱精神、理性自觉、立于天地之间的崇高伟岸形象，是一种自主自立人格。这首先表现在其对待义利关系问题的立场上，主张人要独立于、超越于物的束缚。在孔孟那里，"义"为道义，即行为的道德法则，而"利"为个人私利，如功名利禄、荣华富贵。孔子的义利观是一种典型的道义论立场，他认为，在义利之间，应该"义以为上"（《论语·阳货》），孔子承认逐利是人的本然欲求，"富与贵，是人之所欲也"；"贫与贱，是人之所恶也"（《论语·里仁》），这本身没什么可非议的。但是他认为对利益的追求要合乎道义，即"见利思义"，"义然后取"（《论语·宪问》），不合乎道义的逐利行为则是应该放弃的，"不以其道得之，不处也"；"不以其道得之，不去也"（《论语·宪问》），所以孔子说："不义而富且贵，于我如浮云。"（《论语·述而》）若是能在各种利益诱惑面前，保持对道义的坚守，这是一种人生最大的快乐，这就是孔子所称赞的"颜回乐处"：虽"饭疏食，饮水，曲肱而枕之"，但"乐亦在其中矣"。而孟子也持同样的立场，他认为道义是人最为可贵的东西，称其为"良贵""天爵"，认为道义的价值要远远大于功名利禄的获得，他主张"怀仁去利"，在义利发生冲突的时候，应该坚持道义，"达不离道。穷不失义"（《孟子·尽心上》）。因此，在儒家那里，道义高于利益，一种完善理想的人格未必不能逐利，但是要始终保持人在物面前的独立与尊严。其次，传统理想人格的自主自立不仅表现在人与物、义与利关系问题上始终坚持道义，还表现在人在面临各种困境时，能够不屈服、不妥协，用坚强的意志坚守他自己的信念与尊严，孔子说的"君子去仁，恶乎成名？君子无终食之间违仁，造次必于是，颠沛必于是"，指的就是人在危难时刻、在颠沛流离之际都要始终坚持"仁"，甚至为了道义而牺牲他自己的生命，这就是孔子说的"志士仁人，无求生以害仁，有杀身以成仁。"（《论语·卫灵公》）也就是孟子所说的"舍生取义"，"生亦我所欲也，义亦我所欲也；二者不可得兼，舍生而取义者也。"（《孟子·告子上》）再者，这种理想人格不但严格自律、坚守道义，而且心怀天下、勇于担当。《礼记·大学》说"以修身为本"，而个人的德性成长本身并非仅仅是一种个体内在的精神境界，还表现在对社会国家责任的勇于担当上，所以修身的目的在于齐家治国平天下，这也是孟子所说的"穷则独善其身，达则兼济天下"（《孟子·尽心上》）。总之，孔孟所确立的是一种心怀仁爱、意志刚强、坚守道义且心怀天下的独立自主的主体性人格，是一个"大写的人"。孟子说，君子为人，要"居天下之广居，立天下之正位，行天下之大道。得志，与民由之；不得志，独行其道。富贵不能淫，贫贱不能移，威武不能屈，此之谓大丈夫。"（《孟子·滕文公下》）这是传统儒家理想人格最典型、最集中的表述。这种主体性人格是儒家修身为本的追求，也是其德育思想的逻辑终点。

孔孟的人格观奠定了中国古代传统德育目的论的基调，后世思想家基本上也继承了这一立场。他们都把树立理想人格作为其德育思想的终极指向，这一点在宋明理学中体现得尤为鲜明。宋代理学的开端张载说："学者当须立人之性。仁者人也，当辨其人之所谓人。学者学所以为人。"（《张载集·张子语录中》）宋明理学的代表人物朱熹主张为己之学，即学习教化的目的在于完善个人的心性，提升其自身的道德境界，他说："圣贤千言万语，只是教人做人而已。"（《朱子语类》卷十三）陆九渊也说："若某则不识一个字，亦须还我堂堂地做个人。""今所学果为何事？人生天地间，为人自当尽人道，学者所以为学，学为人而

已，非有为也。"(《陆九渊集》卷三十五)

其三，中国古代传统德育以人为本还体现在其德育关系模式与德育方法的人本性上。就德育关系而言，传统德育主张一种教育者与受教育者双方主体交互作用的基本模式。具体来说，传统德育思想不是把受教育者视为仅仅接受灌输的单纯客体，而是将其视为一种主体，强调受教育者在德育过程中的主体性价值。孔子认为，受教育者的主观意志是德性养成的决定性因素："为仁由己，而由乎人哉？"(《论语·颜渊》)"君子求诸己"(《论语·卫灵公》)。而孟子也说受教育者具有内在德性潜能，"仁义礼智，非由外铄我也，我固有之也"(《孟子·告子上》)，所以，他认为德性养成要向内用功，即"反求诸己""万物皆备于我矣。反身而诚，乐莫大焉。"(《孟子·尽心上》)。儒家经典《中庸》也说："诚者自成也。"提倡"自省""自反""反身而求"，注重受教育者自身主体性，是贯穿于中国传统德育思想中的一个基本特征，在后世儒学思想家那里都有鲜明的体现。如在宋明理学中，张载的"知理成性，变化气质"，二程的"敬义夹持，格物致知"，朱熹的"居敬穷理"等思想都包含了德育教化对于受教者主体性因素的张扬。与此同时，古代思想家也强调了教育者的主体性。如孟子说人本身具有内在的德性潜能，但同时也需要教化才能将这种潜能激发出来，"人之有道也，饱食、暖衣、逸居而无教，则近于禽兽。圣人有忧之，使契为司徒，教以人伦"(《孟子·滕文公上》)。缺乏教化，人也就只知衣食之类的需求满足，而不知人伦道德，这样也就近于禽兽了，这是对教育者本身主体性的强调。因此，在古代德育思想中，教育者与受教育者的主体性都得到了彰显，并且双方之间是一种交互作用的关系。儒学经典《礼记》载："学然后知不足，教然后知困。知不足，然后能自反也；知困，然后能自强也。故曰：教学相长也。"(《礼记·学记》)这样教育者与受教育者之间并非一种单向的灌输与被灌输、控制与被控制的单一主客体关系，而是一种双向交流、相互作用、共同成长的过程。古代德育思想的这种德育关系模式在唐代韩愈《师说》一文中得到了典型论述。韩愈首先强调教育者在德育过程中的主导作用："古之学者必有师。师者，所以传道授业解惑也。人非生而知之者，孰能无惑？惑而不从师，其为惑也，终不解矣。"其次，他也提出在教育过程中教育者与受教育者之间的角色定位并非由外在权威规定的，两者可能是相互转换的，"孔子曰：三人行，则必有我师。是故弟子不必不如师，师不必贤于弟子，闻道有先后，术业有专攻，如是而已。"韩愈认为，教学双方角色定位转换是依据对真理的占有程度，"吾师道也，夫庸知其年之先后生于吾乎？是故无贵无贱，无长无少，道之所存，师之所存也。"这样，教育者与受教育者之间，就是双方作为平等主体围绕着"追求真理""发展德性"这一核心目标而展开的一种相互学习、相互促进的交互作用过程，是一种教育者主导性与受教育者自主性相统一的过程。

其四，古代传统德育方法也同样体现了以人为本的基本精神，这主要体现在以下几个方面。

（1）传统德育注重启发诱导。"由于中国古代教育多以私塾、书院为载体，强调教师授徒讲学……因此，自孔子始，师生之间的濡染对话便始终是传统德育的主要方法模式。"[①] 这种对话式教学方法体现在教育者对受教育者的启发诱导作用上。孔子并不把受教育者作为单纯地接受灌输的客体，而是具有积极主动性的主体，教育应该调动起受教育者的主体性，使其进入自主探索、自主学习的状态，这才是有效的教育。这种调动受教育者主体性的方法就是启发诱导，孔子说："不愤不启，不悱不发。举一隅不以三隅反，则不复也。"（《论语·述而》）也就是在教育过程中要能够提出问题，使受教育者处于一种"心求通而未得"的疑惑状态，激发受教育者的求知欲，在此基础上展开双方的交流对话，使受教育者积极思考，并把握时机，以解惑的方式对其进行必要的引导，帮助受教育者提升德性。这个启发诱导的过程实现了教育者的主

---

① 白萍：《论中国传统德育思想的现代价值》，《黑龙江高教研究》2006年第5期。

导性与受教育者自主性的统一，它克服了僵化呆板的教条宣讲、硬性灌输的教育模式，使德育变得生动活泼且富有成效。

（2）传统德育讲求因材施教。启发诱导必然包含了因材施教的德育方法，启发诱导是以调动受教育者主体性为本质的，而不同的受教育者的生活背景、天赋资质、兴趣爱好、性情性格等主体性因素各不相同，因此，一种有效的启发诱导必须能够针对受教育者的个体性、差异性采取不同的策略，这就是因材施教的德育方法。这是中国传统德育思想中的一个基本方法，从孔子开始就主张根据受教育者本身的个性差异，采取不同的教导方式，《论语》对这种德育方法多有描述。如樊迟、司马牛、仲弓和颜渊都曾向孔子问仁，孔子针对四人的个性差异作出了不同的回答。樊迟天资愚钝，孔子只是教他仁最基本的内涵即"爱人"；司马牛性情急躁，孔子对其说"仁者，其言也讱"，即教导他要谨言慎行；仲弓为人倨傲，孔子教导他要谦恭，行忠恕之道，"出门如见大宾，使民如承大祭。己所不欲，勿施于人。在邦无怨，在家无怨。"（《论语·颜渊》）而颜渊本身基础好，孔子则对其做出较高的要求，"克己复礼为仁。一日克己复礼，天下归仁焉。""非礼勿视，非礼勿听，非礼勿言，非礼勿动。"（《论语·颜渊》）即视听言行都要合乎"礼"的规范。孟子也主张因材施教，他说："君子之所以教者五：有如时雨化之者，有成德者，有达财者，有私淑艾者。"（《孟子·尽心上》）亦为针对不同个性的学生，应有不同的教育方法。这种因材施教方法在后世儒家那里也有相关论述，如程颐说："孔子教人，各因其材，有以政事入者，有以言语入者，有以德行入者。"（《二程遗书》卷十九）又如王夫之也说："教思之无穷也，必知其人德性之长而利导之，由必知其人气质之偏而变化之。"（《四书训义》卷十五）

（3）传统德育强调受教育者的自我反思、自我约束。人本德育是主体性德育，在方法上最重要的就是能够调动起受教育者的积极性、主动性，所以，传统德育特别强调人的"内省""克己"的修养方法。如孔子说："见贤思齐焉，见不贤而自内省也。"(《论语·里仁》)，曾子说："吾日三省吾身：为人谋而不忠乎？与朋友交而不信乎？传而不习乎？"(《论语·学而》)提倡人要时刻反省自身，明辨是非，使其自身言行符合道德规范。孟子也说："有人于此，其待我以横逆，则君子必自反也：我必不仁也，必无礼也，此物奚宜至哉？"(《孟子·离娄下》)明代王守仁把这种自我反省、自我克制称为"省察克治之功"。古代德育对受教育者主体性的强调还体现在其"慎独"思想中，"慎独"一词最先出现在儒家经典《大学》中，"所谓诚其意者，毋自欺也。如恶恶臭，如好好色，此之谓自谦。故君子必慎其独也。"又说："小人闲居为不善，无所不至。见君子而后厌然，掩其不善，而著其善。人之视己，如见其肺肝然，则何益矣。此谓诚于中，形于外，故君子必慎独也。"意为缺乏道德修养的人在独处时会作出不道德的事情，而在他人面前又装作道德的样子，真正的君子必定是表里如一，能够始终自我监督、自我控制，使其自身始终合乎道德规范。对"内省""克己""慎独"等修养方法的强调，显示了传统德育将受教育者自身主体性作为德育决定性因素的思想。

（4）传统德育强调认知、情感、意志相结合的德性修养方法。主体性德育要调动受教育者的主体性，而传统德育思想认为，受教育者的主体性包含了认知情感意志等方面的统一。首先，强调理性认知在德性养成中的作用，如《论语》所说的学思结合的方法："学而不思则罔，思而不学则殆。"(《论语·为政》)只有具备一定的理性认知能力，才能"知者不惑"。其次，强调学习者本身意志在德性养成中的作用。德性养成是一个长期的、艰巨的过程，只有具备坚强的意志才能持之以恒，所以道德教育首先要坚定受教育者"求仁"的意志，孔子说他"吾十有五而志于学"，认为"志于学"是德性修养的起点。并且认为："苟志于仁矣，无恶也。"(《论语·里仁》)即只要坚定了对仁的志向就把握住了德性修养的基本方向，就不会有大的过错，从而将德性修养全过程持之以恒地坚持下去。这就是"仁远乎哉,我欲仁,斯仁至矣"(《论语·述而》)。再次,强调德性修养中情感体验的作用。道德并不是一种单纯的理性认知,而是以情感体验为基础的实践方式,因此,传统德育思想强调受教育者要做到"己欲立而立人,己欲达而达人""己所不欲,勿施于人",通过这种推己及人的移情换位思考来获得相应的情感体验。总之,在传统德育思想中,人们已经认识到受教育者的主体性是多方面要素的统一,一种有效的德育必须能够调动人的理性认知、情感体验与意志各方面的主体性,这就是孔子说的"博学而笃志,切问而近思,仁在其中矣。"(《论语·子张》)

(5) 传统德育强调知行合一。道德并非单纯的理性认知,归根结底是一种实践活动,所以德性人格必定表现为人的行为实践。在道德教化中,古代思想家特别注重内在主体性与外在实践性的结合,也就是中国传统文化中的知行范畴的关系问题。孔子倡导道德修养要做"躬行君子""始吾于人也,听其言而信其行;今吾于人也,听其言而观其行。"(《论语·公冶长》)而《中庸》则说:"博学之,审问之,慎思之,明辨之,笃行之。"朱熹认为:"知、行常相须,如目无足不行,足无目不见。论先后,知为先;论轻重,行为重。"(《朱子语类》卷九)在朱熹看来,知为行的前提与指导,缺乏知的行是"冥行",而行对知也有促进作用,"行之愈笃,则知之益明"(《朱子语类》卷十四)。而王夫之则提出"知行相资以为用"(《礼记章句》卷三十一),"行可兼知,而知不可兼行。……君子之学,未尝离行以为知也必矣。"(《尚书引义》卷三)。他认为行知相互依赖相互作用,且行更为重要。注重知行合一是中国传统德育的一个基本特征,它在一定程度上揭示了道德认知与实践行为的辩证关系,并确立了道德行为实践作为德育逻辑终点的地位,对传统德育具有重要的指导意义。

由以上论述可以看出,我国古代传统德育有其自身的非常发达的人性论基础,这是传统德育思想体系建构的逻辑起点,同时,传统德育主张自主自立的主体性人格培育,以理想人格作为其德育思想的最终归宿。再者,传统德育在德育的关系模式与基本方法策略方面,注重人的主体性因素在德育过程中的地位与影响,形成了一套比较系统的独特的教育理念与模式方法,这是一个包含了人的道德情感体验、道德意志与道德理性思维能力即知、情、意、行等主体性要素在内的,贯穿了从道德规范内化到道德品质外化等诸多环节的德育体系。从表现形态上说,传统德育并非外在道德规范的宣讲和灌输,而是教育者在与受教育者的对话与交往中,根据受教育者自身的个性特征与实际生活情境对其进行个性化的引导教化,充分调动其情感体验、理性反思、道德意志等主体性因素在德育过程中的参与,从而达到道德教化的目的。可见,这种古代德育模式在一定程度上具有多样化、个体性、主体性、互动性的特征。因此,中国古代传统德育从德育的基本理念、关系模式、方法策略等方面构成了一个德育范式。"这一理论范式奠基于先秦原始儒家,经过汉儒及宋明理学家的系统论证而不断完善。其基本观点主要包括树立崇高的理想人格、植根深层的心性血脉、构筑严密的德教体系、突出自觉的个体修养、注重巧妙的启发诱导、倡导辩证的知行关系。"[1] 这一范式在抽象理念与方法策略层面与现代人本德育范式是基本相通的,在理想人格的具体内容上,虽然传统与现代有所差异,但是其间仍有诸多相通之处。因此,总的说来,传统德育基本上属于人本德育的范式,它并非像有的学者所说的是一种单纯的"人学空场""物化教育",它并非简单的强制性的灌输教育、认知式教育,并非无视人的主体性因素,也并非轻视情感体验与实践环节。可以说,在传统德育中"人"在一定程度上得到了彰显。因此,传统德育在漫长的历史延绵中具有一定的生命力,在其德育模式、德育理念、教化内容上有一定的合理性,否则也不会有现在对于古代传统德育思想资源的考察与借鉴问题了。

---

[1] 黄书光主编:《价值观念变迁中的中国德育改革》,江苏教育出版社2008年版,第13页。

问题的另一方面在于，虽然传统德育具有了人本德育范式的基本特征，但是这并不表示传统德育就真正实现了以人为本。从历史现实来看，中国传统社会还是主要以奴性、依附性人格为主要特征，如梁漱溟认为，在传统社会中，"中国人原来个个都是顺民，同时个个也是皇帝。当他在家里关起门来，对于老婆孩子，他便是皇帝，出得门来，以其巽顺和平之第二天性，及其独擅'吃亏哲学'，遇事随和，他便是顺民。"① 这样看来，中国传统德育又并非以人为本的，所以有些学者判断中国古代传统德育是一种"物化""奴化""人的缺失"的德育形态是有道理的。但是这与"中国传统德育基本属于人本德育范式"命题并非相互冲突，这两者是对传统德育不同层面的性质判断，前者是从传统德育的实效层面而言，后者则是针对传统德育的内在本性与理想追求而言的。这意味着中国传统德育从应然到实然、从理论到实践存在着一条巨大的鸿沟，那么，留给我们的问题就是，为什么在理论本性上具有人本德育范式基本特征的中国古代传统德育却在现实层面走向了它的对立面，变成了一种物化或者奴化教育？这种断裂或者转折是如何发生的？造成这种状况的根源是什么？

中国古代传统德育的这种内在断裂的根源并不在于德育本身，而需要在古代社会历史运行背景下，从德育与社会政治经济结构的关系中寻找。一般认为，中国古代社会的基本特征是，经济上以自然经济为基础，社会结构上以血缘关系为纽带的宗法制度与宗法共同体，政治上的君主专制制度，三者相互结合造就了中国古代以父家长制为基础的家国同构的社会结构与运行模式。这是一种权威统治的社会，要求个体对群体的绝对依附与服从，社会组织对国家政治权力的依附与服从。由于传统社会最大的权威就是君主专制的政治权力，因此古代社会的运行实际上就是所有个体、民众与社会组织围绕着政治权力这个核心运动。作为

---

① 梁漱溟：《中国文化要义》，学林出版社2000年版，第81页。

社会上层建筑有机组成的德育当然也逃脱不了这个命运，于是，传统道德教化就沦为服务于宗法伦理与专制政治权力的工具。这一点也是古代思想家们的一种理性自觉意识，比如孔子说："道之以政，齐之以刑，民免而无耻。道之以德，齐之以礼，有耻且格。"（《论语·为政》）孟子说："善政，不如善教之得民也。善政民畏之，善教民爱之；善政得民财，善教得民心"（《孟子·尽心上》）。汉初的董仲舒也说："教，政之本也，狱，政之末也，其事异域，其用一也，不可不以相顺，故君子重之也。"《春秋繁露·精华》这些言论表明，古代思想家都非常明确地认识到道德教化是维护政治统治的首要手段，而这一点也是中国漫长的封建社会的历史现实。"德育沦为政治统治的工具"这一点是对传统社会运行状态的描述，而这正是造成传统德育发生扭曲与断裂的社会根源。那么，这个扭曲过程具体是怎样发生的？从传统德育本身的人本范式到奴性人格的现实造就，其中的具体逻辑是什么？这可以从两个方面来说。

一是传统德育的运行逻辑角度。如前所述，传统德育实际上具有非常丰富的"人"的因素和主体性色彩，它有着对于人性的深刻思考的逻辑前提，还有着以人为中心的德育理念与德育模式方法，还有着对德性提升、对于完善道德人格的追求。《大学》曾说："修身为本"，但实际上，在传统权威社会的背景下，个体德性的修炼与养成并非终极，"修身"这个个体价值是从属于某种群体价值、社会目的的，是为了认同"君臣父子""三纲五常"的宗法伦理价值，最终服务于专制政治权力的稳固。以上是政治统治对传统德育运行逻辑的一种扭曲。

二是传统德育的教化内容角度。一方面，前已述及，中国古代传统德育力图造就的理想人格，是一种自主自立的主体性人格，这就意味着传统德育内容本身具有人本性的意味。另一方面，也应该承认传统德育在内容上确实存在着压抑人性、扭曲人性的维度，这一点正如鲁杰所说：

人类长期经历了一种道德异化的历史，在这段历史中，道德变成束缚、限制乃至反对人发展的工具，变成消解独立个体存在的手段。它通过控制人的精神而扼杀人的独立性和进取心，否定人积极干预社会生活的意向和能力。在中国，这种吃人道德异化的历史尤为漫长，绵延至今还处处存在。①

但是，奴性人格的生成本身并不完全是传统德育内容的必然产物，毕竟，在传统文化中主张人的独立性、自主性的主体性人格也是存在的。在中国传统德育内容中既存在着造成奴性人格的思想内容，如三从四德、三纲五常之类，但是也存在着对主体独立人格的主张，如孟子的大丈夫人格之类。这表明传统教化内容本身是一个辩证的存在，但是现实中存在的却主要是奴性人格，这说明古代思想中的一部分内容被过滤掉了，这个过滤系统就是政治统治的需要。其过滤的基本逻辑是，凡是不利于专制政治统治的思想内容都要被过滤掉，只有能够迎合专制王权需要的思想意识在传统社会才具有长久的生命力。这样的过滤就集中表现为中国古代历史上的如焚书坑儒、罢黜百家、文字狱等各种思想钳制、文化改造运动，并且这种思想钳制是传统社会的一个历史常态。在这样的政治系统对德育教化的过滤中，任何飞扬洒脱、独立自主的思想意识，都慢慢失去了立足之地。历史上关于朱元璋对待先秦儒家道统的一个事例能够非常鲜明地体现这一点。在先秦儒家中，孟子的思想并不是完全符合后世封建纲常的，比如他说"民为贵、社稷次之、君为轻。""君之视臣如土芥，则臣视君如寇仇。"朱元璋读到这些时勃然大怒，认为这是对封建王权的威胁，决定要将孟子逐出孔庙②。

专制政治系统对德育的过滤还是一个渐进的历史过程，它是随着中国专制王权的加强而逐步强化的。这样，中国传统德育在早期所具有的

---

① 鲁洁：《转型期中国道德教育面临的选择》，《高等教育研究》2000年第5期。
② 参见罗厚立《道统与治统之间》，《读书》1998年第7期。

强烈的人本精神的人格特质，在后世的封建时代中都被慢慢扼制了。如在传统义利观上，早期儒家在义利观上基本上持道义论的立场，但孔子的"不义而富且贵，于我如浮云"（《论语·述而》）应该是对于义利关系的一种合理把握，也应该是人类普遍认同的价值观念，这种思想即使作为我们现代市场经济的道德取向也具有合理性。但此后这种道义论倾向越演越烈，董仲舒说："利者，盗之本也"（《春秋繁露·天道施》），所以要"正其谊不谋其利，明其道不计其功"（《汉书·董仲舒传》），到了宋明理学的二程、朱熹那里干脆变成了"存天理，灭人欲"，在男女关系上"饿死事小，失节事大"，变成了"以理杀人"，这就走向了反人性的地步。正是在这样的演变过程中，一种自主自立的人格渐渐演变为奴性人格，先秦时代的孔子所主张的"知者不惑，仁者不忧，勇者不惧"的君子人格，孟子所说的具有"浩然之气"的"大丈夫"，到宋明理学时代就演变为"空谈心性""以理杀人"的"圣人教育"，在一定程度上脱离了人性现实，导致道德教育的虚伪化，就连"嫂溺则援之以手"这类常识问题都要加以严肃讨论，小心论证。这样就造就了一种虚伪、奴性的极端人格。而这正是专制政治系统所希求的结果，也是政治与德育关系失衡的必然产物。

对以上论述做一个总结：中国古代传统德育并非可以简单地用"物化""奴化"或者"人的缺失"来定性，它本身是一个辩证的存在。一方面，传统德育在理论基础与价值目标上具有比较鲜明的主体性、人本性色彩，甚至在教育方法、教育理念方面也体现了与现代人本德育相通的一些特征；但是另一方面，在历史现实角度，它最后却走向了人性压抑、人性扭曲的结局。其间的根本原因不在于德育本身，而是由于传统宗法、专制权威统治的社会背景，德育与国家政治过于紧密，缺乏与国家政治权威的张力从而缺乏两者的平衡，这样，德育就完全依附于、从属于政治活动，沦为专制政治统治的一个工具，从而使得德育自身的人本性被政治系统所过滤，只剩下了适应专制需要的奴性人格。可以说，中国古代传统德育作为人类道德追求事业的一个重要组成，无论是其理论还是实践，都包含了"以人为本"的某种真诚与理性探索的努力，但是由于这种德育与国家专制政治的依附从属关系，这些努力都发生了扭曲变质。古代德育追求有"浩然之气"、敢于担当道义的"大丈夫"人格，但最终造就的却是丧失独立人格、自由精神的"忠臣""孝子""顺民"；古代德育追求崇高的道德情操，最终却是"存天理灭人欲""饿死事小失节事大"的愚昧与虚伪。所有这些都源于传统社会中专制政治与德育的畸形关系，它决定了传统德育的基本特征和总体态势。

第二节　西方德育的人本追求及其根本性问题

　　中国古代传统德育在思想本性上内含着以人为本的基本情怀，它与现今人本德育范式的基本特征有着相通之处。而在西方的文化传统中，德育的以人为本也是一条有迹可循的基本线索，德育人本性在西方德育思想史演进的各个主要时期也有不同程度的体现。

　　在古希腊时代，由智者学派开始，古希腊哲学思想由外在自然转向了对人本身的关注，而苏格拉底开启了古希腊的人文主义立场。古希腊的这种人本哲学精神，也同样体现在他们的德育思想当中。古希腊德育的人本性首先体现在基本理念上，它是以人为出发点与前提，并以人的发展为目的与归宿。

　　古希腊思想家都极为重视教育的价值，比如苏格拉底认为教育对人类有最大的好处，柏拉图曾说，任何时间地点都不可藐视教育，因为当它与伟大的德性结合时，是一宗无法估量的财产。在古希腊思想家那里，教育之所以重要乃在于它是发展人、培养完善的人的基本途径，这正如阿伦·布洛克在其《西方人文主义传统》一书中所说，古希腊思想"奠定了西方文明的一个伟大的假设,即可以用教育来塑造人的个性的发展"①。因此,古希腊思想把人本身的完善与发展作为教育的最终目的,比如苏格拉底认为,教育的目的在于使人成为最高尚的、最幸福的和最有推理能力的人。而柏拉图认为,教育就是为了以后生活进行的训练,它使人变得完善而高尚。亚里士多德也认为,应当有一种教育,既不立足于实用,也不立足于必需,而是为了自由而高尚的情操。古希腊人所追求的理想人格是一种身心和谐发展的人,一方面,这种完善的人具有内在诸多精神品质的协调发展。柏拉图曾把人的心灵分为欲望、情感、理智三个部分,它们分别对应了三种德性,即节制、勇敢、智慧,而这三种德性的和谐状态就是正义德性的显现。柏拉图认为,一个高尚的完善的人应该是能够协调发展这些品质的人,道德就是心灵的和谐状态,而恶就在于这些品质的混淆与迷失。另一方面,一个完善的人还必须能够达到身体与心灵的和谐状态,也就是说,人不但要在内在精神上实现诸多品质德性的完善,还要能够使内在精神的完善与外在形体的健康与美感相协调。对此,柏拉图就曾说:"如果有一个人,在心灵里有内在的精神状态的美,在有形的体态举止上也有同一种的与之相应的调和的美,——这样一个兼美者,在一个能够沉思的鉴赏家眼中岂不是一种最美的景观?"②并且,古希腊思想家认为,在理想人格的诸多品质当中,理性智慧乃是最高的善。苏格拉底认为,"美德即知识",也就是认为知识本身是最大的德性,因为只有具有了知识与智慧,才能够分辨善恶、依善而行,才能成为有道德的人,而知识与智慧的缺乏使人远离善,根本不知善为何物,又如何成为有道德的人?所以,苏格拉底认为"无知是最大的恶"。柏拉图与亚里士多德也都强调理性智慧是诸多德性中最重要、最美好的品质,他们都认为能够发挥理性而达到智

---

① [英]阿伦·布洛克:《西方人文主义传统》,董乐山译,生活·读书·新知三联书店1997年版,第4页。
② [古希腊]柏拉图:《理想国》,郭斌和译,商务印书馆1986年版,第109页。

慧是人的最高尚的品质，理性沉思是人能享有的最高的幸福，而培养人的理性品质也是教育的最高目的。

以上就是古希腊教育思想的基本理论前提，即以人性的完善发展为教育的最终目的，而这种完善的人性在本质上是一种主体性人格，尤其是古希腊思想家对于人的理性能力的强调更是凸显了希腊人对人自身主体性的张扬，这使得古希腊人没有匍匐于神或者自然的统治之下，而是确立了人类自身的主体地位，这就是策勒尔所说的，古希腊人"能在很早的时期就认识到他们的宗教观念实际上是一种艺术想象的产物，并设置一个凭借独立的人类思想，即逻各斯的力量建立起来的观念世界，以代替神话的世界，可以自称按一种自然的方式去解释实在"。"从来没有一个民族能以比他们更清澈的眼光去看周围的世界，去凝视宇宙的深处。"[1] 这种生存状态就是一种人本精神的体现。古希腊人以一种主体性人格作为其教育的前提与目的、起点与归宿，从这个角度来说，古希腊的德育思想是具有人本性的。

古希腊德育思想的人本性还体现在他们对德育方法、德育关系模式的探索中。就德育方法而言，古希腊最著名的就是"苏格拉底方法"。苏格拉底认为，美德即知识，德育最重要的就是让人获取正确的知识智慧。为此，他提倡通过对话讨论的方式来达到真理的方法，被称为"苏格拉底方法"。这种方法有四个基本的环节：首先是"讽刺"，让对方表达他自己的意见，继而从这些观点中引申出其中的矛盾之处，使对方陷入窘境，使其放弃既有的观念。其次是"助产术"，在否定既有观点的基础上，确立新的观念、知识，这个新的观念并不是外在的，而是人的心灵本身固有的，但以一种潜在晦暗的方式存在着，需要通过讨论、启发的方式，使其成为一个确定、明晰的真理。再次是"归纳"环节，即从个别的、偶然的观念上升到普遍、确定的真理。最后是"结论或者

---

[1] [美] E. 策勒尔：《古希腊哲学史纲》，翁绍军译，山东人民出版社1992年版，第2—3页。

定义",即对之前环节确定的真理进行集中表述或给予精确的定义。可见,"苏格拉底方法"是以受教育者本身的内在潜能为基础,通过双向交流讨论、启发诱导的方式,帮助受教育者去除错误、模糊的意见,使其获得确定而明晰的真理知识的一种教育方法。这种方法的最大特点在于,它反对外在的硬性灌输,而强调受教育者本身的主观能动性,强调学生在教育过程中要自觉主动、积极参与、独立思考。"苏格拉底方法"体现了对学生自身主体性的尊重,因而在本质上是一种主体性德育方法。这种对话式的主体性德育方法在后来的柏拉图与亚里士多德那里都有所继承,比如柏拉图强调对受教育者主体性的尊重,他认为受教育者在接受教育之前并非白板一块,而是具有其自身的潜能;他还认为教育首先要调动学生的兴趣与积极性,是一个学生主动参与的过程。"一个自由人是不应该被迫地进行任何学习的。因为,身体上的被迫劳累虽对身体无害,但被迫进行的学习却是不能在心灵上生根的。"① "苏格拉底方法"还蕴含着古希腊人对德育关系模式的基本看法,这种教育方法主张教育是一个教师主导性与学生自主性的共同作用的过程,它并非统治与被统治、管理与被管理的单一主客体关系,亚里士多德所说的"吾爱吾师,吾更爱真理"就是这种交互主体关系模式的典型体现。

除了这种交互主体模式与方法之外,古希腊德育思想中的其他一些德育方法也同样体现了人本精神。比如,他们认为德育并非一个单纯的讲授过程,主张环境对人的教育作用,柏拉图说:"我们必须寻找一些艺人巨匠,用其大才美德,开辟一条道路,使我们的年轻人由此而进,如入健康之乡;眼睛所看到的、耳朵所听到的,艺术作品,随处都是;使他们如春风化雨,潜移默化,不知不觉之间受到熏陶,从童年时,就和优美、理智融合为一。"② 他们还主张行为实践在德育中的作用,柏拉图认为,德性培养要注重人的行为习惯的作用,他认为,习惯是人的

---

① [古希腊]柏拉图:《理想国》,郭斌和译,商务印书馆1986年版,第304页。
② [古希腊]柏拉图:《理想国》,郭斌和译,商务印书馆1986年版,第107页。

第二天性。亚里士多德更是突出了实践对于德性养成的重要作用，他说："正如其他技术一样，我们必须先进行现实活动，才能获得这些德性。"亚里士多德有一句名言："我们做公正的事情才能成为公正的，进行节制才能成为节制的，表现勇敢才能成为勇敢的。"[①] 这就是对行为实践的德育功能的经典表述。古希腊人还提出了有针对性的因材施教的德育方法。他们认为不但每个人的特性资质不同，对其教育的方法应有所差异，而且在各个成长阶段人的个性特征也是有所差异的，教育的内容、方法要有所调整。所以柏拉图与亚里士多德都提出了对人要分阶段进行教育的思想。

从古希腊德育思想的基本状况来看，其基本理念与方法、模式基本上体现了对于人的主体性的尊重，它是以人为基础、为前提的，也是以人为目的、为归宿的，因此，可以说，古希腊德育思想在某种程度上、以某种特定的方式体现了人本精神。

在文艺复兴时期，人们通过对中世纪神学意识形态的批判，重新提倡了以人为本的基本立场，文艺复兴时期的人文主义运动是一场以"发现人、尊重人、解放人"为主旨的思想文化运动，它贬抑神性而张扬人性，宣扬人的自由意志与个性解放，号召人的理性认知与创造能力的发挥，赞美人的自由、平等与爱等德性的价值。这些人本精神在此时期的教育思想中都有所反映。

首先，人文主义者强调教育的目的与价值在于人性的完善发展。人文主义者赞美人性，认为人性是高尚的，具有趋向完善的能力，但是人的理性与创造能力、自由意志、自由平等的德性等还只是一种天赋潜能，需要外在的引导与唤醒，而教育的目的就在于人的完善与发展，正如人文主义者伊拉斯谟所说，教育使人发展成为一种神圣的动物。在人文主义者看来，一个受过教育的完善的人，应该是在德性、智慧与身体等方面都全面协调发展的人，并且人文主义提倡个性解放，因此一个理

[①] 《亚里士多德全集》第8卷，苗力田译，中国人民大学出版社1994年版，第28页。

想的人格，还应该是富有个性的自由独立的人。总之，在人文主义者看来，理想的人格是身心和谐、全面发展、独立自主的个体的人。

其次，人文主义者认为教育的过程与方法应该尊重人性。人文主义以人性为中心，重视人性、研究人性，认为教育应该建立在尊重人性规律的基础上。比如，人文主义者认为人性是美好的、完整的，人生来具有趋向完善的天赋潜能与积极主动性，所以教育方法与过程应该尊重、顺应人性，要能够尊重受教育者的兴趣、爱好，调动、发挥受教育者的积极性、自主性，反对采取强迫或体罚的教育方式；人文主义者认为人的身心成长发展是有基本规律的，人在不同的年龄阶段有着不同的需求与特性，因此，教育要尊重人的这种身心成长规律，比如，伊拉斯谟认为，学生还是一个小孩时，教师"可以通过有趣的故事、令人愉快的寓言和巧妙的比喻引进他的教导。当学生年龄稍大时，他可以直接地教他们相同的东西"[①]；人文主义者认为人性是个性化的，每个人都有独特的价值与天赋，所以教育也应该是有针对性的、个性化的，要依照受教育者的天赋能力、个性特征因材施教。

总的说来，文艺复兴时期的教育思想在其教育理念、教育方法等方面都体现了人文主义运动的主旨，即"尊重人、发展人、解放人"的人本精神。此时期体现教育人本精神的最典型的思想家当属文艺复兴晚期最著名的思想家蒙田。

从教育目的观来说，蒙田秉承了人文主义运动的基本精神，认为教育是为了培养完整和谐的人。在此基础上，蒙田更加突出了人的独立自主性。他批判宗教神学教育的硬性灌输与强制管理，认为这是对人的主体性的压抑，只会戕害人性，使人成为蒙昧无知、盲目服从的奴性人格。蒙田主张，教育目的应定位于自由独立的人格，要使人具有独立思考、自主判断的能力。蒙田说："一个仅仅跟着别人走的人，不会去探

---

① 浙江大学教育系等编：《西方古代教育论著选》，人民教育出版社2001年版，第209页。

索什么东西,也寻找不到什么东西""我希望做教师的使他的学生谨慎地、严密地吸取一切东西,绝不要相信只凭权威或未经考察的东西。……把各种不同的判断向他提出,如果他有能力,他将区别真理与谬误。""学习和教育只服从于一个目的",即养成"完美的判断力"[①]。蒙田认为,养成独立思考与判断的能力与性格是世界上最伟大的事情。

在教育关系模式上,蒙田也反对单一主客体模式,主张教学双方作为主体的交互作用,他说:"我不希望导师独自去发明,只是他一个人讲话,而应该容许学生有讲话的机会。"[②] 蒙田认为教育过程中教师要发挥引导启发作用来调动学生的积极主动性,使学生主动参与到教育过程中,确立自主学习的态度,他说,教育最好的办法莫过于培养学生对学问的兴趣和爱好,否则将只是教育出一些满载书籍的傻子。这样,就是通过教师主导作用与学生的自主性、能动性的交互作用使学生养成独立自主的品质与思维能力。

在教育的方法策略上,蒙田也提出了一系列具有人本精神的观点。比如反对单纯的书本知识的讲授,强调行为实践与环境的作用。他提出不要只学书本知识,仅仅进行书本学习是贫乏的,不要学生多背诵功课,而是要他行动,让学生在交往、旅行中增长见闻、积累经验,扩大学生的视野,培养学生的判断能力。蒙田也主张因材施教。他认为教师应该按照学生的个性特征来调整策略、展开教育,若是用单一的方法来教育不同特性的学生,结果只是很少数人能获益。对这种针对性、个性化教育,蒙田曾用教师教学生走路的例子做过一个生动的比喻,他说,教师最好先让孩子在他面前走几步,以便更好地判断他的速度,从而推测他能坚持多久,然后方能适应他的能力。如果我们不顾分寸,就常会坏事。

---

① 浙江大学教育系等编:《西方古代教育论著选》,人民教育出版社 2001 年版,第 377、378 页。

② 浙江大学教育系等编:《西方古代教育论著选》,人民教育出版社 2001 年版,第 375 页。

启蒙运动是文艺复兴时期人文主义运动的继续与发展，它把人文主义运动中所确立的人本主义精神推到了一个新的高度，这也反映到这个时期的德育思想当中。启蒙思想家们在教育问题上批判传统的宗教神学教育、封建专制教育，提出教育以人为中心，要合乎人性、发展人性，体现了以人为本的基本情怀。启蒙运动时期的人本德育思想，最典型的当数卢梭的自然教育思想。

卢梭批判封建神学与专制教育是一种非人的奴化教育，这种教育在方法上强制灌输，在内容上空洞僵化，它所造就的是狭隘片面的奴性人格，这种人"既是奴隶又是暴君""充满学问但缺乏理性，身心都脆弱"，一旦投入社会，就暴露出愚昧、骄傲和种种恶习。针对传统教育的漠视人性、扼杀人性，卢梭提出了"自然教育"思想，即教育要顺应人的自然本性，发扬人的自然本性。这种教育思想的理论基础是卢梭的"自然人"的人性论。关于人性，卢梭的基本立场是性善论。他批判宗教神学关于人性本恶的原罪说，认为人天生具有自由、平等、自爱博爱及理性的优良天性，这是一种自然天赋。他说："在我们的灵魂深处生来就有一种正义和道德的原则。……我们在判断我们和他人的行为是好或是坏的时候，都要以这个原则为依据，所以我把这个原则称为良心"[①]，这种人性论是卢梭自然教育思想的出发点。

所谓"自然教育"基本上有两层含义。

其一，教育要尊重人的自然本性，教育的实施要合乎人性规律。

卢梭说："儿童是有他特有的看法、想法和感情的；如果想用我们的看法、想法和感情去代替他们的看法、想法和感情，那简直是最愚蠢的事情。"[②] 所以，要尊重儿童，不要急于对他作出或好或坏的评判，要让儿童充分表现他们自己，并对他们的表现进行观察，之后才能对他们采取相应的方法。而采取相应方法的目的在于能够调动受教育者的积

---

① ［法］卢梭：《爱弥儿》（下卷），李平沤译，人民教育出版社2001年版，第414页。
② ［法］卢梭：《爱弥儿》（下卷），李平沤译，人民教育出版社2001年版，第91页。

极主动性，他提出，真正自由的人只想他自己能够得到的东西，只做他自己喜欢做的事情，这是教育的第一基本原理。也就是说，卢梭要求教育者了解受教育者的兴趣、爱好、需求等基本状况，了解他们的情感、认知的活动规律，依据他们固有的心性特征，运用相应的教育方法来引发其积极性、主动性，使其能够自由自主地发展、完善其本性。卢梭还要求教育者有动态思维，要认识到受教育者自然本性在不同成长阶段的变化发展规律。卢梭根据人的生理和心理的发展规律，提出四阶段教育的理念，即婴儿时期（2岁以前）的体育教育；儿童时期（2—12岁）的感觉教育；少年时期（12—15岁）的智育与劳动教育；青年时期（15岁以上）的道德教育。卢梭还提出，教育者要认识到学生的个性化差异，实施因材施教。他说："每一个人的心灵有它自己的形式，必须按它的形式去指导他；必须通过它这种形式而不能通过其他的形式去教育，才能使你对他花费的苦心取得成效"①。这些思想都表达了卢梭关于教育尊重人的自然本性的理念。

其二，教育要发展人的自然本性，教育的目的在于培养"自然人"。

在卢梭那里，人的自然本性不但是教育的过程与方法的依据，也是教育的最终目的与归宿，教育的目的就在于人的自然本性的实现与完善，也就是"自然人"的确立。自然人就是人的自然天性得到完善与实现的人，这就是卢梭的名言："以天性为师，而不以人为师"，要"成为天性所造成的人，而不是人造成的人"。这种自然人首先是一种全面发展的人。卢梭认为，封建教育按照地位或职业来塑造人，造成了人的狭隘与畸形，他认为，教育的目的在于造就全面发展的完整的人。他曾说，他所要教给人的就是做人本身与人的生活，他的教育所塑造的不是让人成为某种以职业为特征的人，比如一个官吏、一个军人或者一个牧师，而是要让人成为人本身，这种完整的人格是有见识、有性格、身体和头脑都健康的人。再者，自然人并非脱离社会的野蛮人，而是具

---

① ［法］卢梭：《爱弥儿》（下卷），李平沤译，人民教育出版社2001年版，第97页。

有社会责任担当且自主独立的人。卢梭说:"虽然是我想把爱弥儿培养成为一个自然的人,但不能因此就一定要使他成为一个野蛮人""我的目的是:只要他处在社会生活的漩流中,不至于被种种欲念和人的偏见拖进漩涡里去就行了;只要他能够用他自己的眼睛去看,用他自己的心去想,而且,除了他自己的理智以外,不为任何其他的权威所控制就行了。"① 这种人不随波逐流、不屈从外在的权威,能够独立思考与自由选择,这是一种自主自立的主体性人格。这种人格就是人的理性、自由、博爱等自然天性完善、显现的结果。

卢梭的教育思想非常鲜明而典型地体现了以人为本的精神,美国学者格莱因曾说,卢梭提出了一种我们今天称之为"儿童中心"的新的教育哲学。

卢梭之后其他启蒙思想家在教育思想上同样体现了人本精神。如卢梭之后的裴斯泰洛奇继承了卢梭的自然教育思想,他也主张教育要建立在天赋人性的基础之上,提出教育就是要顺应与发展人的自然本性:"片面地发展我们的某种力量不是真正的教育,不是顺乎自然的教育,而是一种假的教育。真正的、顺乎自然发展的教育,就其本质而言,是为了追求人的完善,追求人的各种力量的完善。"② 他认为教育的最终目的就是促进人的全面发展,教育要名副其实,必然是努力使人的能力得到圆满的发展。19世纪德国古典哲学的代表人物康德也同样持有人本德育思想,康德认为,人是其自身道德的立法者,道德是人的理性与自由意志的表现方式,因此道德教育就不是一种外在规范教条的灌输,而是要使人能够完善其实践理性,使其具有成熟的理性思考、选择判断能力,这样才能实现其自由意志。因此,康德认为,道德教育的最终目的并非把人作为道德规范的容器,而是要确立一种具有理性、自主自律的人格,这种德育思想体现了康德"人是目的"的哲学理念。

---

① [法]卢梭:《爱弥儿》(下卷),李平沤译,人民教育出版社2001年版,第360页。
② 《裴斯泰洛齐选集》(第2卷),尹德新等译,教育科学出版社1996年版,第343页。

西方德育理论发展到现代，依托新的社会背景与学术背景，将西方德育的人本精神推及一个新的阶段。现代西方人本德育理论是在现代人本主义思潮下德育领域进行理论建构的结果。在现代西方兴起了一股人本主义思潮，人本主义是针对科学主义泛滥而进行反思批判的结果。科学主义以近代以来的理性主义为哲学基础，它推崇人的理性能力为人的根本特性，进而强调建立在理性基础之上的自然科学是人类最权威的知识标准与认知方法。科学主义强调数量化、逻辑化、程式化的分析思维方式，认为这种思维是一把万能钥匙，任何事物包括人类社会与人本身的一切问题都可以用自然科学式的思维加以分析解答。科学主义的泛滥在某些方面造成了人的物化与机械化，因而遭到批判，其结果就是现代人本主义的兴起。现代人本主义并非一个单一的学术流派，而是一种学术思潮，是一种思维方式与价值立场。它相对于科学理性主义，在理论形式上强调以人为中心、为根本，在实质内容上关注人文价值问题，强调人的非理性诸如潜意识、本能、意志等要素的根本性地位。现代人本主义认为，科学理性主义以一种机械化思维造成了人的价值的失落，它主张应该把人从这种物化思维中解放出来，在注重人的情感意志乃至本能等非理性要素的基础上张扬人本身的价值、尊严与自由，将人看成是一个自由自觉的存在。在现代人本主义思潮中包含了诸多学术流派，如意志主义、存在主义、生命哲学、法兰克福学派、人本主义心理学等等。现代西方人本德育理论就是这些人本主义学派延伸到教育领域的结果，呈现了一种学派林立的景观，这其中既有以人本主义命名的人本主义道德教育理论，也有一些虽未称为人本主义但实际上鲜明地体现出人本主义立场的道德教育理论流派，如杜威的进步主义教育理论。这里仅就主要学派的核心主旨做简单论述，以表明现代西方德育是如何体现人本精神的。

人们一般认为，现代德育开始于20世纪初欧美国家兴起的新教育运动，它对传统教育理论与实践进行了全面的反思与批判，其典型是美国哲学家约翰·杜威的进步主义德育理论。杜威认为，传统教育的理论基础是赫尔巴特的主知主义教育思想，这种教育理论以"三中心"即教师中心、书本知识中心和课堂中心的教育模式为基本特征，它主张教师作为权威能够控制、管理学生，学生要绝对服从教师的安排，同时主张教育就是智育，同时把道德教育也归结为知识教育，在教育方法上是教师作为权威把既定道德规范作为知识灌输给学生。杜威认为，这种教育忽略了学生的特性，把成人的标准与方法强加在正处在成长期的学生身上，于是，教育就变成了一种外在的压力。杜威认为，这样的教育只会产生一些暂时、表面的效果，不是真正的教育，它是一种非常狭隘、僵化、缺乏活力的教育模式，杜威说："赫尔巴特的哲学考虑教育的一切事情，唯独没有考虑教育的本质，没有注意青年具有充满活力的、寻求有效地起作用的机会的能量。"① 最终的结果不但没有促进反而遏制了学生道德与智慧的发展。

杜威反对传统教育中教师作为绝对权威统治学生的模式，他针对传统教育压抑人性、缺乏活力的弊端提出教育要以学生为中心，杜威认为这种转变是教育史上的"哥白尼革命"："现在，我们教育中将引起的改变是重心的转移。这是一种变革，这是一种革命，这是和哥白尼把天文学的中心从地球转到太阳一样的那种革命。这里，儿童变成了太阳，而教育的一切措施则围绕着他们转动，儿童是中心，教育的措施便围绕他们而组织起来。"② 同时，杜威也认为以学生为中心并不意味着自由放任，他认为，教育者与受教育者构成了一个活动共同体，而教师是这个团体中"明智的领导者"。但他也认为学生的主体性是教学过程中的决定性因素，而教师只是对学生自主学习成长起到辅助性指导作用。杜威把不受外在强制约束、具有独立思考与实践能力的人作为教育的最终指向。

杜威在教育方式方法上最显著的特点是提出了"教育即生活"的

---

① ［美］约翰·杜威：《民主主义与教育》，王承绪译，人民教育出版社2001年版，第81页。
② 赵祥麟、王承绪编译：《杜威教育论著选》，华东师范大学出版社1981年版，第32页。

理念。杜威是一个实用主义、经验主义者,这也构成其教育理论的哲学基础。杜威认为:"教育就是经验的改造和改组。这种改造和改组,既能增加经验的意义,又能提高指导后来经验进程的能力"①。而经验的获取与改造主要源自于人的生活实践,所以,杜威强调生活实践是教育的基本方式,他说,"一切教育都能塑造智力的和道德的品质",但"这种塑造工作不只是先天活动的塑造,而是要通过活动进行塑造。"②因此,人的德性的养成并不是从外面加到活动中的东西,而是活动自己做的东西。杜威这种"教育即生活"的理念是对传统知识化、灌输性德育的反拨,能够调动学生的自主性、积极性,是以学生为中心理念的体现。

20世纪西方人本德育的典型还有人本主义道德教育理论,它是建立在马斯洛与罗杰斯的人本主义心理学基础之上的德育理论。罗杰斯认为:"每个个体本身都蕴藏着一种能力……在一种特定的帮助关系中,我们……使每个个体自由地发现他们内在的智慧和自信,并使他们作出更加健康和更具建设性的选择。"③ 现代教师不同于传统,他是一个"促进者"的角色,"而促进者只需关心学习氛围问题:我如何创造一种心理氛围,使孩子们能感受到从老师、同学、环境和自己的亲身经验中学习的自由,使学生兴趣广泛,不畏惧错误?"④ 人本主义德育理论的出发点是其对人性的认知,他们认为人本性为善,具有实现自我的内在潜能,马斯洛说:"人类生活唯有当其最高理想得到观照时,才可能获致真正的了解。""成长、自我实现,迈向健康的奋斗,对独特自我

---

① [美] 约翰·杜威:《民主主义与教育》,王承绪译,人民教育出版社2001年版,第87页。

② [美] 约翰·杜威:《民主主义与教育》,王承绪译,人民教育出版社2001年版,第81页。

③ [美] 卡尔·罗杰斯:《自由学习》,伍新春等译,北京师范大学出版社2006年版,前言第3页。

④ [美] 卡尔·罗杰斯:《自由学习》,伍新春等译,北京师范大学出版社2006年版,第157页。

的追寻，对完美的渴望，及其他个体向上发展的形式，现在都必须看作人类普遍的内在倾向。"① 这些潜能并非环境赋予而是人内心本身就固有的。基于这种人性论，人本主义德育认为，教育的目的就在于帮助人最大限度地发挥其自身的潜能，形成"完美的人性"，成为"自我实现的人"，如马斯洛说："教育的功能、教育的目的——人的目的、人本主义的目的、与人有关的目的，在根本上就是人的'自我实现'，是丰满人性的形成，是人种能够达到的或个人能够达到的最高度的发展。"②

为了实现这种教育目的，人本主义者提出了要改革传统的教育模式。人本主义道德教育批判传统的师生关系只是统治与服从的关系，其教育方式也只是单纯的灌输与强制性管理，主张建立平等民主、和谐融洽的师生关系，为教育创造自由氛围。在这种师生关系中，教师要改变传统的角色定位，由传统的教育者转变为"促进者"。在这种关系模式中，教师的教育方式应该是"非指导性"的，即学生在学习方式、学习目标及人生选择上具有自主选择权、决定权，而教师只是作为促进者帮助学生更好地实现自我，也就是说，教师要关注学生的个性特征，帮助学生树立起自我意识，澄清其价值选择，提供各种条件促进学生自身人性的完善。人本主义德育这种非指导性教学是一种"以学生为中心"的教育模式。

现代西方人本德育研究还有一个影响比较大的流派就是以科尔伯格为代表的道德教育认知—发展理论。这个学派最大的特点就是注重对学生道德推理能力的培养。科尔伯格反对灌输教育，他认为传统的美德袋理念"是用灌输的教学方法传授所谓世俗社会公认的道德观念。该理论自以为代表了世俗人们的'共同认识'。进一步说，这种理论通常依据社会相对论，认为价值观具有相对性，考察价值观的唯一客观标尺是看

---

① Abraham H. Maslow, *Motivation and Personality*, New York: Harper & Row, 1970, Reface 12-13.
② [美]马斯洛：《人性能达的境界》，林方译，云南人民出版社1987年版，第169页。

其是否与某具体情况下社会群体大多数人价值观相关联。这种假设我不赞同"①。他认为教育对象能自发地形成他们的道德观念。教育者的任务主要在于帮助受教育者形成正确的道德推理判断能力,"我们关于道德推理发展阶段的研究为旨在使儿童的道德判断向高一阶段发展和培养儿童根据其判断去行动的能力的那种道德教育新方法提供了基础。"② 这种道德认知推理能力主要是一种理性的能力,"道德判断主要是一种理性运算的功能,属于情感方面的因素……会进入其中,但道德情境的理解取决于……判断的个体"③。道德认知与发展理论认为,通过这种能力的养成可以使学生成为自我选择、自我决定的人。为了达到这个目的,科尔伯格也提出了一系列具有人本意味的教育思想,比如要注重对受教育者本身身心规律的研究与认识,要建立教育者与受教育者之间交互主体的关系,推崇苏格拉底式的对话式教育方法以及实践教育的方法。

除此之外,现代西方人本德育还包括价值澄清学派的道德教育理论、存在主义道德教育思想、关怀论或体谅论的道德教育理论等,这些德育理论各有不同的理论基础,如心理学、社会学或者哲学等,也都各有不同的侧重点,如人的道德认知与判断能力的培养问题、人的价值选择问题、人的道德情感体验问题、人的自由本质问题等,并在此基础上对德育的基本理念、模式、方法提出了各具特色的德育观点,但它们也都体现了德育要以人为本的基本精神。总的说来,现代西方德育的基本特点在于:自然科学与哲学社会科学的发展使得人们对人的心理活动、社会活动的规律有了更为深入细致的认知,于是,现代人本德育就以社会学、心理学等最新的科学知识为基础,从各个角度提出了更为新颖、

---

① Lawrence Kohlberg, *Essays on Moral Development*, Vol. I: *The Philosophy of Moral Development*, New York: Harper & Row, 1981, p. 2.
② [美]科尔伯格:《道德教育的哲学》,魏贤超等译,浙江教育出版社2000年版,第4页。
③ [美]科尔伯格:《道德教育的哲学》,魏贤超等译,浙江教育出版社2000年版,第6页。

更为科学、细致，更具可操作性的德育理论，出现了学派林立的局面，从而把德育人本的理论研究与实践推向了一个新的高度。

总结关于西方德育思想历史演进的梳理内容，可以看出，主张"以人为本"的人本精神始终是西方德育思想理论的基本特征，是其一以贯之的一条基本线索，正如有些学者所说，人文主义教育思想是西方教育思想发展史中一股时涨时落、时隐时现的洪流。特别是现代西方德育理论，20世纪的西方道德教育理论喷涌迭现，出现了诸多流派，呈现出一派空前繁荣的景象。可以说，现代西方德育典型地彰显了现代人文精神，它在德育现代化上走在了世界前列，如冯增俊所说："人本主义已成为世界道德教育以及全部教育思想和理论基础的重要组成部分"[1]，以至于我国的人本德育研究也同样呈现出以引入西方德育理论为主的特征，国内的一些学者，就是以西方人本主义理论来谈论人本德育的。

虽然人本精神是西方德育思想的一个基本特征，但这并不意味着西方德育就真正实现了以人为本。现代西方德育批判之前的传统德育实践是一种压抑人性的道德教育，它造就了奴性或者物化的人格，这种认知促使西方现代德育思想家们把人本德育理论推向更高水平。但实际上，现代西方德育也没有真正实现以人为本，这表现在现代西方资本主义社会的人格状态上。对于这个问题，早在自由竞争阶段的资本主义社会中，马克思与恩格斯就对资本主义社会中的人格状态作出判断，认为它是一种异化的人、畸形发展的人。他们认为，不但作为被统治者的工人劳动者处于异化状态，而且作为统治阶级的资产阶级也难逃此命运。恩格斯在《反杜林论》中说："一切'有教养的等级'都为各式各样的地方局限性和片面性所奴役，为他们自己的肉体上和精神上的近视所奴役，为他们的由于接受专门教育和终身从事一个专业而造成的畸形发展

---

[1] 冯增俊：《当代西方学校道德教育》，广东教育出版社1993年版，第465页。

所奴役。"① 而这种人格最显著的特征就是物化,即马克思所说的商品拜物教,物的世界的增值同人的世界的贬值成正比。这种异化的人格状态在现代资本主义社会愈演愈烈,人成了社会大机器运行的工具,成了只知追逐物质享受的"商品人",对此,现代西方诸流派的学者对此均有论述,如存在主义者雅斯贝尔斯说,现代西方社会中的人被"还原到物的水平上,好像失去了人的本质。实际存在的真实性引不起他的任何兴趣。无论是快乐还是烦恼,不论是精力充沛还是精疲力竭,他们不过是从事日常工作的那个功能。"② 弗洛伊德主义者弗洛姆说:"人征服了自然,却成了自己所创造的机器的奴隶。他具有关于物质的全部知识,但对于人的存在之最重要、最基本的问题——人是什么,人应该怎样生活,怎样才能创造性地释放和运用人所具有的巨大能量——却茫然无知。"③ 哲学人类学代表人物马克斯·舍勒说:

> 当今时代的善思之人和明达之士或许在以下几点上意见一致:在现代文明的发展中,人之物、生命之机器、人想控制因而竭力用力学解释的自然,都变成了随心所欲地操纵人的主人;"物"日益聪明、强劲、美好、伟大,创造出物的人日益渺小,无关紧要,日益成为人自身机器中的一个齿轮。④

而对西方现代社会人格状态表述最为经典的则当属西方马克思主义的代表人物马尔库塞。他认为,现代资本主义社会中的人是一种"单向度的人",这种人只知道一个维度的价值追求即追逐物质性、感官性享

---

① 《马克思恩格斯文集》第 9 卷,人民出版社 2009 年版,第 309 页。
② [德] 卡尔·雅斯贝尔斯:《现时代的人》,周晓亮等译,社会科学文献出版社 1992 年版,第 14 页。
③ 《弗洛姆文集》,冯川等译,改革出版社 1997 年版,第 132 页。
④ [德] 马克斯·舍勒:《价值的颠覆》,罗悌伦等译,生活·读书·新知三联书店 1997 年版,第 161 页。

受，并对带来这种舒适享受的现代社会体制表达完全的认同，身处其中而不自知，成了资本主义社会创造物质财富的工具，从而丧失了多样性、否定性、批判性及超越性的思维意识与能力，这是一种丧失精神自由与活力的人，马尔库塞把这种人称为现代资本主义社会中"受到抬举的奴隶"。

造成这种"单向度的精神奴隶"人格的根源当然要从资本主义社会的经济基础与社会制度方面来寻找，但是，这种状况与现代西方德育也有着密切关联。我们之前的论述表明，现代西方德育在内在本性上是追求人本精神的，是以确立主体性人格为最终指向的，但是在实际效果上，现代西方德育依然对单向度人的产生起着推波助澜的作用，而造成这种理论与实践反差的根源则是西方社会政治系统对德育的支配作用。对于这一点，我们可以继续依据马尔库塞等人的理论来说明。

马尔库塞认为，现代资本主义国家本质上是极权统治的，但是它不同于传统的以暴力为主要手段的极权统治，它增添了新的统治形式即一种思想文化或意识形态性的极权统治。资本主义国家通过各种途径诸如经济、科技、文化、生活等领域向社会成员灌输资本主义意识形态，控制其思想意识，使其在对资本主义意识形态的认同中逐渐丧失思想意识的批判性、否定性、多样性、自立自主性。马尔库塞表达的是现代资本主义国家统治的一种基本形式，即思想意识控制。而另一位西方马克思主义者阿尔都塞表达了同样的观点，他把这种统治形式称为"意识形态国家机器"，他说："每一种国家机器，无论是强制性的还是意识形态的，都既通过暴力又通过意识形态'起作用'……对于意识形态国家机器来说，它们大规模地、普遍地通过意识形态起作用，但也间接地通过强制起作用。"[①] 任何国家机器都是为了维护既定的统治秩序，而意识形态作为国家机器是在思想意识方面控制社会成员，以此来巩固统

---

① ［斯洛文尼亚］斯拉沃热·齐泽克等：《图绘意识形态》，方杰译，南京大学出版社2002年版，第107页。

治。阿尔都塞认为，意识形态作为国家机器产生了社会成员思想意识中对统治阶级意识形态的认同，这是现代资本主义社会劳动力再生产的一个基本方面（另一个是传统型的工作技能的再生产）。而现代资本主义的这种思想意识统治是由政治系统所调控并通过法律、文化、生活、经济、科技等各种途径来实现的，教育也同样被纳入了这个统治系统中，正如阿尔都塞所说：

> 在其政治的意识形态国家机器后面的，正是教育的意识形态国家机器，前者占据前台，资产阶级将它确立为其头号的，也就是主导的意识形态国家机器，后者其实已经在作用上取代了过去的主导的意识形态国家机器，教会。也许还可以进一步说，学校—家庭的组合已经取代了教会—家庭的组合。①

他还说："一种意识形态国家机器确实起主导作用……这个机器就是学校"②。意识形态国家机器的理论意味着，现代西方社会中的单向度的人，一方面是其社会存在方式的必然反映，另一方面，它也是资本主义国家有意塑造的结果。在这种总体态势下，道德教育也同样被用作意识形态国家机器进行思想意识控制，为塑造单向度的人服务，那么，这个过程是如何发生的？

首先应该承认现代西方德育是人类追求人本的一个新高度，它较之前的传统德育有着巨大的历史进步，它不像中国古代传统德育或者西方封建时代的德育那样在道德教育中简单明显地强调等级与服从，它对人的平等、自由的张扬是空前的。现代西方的大部分德育思想流派都强调以人为中心，也就是以人的自由、人的独立性自主性为中心，它们认为

---

① ［斯洛文尼亚］斯拉沃热·齐泽克等：《图绘意识形态》，方杰译，南京大学出版社2002年版，第112页。
② ［斯洛文尼亚］斯拉沃热·齐泽克等：《图绘意识形态》，方杰译，南京大学出版社2002年版，第113页。

人的自由自主地思考、判断、选择是最高价值，而教育过程以及教师都只是帮助人能够树立起这种自由自主意识，帮助他们能够更好地实现其自身的价值选择，如人本主义德育的教师只是"促进者"，价值澄清学派的价值澄清理念与方法，都是在表达这个思想。这样就形成了一种看似放任性的道德教育，而在教化中一旦形成放任态势，也就相当于放弃了对人进行更高层次思维、理想与价值追求的精神提升的努力，人就很容易听从于较低层次思想意识如自身感官快乐的支配，这就很容易导致个人主义、利己主义、享乐主义或者消费主义的泛滥。但是，这样的人格恰恰是巩固资本主义制度统治所需要的人格，它恰恰是资本主义国家意识形态所追求的目标。并且现代西方德育也并非一种完全的放任式教育，对于现代西方德育，我国有些学者认为，它是一种放任式的德育，实质上取消了道德教育，实际上，这只是一种表面现象，现代西方德育恰恰以这种放任式教育方式教给了社会成员以"自由"，即资本主义的"自由主义"意识形态，而除此之外的其他意识形态如社会主义、共产主义是不可能进入现代西方德育系统的（或者以反面形式进入），这正是政治系统对德育系统掌握的表现。也就是说，现代西方德育虽然具有追求以人为本、树立主体性人格的内在本性，但是政治系统只允许它向社会成员输送服务于资本主义统治的思想意识。在这个政治与德育的关系中，现代西方德育所教给人们的"自由"，实际上，用马尔库塞的话来说，是"一种舒舒服服、平平稳稳、合理而又民主的不自由"，于是，它所追求的"自由人"也就不可避免地变成了对资本主义制度而言的"听话的人""服从的人"。从这个意义上说，现代西方德育所追求的以人为本并没有真正实现。

总的说来，虽然现代西方德育是人类追求人本德育的新阶段，它在理论形式上把对主体性人格的强调推向了一个新高度，并为此提出了一系列崭新的德育理念、方法策略，这使得它看起来完全不同于以"服从、听话"为显著特征的传统德育模式。但实际上，由于资本主义政治系统对德育系统的掌控，将其纳入"意识形态国家机器"大系统当中，现代西方德育追求人本的内在本性就在某种程度上被扭曲了，它同传统德育一样，发生了内在人本追求与外在实际效果之间的断裂。

第三节 人本德育根本性问题的理论分析

一方面，通过以上对中外德育历史与现状的梳理表明，德育人本是一种普遍性的价值追求，这本身不值得奇怪，我们前面已经说过，以人为本作为一种哲学价值理念是人类历史的普遍性现象，而当人们把这种哲学抽象理念用来观照德育问题时，就必然产生了具有普遍性的德育人本追求。于是可以发现，古今中外，人们对德育要以人为本的认识、理解诸如人本德育的基本理念原则、基本的德育方法策略、教育模式等方面都是有着相通之处的，而今天我们提倡人本德育，所提出的关于人本德育基本范式的论说也总是可以在中外历史上找到踪迹。这一点也是教育现象所具有的绝对本质的体现，所谓教育的绝对本质，"是指古今中外任何不同层面的教育都共同具有的绝对的和不变的必然、普遍、内在和稳定的联系，或教育区别于世界一切事物的根本特点"[①]。德育本身作为教育的一个具体类别除了具有教育的这种一般性绝对本质外，还具有其自身固有的、一以贯之的相对特殊的绝对本质，诸如德育要以人格完善为最终指向，德育要讲究因材施教、知行合一，德育要讲求理性反思与情感体验相结合等等，这些都体现了德育的以人为本，这些也都是德育固有的基本规律。所以，人本德育本来就应该是德育的本质形态，具有历史的普遍性也就是一种理所应当的事情。当然，这并不是说，人类对人本德育的思考理解是停滞不前、一直重复的，它本身也在不断发展，虽然基本精神相通，但是一些具体的认知，比如由于历史条件的局

[①] 郝文武：《从本体存在到本质生成的教育建构论》，《教育研究》2004年第2期。

限，人们在一定历史时期对于人的心理活动、成长规律、德性生成规律、人性特征等的认知总会有各种缺陷、不足甚至偏颇、错误，基于此所产生的各种德育方法策略、指导原则也总是在不断改进、深化中，比如，现代西方就是依据相关自然科学与社会科学的发展而将人本德育的研究向前推进了一大步，出现了人本德育研究空前繁荣的局面。

另一方面，对中外德育历史与现状的梳理也表明，虽然人本德育是德育的固有本质与普遍性追求，但是人本德育却未真正实现过，这也是中外思想家达成共识的一个判断。中国古代德育追求立于天地之间的"大丈夫"人格，现代西方德育追求以自由为本质的独立自主的人，但是这些努力最后都变成了一种奴化或者物化人格。究其原因是，在以往的社会形态中，德育人本追求的内在本性被政治系统所扭曲，用来培育服从统治秩序的人格，也就是说，在历史上乃至于现今的西方社会中，人本德育由于政治系统的掌控而使其人本性无法发挥出来，人本德育无法实现其自身的固有本质。因此可以判断，在历史上政治与德育的关系问题是人本德育的社会性根源，是其根本性问题，而这一问题也同样存在于社会主义社会形态的历史当中。

就我国社会主义发展而言，从1949年建国到改革开放这一个时期里，虽然初步建立了社会主义的政治经济基础以及相应的思想上层建筑，但是它在基本性质上仍然属于"传统社会"。从历史学的角度来说，一般认为中国传统社会是指"从秦汉到清末这一段两千年的中国而言的""属于工业革命以前的……传统性的农耕社会"[1]，其基本特征表现为以自然经济、农业生产为经济基础，以高度集权的封建王权制度为政治形式，以家庭血缘关系为基本的社会纽带，以家长制权威为社会管理方式，以压制个体性的整体主义为社会主要价值取向。中国在1949年建立的社会主义国家在政治经济结构与社会意识形态方面当然与前者有着根本性区别，但是改革开放之前的社会主义中国在某些方面依然与

---

[1] 金耀基：《从传统到现代》，中国人民大学出版社1999年版，第7页。

这种传统农耕社会有着一定的相通之处。这一时期的社会状态在总体特征上是以高度公有制、计划经济为基础的政治主导、以政治为中心的社会形式，所谓政治主导型社会意为建立起高度集权的政治体制，并在此前提下，政治问题被看作这个社会阶段的主要矛盾与核心问题，社会生活的所有其他方面如教育、经济、法律、道德、文化艺术等都被完全掌控在政治系统之下，都为了政治系统服务，都以政治标准为根本性标准。如郑国玺所说，在计划经济时代"政治目标似乎就是人们生活的一切目标，'埋葬帝修反，解放全人类'似乎就是全国人民唯一的生活目标。在这种单调的、强制的价值要求下，人们评价的标准也是机械的、单一的，甚至扭曲的，不是以有利于生产力发展为根本标准，而是以抽象的政治需要或领袖的言论为标准。"[①] 而这种政治主导性发展到极端的表现就是"文化大革命"，干脆以政治运动取代了其他社会活动，以政治性消解了其他社会性质。这种政治主导型社会表现在社会运行方式上，就是政治权威主导的一元化、大一统式的管理方式，社会生活的所有领域，如从比较宏观的经济运行、法律活动、教育活动到比较微观的个体思想文化、工作婚姻等私人生活等方面都由政治系统所调配管制，并且这种政治调配管理是根据统一标准进行的，"在过去封闭与半封闭的社会环境和计划经济体制下……我国意识形态领域具有单一化倾向"[②]。相应地，与这种社会运行方式相适应的则是价值观上的整体主义。在此阶段，社会主义集体主义被扭曲为类似中国古代社会的整体主义价值观，认为集体利益高于一切，个体从属于社会整体，个体利益必须无条件地服从集体利益，甚至以为个体利益与整体利益是相对立的，谈论追求个人利益有被认为是剥削阶级思想的危险。在这样的整体主义价值观之下，人的个性自由与个体利益就被社会整体事务与整体利益淹

---

① 郑国玺主编：《社会主义市场经济条件下的价值观建设》，四川人民出版社1995年版，第181页。

② 郑永廷等：《主导德育论》，人民出版社2008年版，第6页。

没了。根据计划经济时代社会主义的这些基本特性，可以看出，此时期的社会虽然是一种新的社会形态，但是传统社会的一些基本特征在此时仍是有所体现的，如整体主义的价值观、大一统的社会管理、社会运行方式、高度集中的政治权力体系。因此，此阶段的社会主义仍属于"传统社会"，或者至少可以说，此时期是尚未真正启动现代化的一个社会阶段，现代性的一些核心要素诸如理性化、法制化、个体自主性、平等意识、人本精神等在此时期都不完全具备。

在此社会背景下的德育也就不是一种现代的而是被归为传统德育范畴，如刘卓红、钟明华认为："所谓传统德育，一般可以分为大传统德育和小传统德育。所谓小传统德育特指新中国成立以后，在我国社会主义制度及计划经济体制下形成的以倡导集体主义为核心，以道德教育为主要内容且偏重意识形态教育的一整套道德、思想与政治教育的原则、模式、方法等。"[①] 雷骥也说："传统的思想政治教育主要是指阶级矛盾十分尖锐的革命战争年代和初步建设社会主义时期所形成，以正面'灌输'为基本方式，以主张个人利益无条件服从集体利益和片面强调革命性、阶级性、理想性为基本特征的思政教育。""现代思政教育是指从改革开放以来逐步形成的现代新型思想政治教育。"[②]

此时期的德育受到了政治主导型社会背景的制约，德育被政治系统所统摄，沦为服务于政治运动、政治目的的工具。其基本形态也就是一种"泛政治化德育"，其基本内涵为德育的教育内容、管理体制、目标定位乃至德育方法、模式等所有环节都由政治系统所统摄，德育完全沦为政治系统的一种附属与工具，它除了服务于政治活动之外，不具有其他的价值属性。德育泛政治化的主要表现在于，德育的内容主要是以马列主义著作以及当时政治领导人的著作与言论为教材；德育的课程设置随时根据社会政治形势的变动而调整；德育的目标在于培养服从政治权

---

① 刘卓红、钟明华等：《开放德育论》，人民出版社 2008 年版，第 65 页。
② 雷骥：《现代思想政治教育的人性基础研究》，人民出版社 2008 年版，第 39、41 页。

威、符合政治运动需要的人；德育的教育模式也是当时高度集权政治关系的体现，在德育方法上简单粗暴，实行灌输与强制管理方式。德育的泛政治化是当时政治系统明确的指导思想，这见于当时政治权威的一些言论与正式文件当中，如在新中国成立之初第一次全国教育工作会议开幕词中，当时的教育部部长马叙伦说：新中国的教育是对旧教育的替换，它"应该是作为反映新的政治经济的新教育，作为巩固与发展人民民主专政的一种斗争工具的新教育"①。1958年，《中共中央、国务院关于教育工作的指示》指出：

> 党的教育方针，是教育为无产阶级的政治服务，教育与生产劳动结合。……在一切学校中，必须进行马克思列宁主义的政治教育和思想教育，培养教师和学生的工人阶级的阶级观点……群众观点和集体观点……劳动观点即脑力劳动与体力劳动结合的观点……辩证唯物主义的观点。"②

1961年，教育部《改进高等学校共同政治理论课程教学的意见》指出，高等院校思想政治教育的任务是"向学生进行理论和实践统一的马克思列宁主义教育，帮助他们理解马克思列宁主义、毛泽东著作，了解党的路线、方针、政策；引导他们以马克思列宁主义基本原则为指导，去观察问题、研究学问和处理工作，不断地同现代修正主义、资产阶级思想和其他反动思想的影响进行斗争。"③ 这些言论都体现了德育政治化的指导思想。

在社会主义计划经济时代，政治系统扭曲了德育，使其以一种泛政

---

① 教育部社会科学司编：《普通高校思想政治理论课文献选编（1949—2008）》，中国人民大学出版社2008年版，第3页。
② 教育部社会科学司编：《普通高校思想政治理论课文献选编（1949—2008）》，中国人民大学出版社2008年版，第38页。
③ 教育部社会科学司编：《普通高校思想政治理论课文献选编（1949—2008）》，中国人民大学出版社2008年版，第41页。

治化形态存在,这一点也是现今学界的一个基本共识,如郑永廷认为:"在我国实行改革开放之前,思想政治教育的功能是单一的。……以政治运动为中心,使思想政治教育成为政治运动首当其冲的手段……在这样的历史条件下,思想政治教育的功能只能突出地表现为单一的政治功能。"① 杜时忠也说:"人们对'文革'的德育政治化所造成的恶果即假大空德育深恶痛绝。这种政治化德育所遵从的是政治逻辑,把学校德育完全变成了现实政治的附庸。"② 而泛政治化德育所造就的是为了政治运动、政治目的服务的人,这是一种以服从、听话为主要特征的人格,它缺乏个体自主意识、缺乏独立思考与批判思维能力,因而它在本质上就是一种物化甚至奴化的人格。正如范树成所说:

> 在历史上和现实中存在的奴化德育和物化德育就是以使人成物为目标的。奴化德育是封建社会的一种德育形态,中国在解放后奴化德育也并未完全销声匿迹。奴化德育培养的是没有独立性的依附人格。这种人格没有独立的思想,缺少创造性,因循守旧、模仿和绝对服从是其基本特征,是听话的驯服的工具。这样的人没有独立的人格,不会做出自己的道德判断与选择,完全听任他人的智慧,仅仅是实现某种社会目的的工具。③

当社会主义计划经济时代的德育造就这样一种奴性、物化人格的时候,它就已经偏离了德育"以主体性人格为终极指向"的固有本质,就不是一种人本性德育。

据上可以判断,德育由于政治系统的扭曲而偏离人本精神,沦为物化、奴化德育是传统社会主义时期道德教育的基本特征。而这一点也并非中国社会主义德育发展独有的现象,在其他社会主义国家也同样存

---

① 郑永廷:《论思想政治教育的外延与内涵拓展》,《华南理工大学学报》(社会科学版) 2001年第1期。
② 杜时忠:《生活德育论的贡献与局限》,《教育研究与实验》2012年第3期。
③ 范树成:《当代学校德育范式转换与走向研究》,人民出版社2011年版,第16页。

在，如苏联社会主义时期也是一种以计划经济为基础的政治权威主导的大一统社会管理模式，在这种社会背景之下，它的德育活动也同样被政治系统扭曲而成为一种物化、奴化教育。如苏联前国家教委主任 R. 亚戈金所说，当时苏联的教育体系，"就其本质来说，它就是有目的地、专门地筛选出一些最听话、最好摆弄的、最容易管理的人，而这就意味着压制创造性、首倡精神和大无畏精神，压制思想和行为"①。

我国从 20 世纪 80 年代初开始进行改革开放，中国社会主义建设正式走上了现代化的道路，我国的德育事业也逐渐现代化，德育现代化就是德育开始在一个新的高度上回归德育的人本属性，它与计划经济时代的泛政治化德育相比已经发生了重大转变。但是，由于社会主义现代化处于起步阶段，它是一个从稚嫩逐渐走向成熟的过程，相应地，中国的德育现代化、人本化也是一个渐进的过程。实际状况是，从改革开放至今为止的这段新时期的德育尚未完全摆脱传统泛政治化德育的影子，在新时期德育以人为本的建设中，德育的泛政治化倾向依然在某种程度上存在着，并未完全消除。这一点也是学界很多学者的判断，如刘卓红、钟明华认为："现阶段的德育，正如中国处于转型期一样，也处在从传统向现代的转变当中。"泛政治化德育"在当代中国高校德育中仍然存在并延续至今"②。这样看来，虽然我国现今的德育事业与计划经济时代的德育泛政治化相比已经发生了巨大的转变，在其主题上已经开始了人本性的转向，但是德育泛政治化的问题尚未真正解决，政治与德育的关系问题仍旧是中国现今德育完成人本转向所要面临的根本性问题之一③。

---

① 张巽根：《教育是什么》，湖北教育出版社 1998 年版，第 91 页。
② 刘卓红、钟明华等：《开放德育论》，人民出版社 2008 年版，第 13、168 页。
③ 这里需要提前说明一点，政治是社会结构中对德育影响最大的社会子系统，这是一种客观社会规律，单纯就此点而论，它本身并非必然内含着"好""坏"或者"合理""不合理"的属性，这就意味着即使在一种合理甚至比较理想的人本德育状态中，政治依然是对德育影响最大的社会子系统，这是一种客观必然，不以人的主观意志为转移。所以，指出德育所存在的泛政治化问题，并不必然在逻辑上导致否定政治对德育的重大影响，关键在于政治与德育关系如何平衡的问题。这些观点我们会在后文中详细论述。

至此，可以得出结论，人本性是道德教育的本质属性，人本德育是德育的本质形态，因此，对德育人本的追求是一种历史普遍性，它存在于人类社会历史的各个阶段、各个社会形态中。同时，政治系统对德育人本性的扭曲也是一种历史普遍性，不但存在于以往的阶级社会也同样存在于社会主义社会形态当中。因此，从德育的历史与现实来看，政治与德育的关系问题是人本德育实现的根本性问题。当然，这个判断还是不完整的，因为它只是根据对人类历史上的德育人本追求及政治系统对这种人本性追求的扭曲进行描述所得出的结论，它还只是表明了政治系统是对德育人本追求的最大现实障碍。停留于这种认知仍是不够的，因为我们所要说明的是，政治与德育的关系问题是人本德育的"根本性"问题，为了说明这一点，除了历史描述之外，还要从逻辑上说明政治与德育的关系问题在人本德育缺失的诸多原因中处于根本性地位。前已述及，以往人本德育研究表明，人本德育缺失的原因是多方面的，并且已经有很多人提出了德育的泛政治化问题，但是这种观点主要是针对中国传统社会主义时期的典型的泛政治化现象而言的，而并未明确认识到这种现象的历史普遍性。并且，更重要的是，虽然很多人注意到了德育泛政治化问题，但是这个问题是与人本德育缺失的其他原因混杂在一起的，也就是说，政治与德育的关系问题并未被放置到根本性地位上。那么，政治与德育的关系问题与其他原因之间究竟是什么关系？这就不是一个历史现实描述的问题，而是一个逻辑关系问题，我们只有从逻辑的角度证明，在人本德育缺失的诸多原因中，政治与德育的关系问题相对于其他因素更具根本性，才能从完整、彻底的意义上说"政治与德育的关系问题是人本德育实现的根本性问题"。

学界对人本德育缺失原因的分析，除了德育泛政治化问题之外，主要有以下几个方面。

其一是德育方法策略的僵化与硬性灌输。如戚万学认为，"对现代教育家来说，传统德育在性质上是一种强制的、灌输式教育"，灌输式德育"在内容上,所要传授给学生的乃是为大多数人一致认可的、固定的道德准则、规范或宗教教条;在方法上则主要诉诸直接的问答式教学、训诫、纪律等强迫性手段。教育具有明显的封闭性、单一性和强制性。"① 贾金玲认为:"灌输式的教育方法实际上是一种'暴力式'传递方式,是德育人性化缺失的重要表现,也是德育教学实效性低下的重要原因之一。"②

其二是德育教学双方关系的单一主客体模式。如黄书光认为:"在传统德育中,教师拥有'话语霸权',居于中心、主体和权威的地位,德育活动是单向的、独白式的,由教师到学生的简单线性过程,教师充当传授者的角色,而学生则扮演受规训的角色。"③

其三是德育目标的过度理想化。"中国的道德教育由于对道德的期待具有一种不切实际的崇高的追求,而对道德的修养也由此过分强调人性光辉的一面,而忽略了阴暗的一面,因此存在盲目乐观、过分强调自修、修心、内圣外王的倾向。"④

其四是德育模式的知识本位问题,也就是将德育整体理解为一种类似自然科学知识识记的教育过程,从而使德育脱离了生活实际。如郑永廷将德育知识本位称为"文本德育观","即以书为本、从理论出发的德育观。这种德育观片面把德育局限在概念、理论、书本层面,在教育过程中,只知备课,忽视'备人';只讲抽象理论,忽视生活实际;只重文本逻辑性,忽视学生需要,概括起来就是只重书本,不重人本。"⑤冯建军说:

---

① 戚万学等编著:《现代道德教育专题研究》,教育科学出版社2005年版,第100页。
② 贾金玲:《人本理念下的德育课程改革刍议》,《学校党建与思想教育》2007年第7期。
③ 黄书光主编:《价值观变迁中的中国德育改革》,江苏教育出版社2008年版,第350页。
④ 张小健、胡继岳:《浅谈中西德育文化的比较》,《学校党建与思想教育》2009年第24期。
⑤ 郑永廷等:《主导德育论》,人民出版社2008年版,第243页。

德育从日常生活中分离出来，进入专门的德育课程和教材之中，使道德教育成为静态的知识教育。加之，近代以来，科学主义盛行，科学知识成为知识的主导。在科学知识主导下，德育知识、德育课程剥离了与生活的联系，也剥离了生活的意义。

知性德育培养的是杜威所说的具有"关于道德观念"的"道德知识人"，而不是具有"道德观念"的"德性人"。①

其五是德育基本价值理念的社会本位性。如张耀灿认为，长期以来，传统思想政治教育"较多地看到社会价值而较少地关注个体价值"②。邵广侠认为，社会本位论是传统德育的主要错误倾向之一，"社会本位的思想政治教育，其主要特征就是重社会整体轻成员个体，只见社会不见'人'。""由于传统的思想政治教育重视社会本位，忽视个人的尊严，忽视人格独立问题……致使我们在进行思想政治教育过程中所宣传的理想遥不可及，使人感到做一个人难之又难"，这样的教育"违反了人性的基础"③。

以上关于人本德育缺失的诸多原因，实际上都根源于政治与德育关系失衡的问题。在以上这些原因中，社会本位被认为是人本德育缺失的最主要原因，人们认为社会本位就是德育把学生个体作为满足社会需要的工具，社会价值是第一位的，而社会需要本身是多方面的，除了政治目标外还有经济、文化方面的需要，所以社会本位就意味着德育不是以人为中心，而是随着社会主要矛盾的转变而不断转变其自身的社会目标定位，比如檀传宝说："在中国德育现实中人们看到的是太多的应时、应景、应制的成分。起初为适应政治需要，后来为了经济发展、商品社

---

① 冯建军：《"德育与生活"关系之再思考——兼论"德育就是生活德育"》，《华中师范大学学报》（人文社会科学版）2012年第4期。
② 张耀灿：《现代思想政治教育学科论》，湖北人民出版社2003年版，第348页。
③ 邵广侠：《以人为本的思想政治教育探析》，《探索》2006年第5期。

会和市场经济、德育研究和实践穷于适应,频换内容体系。"① 实际上,社会本位的德育始终是以政治目标为中心的,德育并未出现过以社会经济价值为中心的现象。改革开放以来的以经济建设为中心的社会基调确实对教育产生了重大影响,在一定程度上造成了教育活动的功利主义价值取向,但是,这是针对整个教育系统而言的一种总体特征,而德育是一种特殊的教育,它以人的思想道德素质为中心,以引导人要有更高的精神追求为基本特质,它始终教导人要在义利之间取得平衡,甚至在某些时候要以义为先、舍利取义,也就是说,德育始终具有一定程度的道义论色彩,它很少明确主张培养以逐利为主要价值取向的"经济人"。因此,德育的社会本位中其实并不包含经济本位,至少"以社会的经济目标为中心"并不是社会本位德育的基本特征。对德育影响最大的始终是社会结构中的政治系统而非其他,所谓社会本位德育主要是指以政治目标为核心价值取向的德育形态。

至于其他诸种原因,如德育方法策略问题、德育关系问题、德育模式问题、德育目标过度理想化问题,它们虽然也可看作人本德育缺失的原因,但实际上它们都只是对德育缺失人本的一种现象描述,它共同指向了德育现实所存在的一个问题,即缺乏对人的尊重的态度。而造成这种精神状态的社会根源则在于政治与德育关系的失衡、政治对德育人本性的扭曲。这其中的道理在于:既然政治系统设定德育要培养服务于统治秩序的人、听话服从的人,也就是在有意无意中将人当成了一种工具性、手段性的存在,当然也就缺乏对人本身的观照,进而造成了德育中对人本身的忽视,忽视人的自我需求、人的心理特性、人的成长规律。而各种人本德育缺失的现象如德育方法的硬性灌输、德育关系的僵化、德育的知识化等其实都是根源于这种对人的忽视态度,比如知识化德育问题的形成,虽然这首先是对人内在的思想道德发展规律的认知偏差所

---

① 檀传宝:《德育美学观》,山西教育出版社1996年版,第10页。

造成的结果，但是这并不是主要原因。因为对德育人本追求的思想史的考察表明，这种关于人性规律的认知实际上早已存在。所以，严格说来，在德育理论方面实际上并不缺乏这种认知，问题主要在于对人的态度问题，对于人本身尊重的缺失使德育忽视了这种认知，使这种认知无法顺利地进入德育实践当中。总之，一句话，人本德育缺失的各种原因或者现象本质上都是违背人性规律的表现，这根源于一种对人的尊重态度的缺乏，而这种精神状态又归因于政治对德育的特定统治关系，在以往德育中教育者由于具有法定权威，他们通常会产生居高临下的心理姿态，从而比较容易忽视对受教育者主体性的尊重，忽视对受教育者思想形成发展规律、个性特征、内在需求等问题的关注与研究。

以上分析说明虽然人本德育缺失有多方面的原因，但是这些原因实际上又都有一个共同的社会性根源，即政治与德育关系的失衡。也就是说，在德育人本缺失的各种原因中，德育泛政治化是最为根本性的原因，其他各种原因在不同程度上都根源于此。至此，我们就从历史现实与逻辑关系两个方面说明了政治与德育的关系问题是人本德育的根本性问题，这样就达到了一种理论的彻底。

但是，对于"政治与德育的关系问题是人本德育的根本性问题"命题来说，仍存在一些需要更深入探讨的问题：为什么是政治系统而非人类社会其他组成部分比如经济基础会成为人本德育缺失的社会根源？为什么不同的社会形态会存在同样的问题？不同的社会形态具有根本不同的政治经济基础（特别是社会主义社会形态与以往的阶级社会形态），那么，政治与德育的关系问题在不同的社会形态中有没有差异？这些问题需要从唯物史观的角度加以解读。

首先要说明的问题是，为何是政治系统而非其他社会系统与德育的关系问题是人本德育的根本性问题。马克思、恩格斯说过，统治阶级的思想在每一时代都是占统治地位的思想。其意为任何统治秩序的维护除了强制性、物质性力量的使用之外还需要思想精神上的统治，通过特定的环节向整体社会成员灌输统治阶级的思想意识，使其达到对既定社会秩序的心理认同，从而有利于统治阶级的统治。而教育作为一种思想文化传播的基本途径当然也就被纳入这种精神统治的系统工程当中，问题在于，通过什么方式来管理控制教育活动，从而将其纳入精神统治的需要当中呢？这个目标是通过政治系统的控制力量，而非通过其他的社会系统比如经济来实现的，因为政治是整个社会运行的组织中心。马克思主义经典作家所创建的唯物史观体系把人类社会的基本构成划分为经济基础、政治上层建筑与思想上层建筑，认为经济基础是人类历史发展的根源，一切重要历史事件的终极原因和伟大动力是社会的经济发展，是生产方式和交换方式的改变，并认为经济基础也是人类社会其他构成部分得以生成的基础。马克思说：

> 人们在自己生活的社会生产中发生一定的、必然的、不以他们的意志为转移的关系，即同他们的物质生产力的一定发展阶段相适合的生产关系。这些生产关系的总和构成社会的经济结构，即有法律的和政治的上层建筑竖立其上并有一定的社会意识形式与之相适应的现实基础。物质生活的生产方式制约着整个社会生活、政治生活和精神生活的过程。①

但同时唯物史观也认为，政治与思想上层建筑也具有相对独立性且能够反作用于经济基础，"政治、法、哲学、宗教、文学、艺术等等的发展是以经济发展为基础的。但是，它们又都互相作用并对经济基础发生作用。这并不是说，只有经济状况才是原因，才是积极的，其余一切都不过是消极的结果，而是说，这是在归根到底不断为自己开辟道路的经济必然性的基础上的相互作用。"② 以上就是唯物史观关于人类社会

---

① 《马克思恩格斯文集》第 2 卷，人民出版社 2009 年版，第 591 页。
② 《马克思恩格斯文集》第 10 卷，人民出版社 2009 年版，第 668 页。

结构及其相互作用机制的基本观点，在这样的一个逻辑体系中，虽然经济基础起着决定性作用，但是政治系统却处于一个非常独特的地位，它是整个社会生活运行的控制中枢。因为人类的经济活动是比较松散、个体化的，它是缺乏高度系统性、组织性与整体自觉性的一种存在，因此需要一种超越于经济活动之外的另一种社会组织力量对经济活动进行控制、组织与调节，使其纳入一定的规范与秩序当中。而能够起到控制与组织经济作用的社会构成就是政治系统，政治系统是一种具有高度自觉性、系统性、组织性的社会控制力量，它能够控制、调节经济活动，能够变动或者维护特定的经济关系。所以恩格斯说："如果政治权力在经济上是无能为力的，那么我们何必要为无产阶级的政治专政而斗争呢？暴力（即国家权力）也是一种经济力量！"① 而列宁与毛泽东则更简单明了地说，政治是集中了的经济。并且，政治系统不但能够调控经济，它还能够控制社会生活中所有其他活动领域，诸如法律、科技、教育等，江泽民指出："经济工作和其他各项业务工作中都有政治"②。因此，政治系统可以说是整个社会生活中最强有力的控制力量与组织中心，所以人类历史上的一切阶级斗争都是围绕着政治权力展开的，只有夺去了政治这种社会控制力量，才具有了稳固本阶级统治秩序的根本条件，恩格斯指出："如果放弃在政治领域中同我们的敌人作斗争，那就是放弃了一种最有力的行动手段"③。毛泽东指出："一切问题的关键在政治"④。习近平总书记指出："政治问题，任何时候都是根本性的大问题。"⑤ 政治系统本身的特性及其在社会生活中的这种特殊地位就决定了它在社会结构中对德育有着最强大、最直接的控制力量，人类历史上任何统治阶级都是通过政治力量来控制德育活动，将其作为思想统治工

---

① 《马克思恩格斯文集》第 10 卷，人民出版社 2009 年版，第 600 页。
② 《江泽民文选》第 2 卷，人民出版社 2006 年版，第 363 页
③ 《马克思恩格斯文集》第 3 卷，人民出版社 2009 年版，第 92 页。
④ 《毛泽东文集》第 3 卷，人民出版社 1996 年版，第 202 页。
⑤ 《习近平关于"不忘初心、牢记使命"论述摘编》，党建读物出版社、中央文献出版社 2019 年版，第 103 页。

程的一个基本环节的。

接下来要说明，为何政治与德育的这种关系会在不同的社会形态中普遍存在？这个问题在不同的社会形态之间有没有什么根本性差异？之所以不同的社会形态都存在这个问题，是因为政治权力的某些特性决定的。政治权力作为一种社会控制力量，它所追求的首要价值就是一种稳固的社会秩序，为此它需要社会成员遵守一些既定的、统一的规范来维持这种秩序，这是具有必然性的，是无可厚非的。与此同时，一个健康的社会运行又需要个体性、多样性的存在，只有达到个体性与社会性、多样性与统一性的辩证统一才能获得社会良性运行的局面。但是对于政治权力而言，它通常都倾向于统一性，倾向于听话服从的人，而不喜欢与其自身相左的思想观点，这是政治权力的一种固有倾向。正因此，政治权力天然性地需要制约，习近平总书记指出："要加强对权力运行的制约和监督，把权力关进制度的笼子里。"[①] 而当政治权力缺乏有效制约，将其自身这种特性发展到一定程度时，就会为了维护统一秩序而越界去侵犯个体合理范围内的独立性、自主性，这正如池田大作所说："'权力'有一种本质会强化当权者骄傲自大，贪图名利的思想，使其堕落。而权力的行使又隐藏着侵犯人格，有时会危险到剥夺人的生存这种性质。"[②] 对于人本德育来说，它在本性上是以培育自主性、独立性人格为最终指向的，这是人本德育的内在规定性，也是为德育思想史所证明的。而德育的这种特性恰好与政治权力的上述特性存在着某些不契合的地方，两者之间的平衡尺度通常是难以把握的，于是，当政治权力缺乏有效制约的时候，它通常会对德育人本性加以扭曲。这种现象存在于中国古代传统社会里，存在于西方社会里，也存在于中国传统社会主义阶段，甚至直至今天，这个问题依然没有完全解决，因为我国的民主

---

① 《习近平谈治国理政》第1卷，外文出版社2018年版，第388页。
② ［日］池田大作、［英］阿·汤因比：《展望21世纪——汤因比与池田大作对话录》，荀春生等译，国际文化出版公司1985年版，第251页。

政治建设是一个渐进的尚未完善的工程，依然在一定范围内存在政治权力缺乏有效制约的现象，这正如邓小平所说："从党和国家的领导制度、干部制度方面来说，主要的弊端就是官僚主义现象，权力过分集中的现象，家长制现象，干部领导职务终身制现象和形形色色的特权现象。"①习近平总书记指出："官僚主义是目前党内存在的突出矛盾和问题"。②

以上所说的政治权力的固有倾向以及它与德育的相互关系是一个抽象的社会运行机制问题，它的出现与否与特定的社会形态并无必然关联，并非某个社会形态的建立就能够自然而然地避免这种问题的出现。正如我们在传统社会主义时期虽然建立了社会主义的政治经济基础，但是这并不能保证国家就自然而然地达到了完善状态，如何有效健康地使这个社会基本结构运行起来则是另外一回事，这是遵循另外的规律，需要人们进行更深层的探索与努力，否则，稍有不慎，就会犯与以往社会形态类似的错误，如计划经济时代出现的类似于古代社会家长权威管理的政治权威一元化管理模式。也就是说，人类的各个社会形态虽然有着根本性差异，但是它们也面临着某些共通性的问题，遵循着某些普遍性的抽象规律，这就是"政治与德育关系是人本德育根本性问题"具有历史普遍性的根源。并且，由于这些抽象问题出现与否与经济基础的不同并无必然的关联性，所以，从唯物史观的角度来看，也可以说，"政治与德育关系问题的历史普遍性"是上层建筑相对独立性的表现。

但是，问题的另一方面在于，不同的社会形态毕竟有着根本性的差异，这种差异性还是会使不同社会形态中的"政治与德育的关系问题"产生根本性区别。这就是说，以往社会形态中政治对德育人本性的扭曲是一个无法从根本上消除的问题，而社会主义社会形态则具备了解决这个问题的基本条件。具体说来，中国古代社会的基本特征是，经济上以自然经济为基础，社会结构上以血缘关系为纽带的宗法制度与宗法共同

---

① 《邓小平文选》第2卷，人民出版社1994年版，第327页。
② 《习近平谈治国理政》第3卷，外文出版社2020年版，第502页。

体，政治上的君主专制制度，三者相互结合造就了中国古代以父家长制为基础的家国同构的社会结构与运行模式。这是一种权威统治的社会，要求个体对群体的绝对依附与服从，要求社会组织对国家政治权力的依附与服从。这种经济基础与社会结构及其运行机制就决定了古代思想家虽有人本德育的追求，但是这种追求不具备实现的根本产性条件，它只能产生奴性人格。而同理，现代资本主义的私有制经济基础及其社会运行方式也决定了它只能产生"单向度的人"，正如资本主义经济危机是资本主义基本社会结构所决定的不可避免的一种社会现象一样，人本德育也可以说是资本主义社会本身无法真正解决的问题。这就意味着在以往的社会形态中政治系统对德育人本的扭曲是一种历史必然性。而社会主义社会形态的经济基础及社会结构则具备了解决政治与德育关系问题的根本性条件，具备了主体性人格产生的根本性条件。在这里，从唯物史观的角度来说，又是经济基础的决定性作用的体现，即在不同经济基础之上的社会形态中，政治与人本德育的关系问题在具有某种相通性的同时，还是存在根本性差异的。

可以对以上两个问题的分析做一个总结：对于德育根本性问题而言，本来按照唯物史观的基本立场，社会历史问题的根源最终在于物质生产方式与经济基础方面，但是由于德育问题是属于上层建筑运动的范围，这个层面本身的运动规律有其相对独立性。这种相对独立性，一方面决定了政治系统是影响德育人本追求的最直接、最强有力因素，因此，政治与德育的关系问题是人本德育的根本性问题；另一方面，这种相对独立性也使人本德育的这种根本性问题在任何历史时期都是一个普遍性问题，它并不必然依照经济基础的变动而自然而然地发生变化，社会主义经济基础的建立并未使得德育自然而然地实现以人为本。但与此同时，经济基础的决定性作用还是会在德育的根本性问题中表现出来，即由于以往社会形态的经济基础所带来的历史局限性，决定了无论是中国传统德育还是西方传统与现代人本德育的缺失都是一种历史的必然，虽然人们一直有着实现德育人本的主观意愿和实践努力。而社会主义的经济基础以及相应的社会结构、运行机制为政治与德育关系问题的真正解决、人本德育的实现准备了根本性条件。

虽然政治与德育的关系是人本德育的根本性问题，但这并不意味着要使德育完全脱离政治，这在客观上也是无法做到的。因为人类社会是一个诸多要素相互关联、相互作用的有机整体，其各个组成部分必然相互关联、相互作用，德育与政治作为这个社会有机体的组成部分也必然要发生相互关联。因此，要实现人本德育就只能正确处理两者的关系，使之达到一种平衡协调状态。政治对德育的介入并非凭借暴力机器的作用，而是通过意识形态这个中介，这也是人们的一个基本共识，甚至在一些人的观念中，"德育泛政治化"实质上也就是"德育泛意识形态化"。但意识形态是一个非常复杂的概念，这个概念的基本内涵与特性向来是众说纷纭、模糊不清的，所以要处理好德育与政治的关系，就必须对意识形态概念有一个清晰的理解。而我们在第一章探讨以人为本概念与人本德育的关系时说过："只有在以哲学抽象意义上的以人为本为前提，同时体现以人民为本的基本内涵，才能够使人本德育真正得以实现。"至于为何人本德育必须体现唯物史观中的群众史观，以及究竟如何在德育中体现人民为本的基本内涵，这些问题的解答也都以意识形态概念的分析为前提。

第三章
人本德育唯物史观向度的哲学基础

在相关研究中，很多人已经认识到了德育的泛政治化问题（但对此问题在人本德育缺失诸多原因中的地位并未有清醒明确的认识），并把德育的泛政治化等同于泛意识形态化，这类表述在当前并不罕见。但问题在于，人们通常只会指出德育泛意识形态化问题的存在，而没有进一步指出这个问题的实质究竟是什么，以及如何解决这个问题？这主要是因为意识形态是一个极为复杂、含混的概念，人们通常是在对其内涵所指、基本特征及基本规律缺乏清晰认知的前提下使用此概念的，于是，对于如何解决德育泛意识形态化问题也就无法深入进行下去了。为了能够真正解决人本德育的根本性问题，我们需要对意识形态概念有一个深入、系统的分析，这是人本德育唯物史观向度考察的理论基础。

第一节 意识形态概念的复杂性

意识形态是社会科学理论研究中使用十分频繁的概念之一，也常见于日常语言，人们可以非常轻易、随意地使用此概念来表达他们自己的特定观点、见解。但与此同时，意识形态概念也是中外理论界所公认的一个极为复杂的概念，如英国社会学家吉登斯曾说，在过去两百年间，社会科学领域中存在着诸多富有争议、存在分歧的概念，但是意识形态却是这些复杂概念中当之无愧的第一。国内学者侯惠勤也说:"意识形态在当代是个极其混乱又极其重大的话题""是当代纷繁复杂之精神现象中最为复杂的一种。"[1] 意识形态同样也是本书所涉及的一个核心概念,我们只有搞清楚此概念的一些基本问题,才能为人本德育唯物史观向度的考察奠定坚实的理论基础,为此,首先需要通过对此概念的简要梳理以展示意识形态争论的基本格局,其次明确意识形态复杂性究竟涉及哪些方面的问题。

意识形态概念最早是由 18 世纪法国启蒙思想家德斯杜特·特拉西作为一个哲学认识论命题提出来的。特拉西秉承了西方近代自培根、洛克、康德等人以来的哲学认识论传统,他要解决的问题是通过对人类认知观念的起源、本质与界限的研究,为人类的科学认知提供确定的、最终的基础,从而去除以往宗教、形而上学以及其他传统认知形式所带来的偏见与蒙昧,获得确定无疑的真理性知识。在特拉西那里,为了解决这个问题而建立的对人的认知观念进行研究的科学就是"意识形态",所以他又把意识形态称为"观念科学"。具体说来,特拉西秉承了孔狄亚克的感觉主义认识论路线,他反对天赋观念,认为真理认知并不能由天赋观念或者假设性前提出发来获得,认知的科学性与真理性来源于人的"感觉"这种精神活动及其所带来的经验,感觉经验才是知识真理性确定无疑的、最终的基础与标准。特拉西认为,人类各种类型的认知与观念都只有能够还原到感觉经验层面才能被看作真理性的,否则就是一种谬误或者偏见。为了能够有效地去除人类认知中的模糊与偏见,保证认知观念的清晰与正确,特拉西还试图在经验还原的基础上建立一种以数学精确性为特征的语言与语法体系作为人类认知活动的基础与工具,这种语言语法体系就是意识形态作为一种"观念科学"的最终成果。特拉西认为,意识形态这种观念科学的建立能够有效保障人类思维

---

[1] 侯惠勤:《马克思的意识形态批判与当代中国》,中国社会科学出版社 2010 年版,第 1 页。

与认知活动沿着正确的方向进行，这样就为各种社会科学认知如经济学、政治学、伦理学、法学等奠定了坚实的认识论基础，保障其科学性、真理性，所以特拉西认为，意识形态是"科学的科学"，是"第一科学"。

特拉西意识形态理论的提出带动了一股学术潮流的出现，在当时产生了一批意识形态学家，但是到了19世纪法国拿破仑时期，意识形态概念遭到批判。拿破仑认为，意识形态学是一种无视现实、充满空谈的形而上学，它破坏了传统社会秩序。这样，以科学性、真理性追求为主旨的意识形态概念渐渐走向了它的反面，成为一个贬义性、否定性的概念，常常与空谈、乌托邦、幻想相等同。此后，意识形态概念在发展过程中变得越来越复杂，正如当代美国思想家乔万尼·萨托利所说，意识形态概念变成了一个"黑箱子"，人们把复杂多样的社会现象都纳入这个概念中，随着这个概念的广泛使用，意识形态的内涵所指及其基本属性就变得越来越含混不清。尤其是在现代西方思想的发展历程中，意识形态概念几乎成为各个社会科学领域都绕不过的一个重要概念，而各门科学、各种学术流派乃至不同思想家对此概念的内涵与特性的解读都有所差异，甚至有相互矛盾之处，呈现出纷繁芜杂、莫衷一是的局面。这里没有必要对所有意识形态学说进行系统、详尽梳理，只需选取一些具有代表性的观点进行论述，以展现意识形态概念所涉及的基本问题就能达到理论目的。

卢卡奇是西方马克思主义创始人之一，他认为意识形态就是对社会存在的主观反映，是建立在一定经济基础之上的观念上层建筑，他说："意识形态首先是人们对现实进行思想加工的形式，它用来让人们意识到自己的社会实践并使这种实践富有行动能力。""人们对自己的社会经济环境的每一种反应，在一定情况下都可能变为意识形态。"卢卡奇认为，意识形态是一个中性概念，它本身并不必然表示谬误、虚假或者真实、科学，他认为一种观念或者思想成为意识形态的根本性条件并不在于它正确与否，而在于它是否参与到社会冲突与斗争当中，他说："只要某种思想仅仅是某个个人的思维产物或思维表现，无论它是多么有价值或反价值的，它都不能被视为意识形态。……某种思想或思想整体若要变成意识形态，它必须执行某种规定得非常确切的社会职能。"这种社会职能就是社会冲突与社会斗争，所以卢卡奇认为，"意识形态乃是一种社会斗争手段"①。他曾举例说，达尔文的物种进化论与伽利略的日心说本身是一种科学理论，不是意识形态，但是当它们与宗教神学相冲突、相斗争的时候就变成了一种意识形态。卢卡奇认为，马克思主义就是一种科学的意识形态。总之，在卢卡奇那里，意识形态是一个中性概念，它是指参与社会冲突的社会意识。

卢卡奇之后的法兰克福学派是西方马克思主义的最主要流派，这个学派的成员大多认为虚假性是意识形态的基本特征。比如，弗洛姆认为，意识形态是一个具有贬义色彩的概念，它是一种"纯粹的幻想""谎言"，它掩盖社会和政治活动的真正动机，因此，在弗洛姆那里，意识形态基本上是指一种掩盖事实本身的虚假观念。弗洛姆的学术立场是弗洛伊德主义的西方马克思主义者，他主要从心理学的角度剖析了意识形态概念的虚假性。弗洛姆认为，意识形态的虚假性主要在于它掩盖了人本身潜在的、无意识的情感欲望，用意识形态将这种情感欲望合理化，而这种合理化为人的错误行动提供了掩盖，使人失去了自我反思能力。也就是说，弗洛姆认为，意识形态阻碍了人类对于现实本真状态的感知，成为一种思想控制的工具，成为思维的界限，因此，他把意识形态称为"观念的堕落"，人们就生活在这种意识形态编织的幻想当中。弗洛姆认为，意识形态批判就是要能够打破意识形态所带来的幻想锁链，以一种革命性、批判性思维来重新审视人自身的本真存在。

作为法兰克福学派成员的阿尔都塞基本上认为意识形态是一个否定性概念，是一个意味着虚假性、幻想性的概念。阿尔都塞认为，意识形

---

① 李鹏程编：《卢卡奇文选》，人民出版社2008年版，第354页。

态是与科学相对立的，他说，"科学（科学是对现实的认识）就其含义而言是同意识形态的决裂"①，他认为科学与意识形态的问题框架与思维方式是完全不同的，要达到科学的认知就要摆脱原有意识形态思维方式的纠缠，阿尔都塞认为，从意识形态到科学的转换是一种"认识论断裂"。就意识形态这个概念的所指来说，阿尔都塞认为，意识形态首先是一种观念体系，"意识形态是具有独特逻辑和独特结构的表象（形象、神话、观念或概念）体系"②，这种体系的基本作用在于搭建人自身与世界的关联，"人类通过并依赖意识形态，在意识形态中体验自己的行动……人类同世界——包括历史——的这种'体验'关系（不论参加政治活动与否）要通过意识形态而实现"③。通过意识形态的这种关联作用，把具体的个人呼唤或传唤为具体的主体。④ 这样理解的意识形态似乎是一种世界观，乃至是一种人存在的文化形态。但阿尔都塞也把意识形态作为一种国家机器，他提出了"意识形态国家机器"的概念，认为这不同于暴力国家机器，它是精神控制手段，通过学校、媒体、家庭、文艺等途径向社会成员灌输特定的意识形态，以有利于国家政治统治秩序的稳固。阿尔都塞认为，这种意识形态国家机器是现代资本主义社会生产关系再生产的一个基本途径。当阿尔都塞把意识形态理解为一种国家机器、一种政治统治手段的时候，又似乎突出了意识形态是一种政治宣传的存在。

　　西方马克思主义者大多秉承马克思关于意识形态的基本立场，把意识形态与特定阶级相关联，认为意识形态是特定阶级或社会集团所持有的观念体系或者政治语言，但知识社会学的主要代表人物卡尔·曼海姆则与这种立场有所不同，他认为意识形态可以成为超越阶级立场之上的一种客观性知识体系。

---

① ［法］路易·阿尔都塞：《保卫马克思》，顾良译，商务印书馆2016年版，第66页。
② ［法］路易·阿尔都塞：《保卫马克思》，顾良译，商务印书馆2016年版，第227—228页。
③ ［法］路易·阿尔都塞：《保卫马克思》，顾良译，商务印书馆2016年版，第230页。
④ 陈越编译：《哲学与政治：阿尔都塞读本》，吉林人民出版社2003年版，第364页。

曼海姆把意识形态分为两种：一是特殊或者说个别的意识形态，另一则是总体性意识形态。曼海姆把特殊意识形态称为"我们的论敌所提出的观点和陈述"，这是"对某一状况真实性的有意无意的伪装"，也就是说，特殊意识形态主要是指人们在相互对立与争论中，对方用于掩盖其自身利益或者真实意图的谎言，这是部分人的个别观念。而总体意识形态则是指某个时代或某个具体的历史——社会集团（例如阶级）的意识形态，是这一时代或这一集团的整体思维结构的特征和组成。这种总体意识形态是一个社会当中某个特定社会集团所持有的观念体系，但是这个观念体系已经被整个社会所分享，成为一种社会共识，成为全体社会成员思维判断的基本框架。曼海姆认为，这种总体意识形态依然是偏狭的，因为它是基于某个特定社会集团所产生的观念体系，因此它仍然是一种虚假观念。于是，曼海姆主张建立一种科学的意识形态体系。那么如何建立？首先，在对意识形态的理解上，曼海姆对马克思有所继承，他认识到了意识形态作为观念上层建筑是对社会存在的反映，在社会群体分化、对立的前提下，意识形态只能建立在特定社会集团的物质利益与生存状态之上，每一种意识形态都是某个特定社会集团的自我表达。在这一点上，曼海姆与马克思是相通的，但之后两者的思路开始分离。马克思主义认为，在无产阶级的立场之上可以建立一种科学的意识形态，但曼海姆认为，任何社会集团的利益诉求都是偏狭的，在此基础上建立的意识形态也不可能是科学的，这也包括马克思主义意识形态。

> 我们可以很容易地指出，那些用社会主义和共产主义术语来思考的人只是在他们的论敌的思维中辨认出了意识形态因素，而认为自己的思想毫不带有意识形态因素的污点。作为社会学家，我们没有理由不把马克思主义自己的观点应用于它本身，并通过一个个具体事例指出它的意识形态特征。①

---

① ［德］卡尔·曼海姆：《意识形态与乌托邦》，黎明译，商务印书馆2000年版，第126页。

所以曼海姆认为，要建立一种科学的意识形态，就要寄希望于某个超越于各个阶级、社会集团之上的作为旁观者的阶层，这就是曼海姆所认为的"知识分子"阶层。丹尼尔·贝尔说："曼海姆觉得，有一个社会集团可以是相对地客观的，它就是知识分子。因此，知识分子是社会中一个'没有根基的社会阶层'，因此比其他社会集团受到的束缚要少，他们可以获得多重的视角，从而超越了其他社会集团的狭隘局限。"① 这样，曼海姆所理解的意识形态就是一种纯粹的客观知识体系。曼海姆意识形态理论最大的特点就是意识形态的非阶级化、知识化，而与之有相似立场的还有泰德·盖格尔，他主要是从社会心理学的角度理解意识形态，认为意识形态本身就是一个纯粹的认知论命题，与社会集团利益无关。他认为意识形态本身就是一种由个体情感与逻辑相冲突所造成的虚假、错误观念，意识形态本身甚至不是理论。

以上几种关于意识形态的学说远非西方思想界关于意识形态概念讨论的全部内容，但是这种简单的列举与分析却足以展现现代西方理论关于意识形态争论的基本问题：在所指内容上，意识形态究竟是一种知识体系，还是一种哲学体系或文化系统，或者是一种政治话语？它究竟是一种理论还是一种情感与幻想？它究竟是一种群体意识还是一种个体认知？在属性上，它究竟是科学的还是虚假的，或者是一种中性的概念？从功能上说，意识形态究竟是为现实社会秩序、政治统治进行辩护的手段，还是用以解决人的认知问题？或者是人的社会化、主体化或者文化化的途径？这些问题都是悬而未决的。

从国内来看，人们主要是基于马克思主义来界定意识形态，主要是把意识形态作为一种观念上层建筑，更进一步说，是基于特定社会集团的利益与意志所产生的一种思想观念体系。比如朱兆中认为：

---

① [美] 丹尼尔·贝尔：《意识形态的终结》，张国清译，江苏人民出版社2001年版，第383页。

意识形态就是以一定社会集团的利益和要求为出发点，以一定哲学（或宗教）为基础，以一定价值观为核心，以一定政治目标或社会理想为标志，以一定的话语系统表达出来并通过一定的组织程序确立起来的系统的思想信念。①

宋惠昌认为：

一定社会或阶级的思想体系。具体一些说，意识形态是社会的思想上层建筑，是一定社会或一定社会阶级、集团基于自身根本利益对现存社会关系自觉反映而形成的理论体系；这种理论体系包括一定的政治、法律、哲学、道德、艺术、宗教等社会学说、观点；意识形态是该阶级、该社会集团政治纲领、行为准则、价值取向、社会理想的思想理论依据。②

但是，这并不意味着国内理论界关于意识形态的理解就达成了基本共识，上述所引诸种观点只是表明人们理解意识形态时所使用的基本框架或者理论立场是基本一致的，但是在对意识形态相关具体问题的理解上依然存在着分歧或者模糊不清之处，也可以说，国内学界在意识形态解读上面临着与西方人基本类似的问题。

首先是意识形态的实质所指问题。人们把意识形态视为特定社会集团或者阶级所建立的一种思想观念体系，一种对社会存在进行主观反映而产生的上层建筑，这样的理解只是对意识形态在社会结构中的位置的大体把握，并没指明意识形态到底是一种单纯的思想理论体系，还是一种政治话语，或者是一种文化系统。比如有的学者曾说："意识形态问题实质上就是党和国家的'形象'问题，是其能否得到国内民众和国

---

① 朱兆中：《中国社会主义意识形态建设纵论》，上海人民出版社 2003 年版，第 5 页。
② 宋惠昌：《当代意识形态研究》，中共中央党校出版社 1993 年版，第 9—10 页。

际社会的广泛认同问题。""意识形态就是执政党的精神状态和思想路线。""提炼能够体现时代要求、足以打动人心、把握政治大局的核心理念,奠立新的历史条件下中国意识形态的基调。"① 这种表述是把意识形态作为政治话语系统来理解的,但是根据上面的引述,可以看出,意识形态是一种观念上层建筑的整体性存在,是一种包含了政治、法律、艺术、道德等方面的社会意识系统。又如,有学者认为,意识形态是一种理论体系,如郑永廷认为:意识形态是统治阶级的思想体系,"是统治阶级根本利益得到集中反映的理论形式"②。但是,也有人认为,意识形态是一个社会意识的总体集合,并不仅仅是理论,也包含着情感、表象等意识形式,如俞吾金说,意识形态是"在阶级社会中,适合一定的经济基础以及竖立在这一基础之上的法律的和政治的上层建筑而形成起来的,代表统治阶级根本利益的情感、表象和观念的总和"③。

其次是意识形态的性质问题,即意识形态本身究竟是一种科学的还是虚假的,或者是一个中性概念?在这个问题上同样存在着争议。众所周知,马克思与恩格斯主要是把意识形态作为一个否定性概念来使用,认为它是一种虚假意识,而之后的列宁却认为马克思主义就是一种科学的意识形态。而现今国内在意识形态属性问题上,主要还是把意识形态与科学相分离,比如在思想政治教育中,人们通常认为意识形态与科学并非一回事,有人认为,"要加强思想政治教育的学科性,必须处理好意识形态性和科学性两大基本属性的关系,确立其科学性和意识形态属性两者之间的合理的平衡和张力关系……在强调思想政治教育科学性的同时,不能否认其意识形态性。"④ 李辽宁也说:"思想政治教育的意识形态性无疑会对其科学性产生消极影响。如何既保持思想政治教育的意

---

① 侯惠勤:《马克思的意识形态批判与当代中国》,中国社会科学出版社2010年版,第649、650页。
② 郑永廷等:《坚持高校意识形态工作的领导权与话语权》,《思想理论教育》2015年第4期。
③ 俞吾金:《意识形态论》,上海人民出版社2009年版,第131页。
④ 邱柏生主编:《高校思想政治教育的生态分析》,上海人民出版社2009年版,第52页。

识形态性，又保持思想政治教育的科学性，这是广大思想政治教育工作者必须研究的重大课题。"①

总的说来，意识形态是一个极为复杂的概念，在这个概念的发展中，人们总是试图把各种各样的社会意识现象灌注到意识形态概念当中，人们总是在不同角度、不同意义上使用这个概念，以至于国内外对这个概念的实质所指、基本属性以及功能作用等问题的理解总是处于一种模糊、晦暗乃至混乱、相互冲突的状态。意识形态是如此的复杂，以至于国内学者季广茂说，意识形态概念界定"面对如此惊人的对立、矛盾与歧异，即使怎样用'理一分殊'的大道理安慰自己都无济于事，我们有权利怀疑：到底是否具有一个叫做'意识形态'的物质实体或精神实体？"②

虽然在人本德育的研究中，一些人提出了德育泛意识形态化的问题，但在意识形态概念如此复杂的前提下，若是缺乏深入分析和明确界定，也就不可能真正理解德育泛意识形态化问题的实质，也不可能找到解决此问题的基本路径。有学者曾指出，意识形态一词是如此含混不清，以至于在某些严谨的思维中，干脆停止了对这个概念进行明确界定的努力。但若要对人本德育在唯物史观向度上进行一种严谨、精确的理论考察，如何理解、界定意识形态概念是绕不过去的问题。

第二节 马克思主义意识形态观基本要义及其引申理解

鉴于意识形态的复杂性，人们普遍认为想要一劳永逸地从某个单一角度界定此概念是难以实现的，因此，在这里并不准备寻求一个关于意

---

① 李辽宁：《当代中国思想政治教育意识形态功能研究》，武汉大学出版社2006年版，第270页。

② 季广茂：《意识形态》，广西师范大学出版社2005年版，第10页。

识形态概念的终极定义，但这不能否定可以从某个特定角度对其进行理解和界定的学术价值。当然，这些界定是需要满足一定的限定条件的：一是要以关于意识形态概念理解的一些基本共识为基础。二是论证过程要满足逻辑合法性的条件，也就是最后推理的结论应该具有一种逻辑必然性。这就是本书探究意识形态概念的基本思路，由此得出的结论虽然并不是一种整全式定义，但是它基本上不会与意识形态的其他主要界定发生根本性冲突，这样就可以说它在某种角度、某种程度上把握住了意识形态概念。我国关于意识形态概念分析的基本框架是马克思主义经典作家特别是马克思所奠定的，马克思与恩格斯虽然没有给出关于意识形态的明确界定，但是他们创立唯物史观这种科学理论体系，并根据唯物史观的基本观点与方法描述了意识形态概念的基本规定性，这样就为科学理解意识形态奠定了基础。

其一，马克思认为，意识形态属于观念上层建筑范畴。关于这一点，马克思、恩格斯在《德意志意识形态》中就有所表述，他们说道："市民社会这一名称始终标志着直接从生产和交往中发展起来的社会组织，这种社会组织在一切时代都构成国家的基础以及任何其他的观念的上层建筑的基础。"因此，必须"从市民社会出发阐明意识的所有各种不同的理论产物和形式，如宗教、哲学、道德等等，而且追溯它们产生的过程"。[①] 这其中就内含着意识形态是"观念上层建筑"的意思。马克思在《〈政治经济学批判〉序言》中说道："人们在自己生活的社会生产中发生一定的、必然的、不以他们的意志为转移的关系，即同他们的物质生产力的一定发展阶段相适合的生产关系。这些生产关系的总和构成社会的经济结构，即有法律的和政治的上层建筑竖立其上并有一定的社会意识形式与之相适应的现实基础。"[②] 这段话就描述了经济基础、政治上层建筑与观念上层建筑的基本社会结构，并且明确指出了意识形

---

① 《马克思恩格斯文集》第1卷，人民出版社2009年版，第583、544页。
② 《马克思恩格斯文集》第2卷，人民出版社2009年版，第591页。

态是一种观念上层建筑。

其二，意识形态是一种总体性、理论性的社会意识体系。把意识形态作为一种观念上层建筑仅仅指出了意识形态是一种建筑在经济基础与现实社会关系之上的社会意识，这是对意识形态概念的最初级理解。马克思主义经典作家还认为，意识形态是一个总体性概念，即它是多种意识形式有机关联而构成了社会意识体系。同样是在《〈政治经济学批判〉序言》中，马克思在论及社会运动基本规律时说：生产力的发展会与社会生产关系发生冲突，当生产关系成为生产力发展的桎梏时，社会变革就会到来，"在考察这些变革时，必须时刻把下面两者区别开来：一种是生产的经济条件方面所发生的物质的、可以用自然科学的精确性指明的变革，一种是人们借以意识到这个冲突并力求把它克服的那些法律的、政治的、宗教的、艺术的或哲学的，简言之，意识形态的形式"①。这里的论述区分了意识形态与意识形态的形式即意识形式，认为意识形态是由诸如法律政治思想、宗教、艺术、哲学等等各种意识形式共同构成的社会意识的有机体系，是多种社会意识形式的一种高度综合。严格说来，某个单独的意识形式比如政治或者法律思想是没有资格称为一般性意识形态的。

再者，意识形态是一种社会意识，但并非任何形式的社会意识都是意识形态，意识形态是一种特殊的社会意识，这种特殊性之一在于它是一种理论形态的社会意识。马克思与恩格斯曾指出，意识形态并非从来就有的，也并非永远存在的，它是人类社会意识发展到一定阶段的产物。具体说来，马克思认为，在原始社会状态下，人类思想意识的产生最初是直接与人类的物质生产、交往活动以及现实生活中的语言交织在一起的。一方面，由于生产力水平的低下，人类像动物一样依附于自然力量，这时所产生的只是一种狭隘、低级而粗糙的"对直接的可感知的环境的一种意识"，"纯粹动物式的意识"。随着生产力水平的提高，人

---

① 《马克思恩格斯文集》第2卷，人民出版社2009年版，第592页。

类社会出现了物质劳动与精神生产的分工,这就使得这部分人能够专门从事精神生产活动。这些专门从事精神生产活动的人把人类意识从原始的情感、想象等意识形式提升到了理论形态,"从这时候起,意识才能摆脱世界而去构造'纯粹的'理论、神学、哲学、道德等等"①。另一方面,由于阶级的划分,精神生产活动主要是由统治阶级所把持,因此,这些专门从事精神生产活动的人就是统治阶级内部成员,他们是这一阶级的积极的、有高度理论思维能力的思想家,马克思把这些人称为"意识形态阶层",认为这些人就是意识形态的制造者。也就是说,在马克思看来,意识形态是人类的思想意识发展到比较高级的理论水平阶段,由思想家、理论家所直接创造出来的产物,而一种非理论性的纯粹的感性意识诸如偶然的情感、直觉、幻想之类是不能称之为意识形态的。总之,意识形态是一种理论形态的社会意识,这一点也是目前一些学者所强调的,比如陈锡喜说:"意识形态所要表达的,最根本的是价值观。……每个人都有自己的价值观,但并不都有意识形态理论。因为意识形态是一种理论形态。"②

上述两个方面意味着,在理解意识形态的时候,关键在于明确它是一种理论化、系统化的存在。

其三,意识形态本质上是一种阶级意识,这一点是马克思主义对于意识形态的根本性理解之一,同时也典型地体现了唯物史观理论立场。

唯物史观的一个基本原则就是认为社会存在决定社会意识,社会意识是对社会存在的主观反映。而这个决定社会意识的社会存在主要指向了社会物质生产活动及其关系,马克思、恩格斯认为,这是历史过程的决定性因素,也是社会意识的基础与根源,"在历史上出现的一切社会关系和国家关系,一切宗教制度和法律制度,一切理论观点,只有理解

---

① 《马克思恩格斯文集》第1卷,人民出版社2009年版,第534页。
② 陈锡喜:《建设社会主义核心价值体系 增强意识形态的吸引力凝聚力》,《思想理论教育导刊》2009年第4期。

了每一个与之相应的时代的物质生活条件，并且从这些物质条件中被引申出来的时候，才能理解"①。更进一步来讲，马克思主义认为社会物质生产关系就是社会各个利益集团之间的关系，而各个社会利益集团的基本形态就是阶级，因此物质生产关系主要表现为阶级之间的关系。"一切重要历史事件的终极原因和伟大动力是社会的经济发展，是生产方式和交换方式的改变，是由此产生的社会之划分为不同的阶级，是这些阶级彼此之间的斗争。"② 并且阶级斗争是人类历史的常态，自原始社会状态之后都是阶级斗争的历史，于是，社会意识的根源最终归结到阶级关系，任何政治与观念上层建筑的存在都要依据这个基础才能得到解释。以上就是唯物史观关于社会意识问题的基本认知原则，而马克思主义经典作家关于意识形态的理解也同样贯彻了这一原则，马克思主要是以阶级观点来看待意识形态的，他把意识形态的本质理解为一种阶级意识。

前已述及，在马克思看来，社会意识是伴随着人类产生而存在的，原始社会状态同样具有社会意识，但是社会意识并不等于就是意识形态，只有到了物质生产与精神生产的分工与阶级产生的时候，精神生产主要被统治阶级所把持，才出现了意识形态。这一段论述阐明了意识形态是一种特殊性的社会意识，这种特殊性，除了前述的理论性之外，就是其阶级性，即意识形态是伴随着阶级而产生的，是统治阶级所创造出来的一种社会意识，马克思、恩格斯在《德意志意识形态》中把意识形态视作"统治阶级的思想"，统治阶级是社会上占统治地位的物质力量，同时也是社会上占统治地位的精神力量，它支配着物质生产资料，同时也支配着精神生产的资料。而作为"统治阶级思想"的意识形态所反映的是统治阶级的物质利益关系，"占统治地位的思想不过是占统治地位的物质关系在观念上的表现，不过是以思想的形式表现出来的占

---

① 《马克思恩格斯文集》第2卷，人民出版社2009年版，第597页。
② 《马克思恩格斯文集》第3卷，人民出版社2009年版，第509页。

统治地位的物质关系；因而，这就是那些使某一个阶级成为统治阶级的关系在观念上的表现，因而这也就是这个阶级的统治的思想"①。因此，意识形态的基本功能就是为维护统治阶级的统治地位。统治阶级把意识形态通过各种教化方式灌输到被统治阶级的头脑当中，塑造他们的思维方式与价值观念，使其在内心认同当下的统治阶级所建立的统治秩序。这种统治秩序维护功能也就是列宁所说的"牧师的职能"。列宁曾说，所有的剥削阶级为了维持他们自己的统治都需要两种社会职能：一种是刽子手的职能，用国家暴力机器来镇压被压迫者的反抗和暴乱；另一种则是"牧师的职能"，给被压迫者描述出一幅在保持阶级统治的前提下减少痛苦和牺牲的景象，这样就从思想意识上安慰被压迫者，使他们顺从统治秩序、放弃革命斗争的决心。对于统治阶级而言，意识形态就是这种"牧师的职能"的载体。

马克思把意识形态视为"统治阶级的思想"，那么，被统治阶级是否具有其自身的意识形态？马克思认为，在阶级对立的社会中，由于统治阶级在支配物质生产资料的同时掌握了精神资料的生产，因此被统治阶级很难有条件进行系统性、整体性的意识形态理论建构，它在精神上一般是隶属于统治阶级的。但是，被统治阶级总是想要反抗剥削、压迫，也总是想要争得统治地位的，当历史条件成熟，即统治阶级腐朽没落、社会形态更替即将到来的时刻，从统治阶级群体当中分化出来的知识分子将会为被统治阶级群体创造出比较完整而系统的意识形态，唤醒他们的自觉性阶级意识，这样就会出现阶级意识形态的对立、斗争。比如列宁在《怎么办？》一文中曾说，在阶级对立的社会中，人类没有创造出超阶级的意识形态，在无产阶级与资产阶级对立的社会中，只存在两种意识形态，或者是资产阶级的或者是无产阶级的意识形态。而毛泽东在《新民主主义论》中也曾说，在阶级存在的条件之下，有多少阶级就有多少主义。这样看来，在对某个固定的社会形态进行静态剖析

---

① 《马克思恩格斯文集》第 1 卷，人民出版社 2009 年版，第 550 页。

时，意识形态是指统治阶级的思想，而从整个历史发展的角度来说，就像毛泽东所认为的，每个阶级都可能会发展出其自身的意识形态体系。因此，在马克思主义的框架内，意识形态可以一般性地被称为"阶级意识"，而进一步的具体表述则是，意识形态是占据统治地位的或者力图争取统治地位的阶级的思想体系。

再者，把意识形态视为一种阶级意识还意味着，意识形态是一种群体性、集团性话语，它并非单个人或者某部分人自身独特的思想意识。虽然意识形态作为理论体系是由统治阶级内部作为意识形态阶层的思想家、理论家所创造出来的，可能带有这些思想家的个性特征，但是这些思想理论之所以能够被称为意识形态是因为它背后的现实基础是其所属阶级的物质利益关系与现实实践活动，它代表了这个阶级整体的思维方式与价值追求，就像有些学者所说的，意识形态的主体是社会群体、是阶级集团而不是个体人。因此，意识形态是一种群体性话语，是一种阶级整体意识，同时又由于意识形态的理论性，于是，总而言之，意识形态本质上是特定阶级整体意识的理论形态，或者说，是理论形态的阶级整体意识。

另外需要注意的是，马克思主义一方面认为意识形态是伴随着阶级而产生的，是阶级社会的产物；另一方面，马克思、恩格斯也说过："毫不奇怪，各个世纪的社会意识，尽管形形色色、千差万别，总是在某些共同的形式中运动的，这些形式，这些意识形式，只有当阶级对立完全消失的时候才会完全消失。"① 这就意味着，马克思认为，意识形态会随着阶级的消亡而终结。

总的来说，马克思关于意识形态本质上是阶级意识的观点非常鲜明地体现了唯物史观的基本理论立场，在坚持社会存在决定社会意识的基础上特别突出了阶级分析法。这使得马克思主义经典作家并不是像其他意识形态理论那样仅仅把意识形态作为一种单纯的、漂浮于空中的理论

---

① 《马克思恩格斯文集》第 2 卷，人民出版社 2009 年版，第 51—52 页。

创造，而是揭示了意识形态作为观念上层建筑的现实根源，只有在此基础上才能真正阐明意识形态的实质，才能对人类社会中的意识形态现象作出科学的说明。总之，只有建立在唯物史观基础之上，才使得对意识形态作出科学性解读成为可能。

其四是关于意识形态的性质问题，即意识形态究竟是一个否定性概念还是一个肯定性概念，或者是一个中性概念？总体上而言，在马克思、恩格斯那里，意识形态是一个否定性概念，他们基本上把意识形态视为一种"虚假意识"或"虚假观念"。例如，马克思、恩格斯在《德意志意识形态》中指出：

> 我们仅仅知道一门唯一的科学，即历史科学。历史可以从两方面来考察，可以把它划分为自然史和人类史。但这两方面是不可分割的，只要有人存在，自然史和人类史就彼此相互制约。自然史，即所谓自然科学，我们在这里不谈，我们需要深入研究的是人类史，因为几乎整个意识形态不是曲解人类史，就是完全撇开人类史。①

而恩格斯在《致弗·梅林的一封信》中说："意识形态是由所谓的思想家通过意识、但是通过虚假的意识完成的过程。推动他的真正动力始终是他所不知道的，否则这就不是意识形态的过程了。"② 那么，意识形态作为一种虚假意识是什么意思呢？对此问题，可以有两方面的解读。

首先，从认识论的角度来说，虚假性是指颠倒性，即意识形态颠倒了思维与存在、意识与物质的关系，没有反映社会现实的真实面貌。唯物史观认为，社会意识只是社会存在的主观反映，从本体意义上说，它

---

① 《马克思恩格斯文集》第 1 卷，人民出版社 2009 年版，第 516—519 页。
② 《马克思恩格斯文集》第 10 卷，人民出版社 2009 年版，第 657 页。

只是第二性的。这一点不仅是一种世界观，也是一种认知方法论。而以往意识形态的创造者们持有历史唯心主义的本体论与认知方法，在他们看来，思想意识是世界的本原、第一性的存在，它决定和统治着人们的现实世界，现实世界是这种意识观念的产物。马克思与恩格斯认为，这种思维方式是德国意识形态与以往其他一切民族的意识形态的共性。在这种历史唯心主义认知论的前提下，意识形态理论家们就只能把思维与观念本身作为基础，由此出发，用人们的意识说明社会存在，用头脑中臆造出来的联系代替现实的客观联系，这样创造出来的意识形态理论当然也就只能是一种颠倒的、歪曲的认知，它不能真正揭示世界与人类社会的真实面貌与客观规律。

在马克思与恩格斯看来，既然意识形态建立在历史唯心主义的认知论基础之上（严格说来，这种认知论本身就是意识形态的组成部分），那么，消除意识形态虚假性的方法就在于要扭转这种唯心主义认识论，正如恩格斯所说的："这种意识形态上的颠倒是应该消除的。我们重新唯物地把我们头脑中的概念看做现实事物的反映，而不是把现实事物看做绝对概念的某一阶段的反映。"① 恩格斯认为，如果人们能够认识到"思想意识归根到底是由人们的物质生活条件决定的"这一事实，那么，"全部意识形态就完结了。"②

其次，从实践论的角度来说，意识形态的虚假性就是意识形态本身的普遍性形式与其狭隘的现实利益基础相矛盾。关于这一点要从意识形态的另一个基本特性即普遍性理论形式说起。意识形态一般都具有普遍性形式，这是马克思对于意识形态特征的另一个重大发现。他曾说：

> 占统治地位的将是越来越抽象的思想，即越来越具有普遍性形式的思想。因为每一个企图取代旧统治阶级的新阶级，为了达到自

---

① 《马克思恩格斯文集》第 4 卷，人民出版社 2009 年版，第 298 页。
② 《马克思恩格斯文集》第 4 卷，人民出版社 2009 年版，第 309 页。

己的目的不得不把自己的利益说成是社会全体成员的共同利益，就是说，这在观念上的表达就是：赋予自己的思想以普遍性的形式，把它们描绘成唯一合乎理性的、有普遍意义的思想。①

意识形态本质上是某个特定阶级的阶级意识的理论反映，但同时它又以一种普遍性的面貌出现。这里的"普遍性形式"是指，意识形态都是以普遍性、绝对性真理的理论面貌出现，而普遍性、绝对性理论形式是针对人类基本性、普遍性问题而言的。这里的人类基本问题就是人与人、人与社会、人与自然关系的问题，从哲学意义上说，这些问题从古至今并没有发生本质改变，都是为了摆脱人对人的依赖、对物的依赖，最终走向自由全面发展的问题，这种基本问题贯穿了人类历史发展的始终。因此，人类基本问题就是对人类生存、发展问题的一种高度哲学抽象。而各种意识形态在理论形式上都是针对这个人类基本问题进行建构的，它们都号称是为整个人类思考，并且自称为整个人类的生产、发展问题提供了理想的甚至最终完美的系统理论解答。马克思、恩格斯所批判的资产阶级意识形态就具有这种普遍性理论形式，马克思、恩格斯曾说，在资产阶级看来，它所统治的世界就是最美好的世界。所谓"最美好的世界"是指，在资产阶级看来，它的意识形态为人类生存、发展问题提供了一个比较完满的解答，在其指导之下的资本主义社会所有基本性要素诸如生产方式、思想文化、社会结构、政治体制等等是解决人类生存、发展各种问题的理想途径。

意识形态具有普遍性理论形式，号称为全人类思考，也就是代表所有人的利益。而马克思、恩格斯则揭示了意识形态普遍性形式背后的虚假性。针对资产阶级意识形态所宣称的超阶级的全人类的"理性""自由、平等、博爱"等口号，马克思指出：

---

① 《马克思恩格斯文集》第1卷，人民出版社2009年版，第552页。

自由！因为商品例如劳动力的买者和卖者，只取决于自己的自由意志。……平等！因为他们彼此只是作为商品占有者发生关系，用等价物交换等价物。所有权！因为每一个人都只支配自己的东西。……使他们连在一起并发生关系的唯一力量，是他们的利己心，是他们的特殊利益，是他们的私人利益。正因为人人只顾自己，谁也不管别人，所以大家都是在事物的前定和谐下，或者说，在全能的神的保佑下，完成着互惠互利、共同有益、全体有利的事业。①

恩格斯指出：

现在我们知道，这个理性的王国不过是资产阶级的理想化的王国；永恒的正义在资产阶级的司法中得到实现；平等归结为法律面前的资产阶级的平等；被宣布为最主要的人权之一的是资产阶级的所有权；而理性的国家、卢梭的社会契约在实践中表现为，而且也只能表现为资产阶级的民主共和国。②

也就是说，在马克思、恩格斯看来，以普遍性理论形式出现的意识形态并非真正为全体社会成员的普遍利益代言，它所要代表与维护的实际上只是统治阶级的思想意识与社会秩序。这种意识形态通过教化方式传达给全体社会成员，通过内化，让被统治阶级以为统治阶级意识形态所表达的"这些情感和观点是他的行为的真实动机和出发点"，从而把统治阶级利益的维护当作社会普遍性利益，当作社会成员的共同利益，而无法看到这个阶级社会的根本性利益对抗关系。这样，意识形态就通过普遍性形式实现了对阶级利益对抗这一现实的遮蔽，达到了为统治阶级利益与统治秩序服务的目的。因此，意识形态的普遍形式是名

---

① 《马克思恩格斯文集》第 5 卷，人民出版社 2009 年版，第 204—205 页。
② 《马克思恩格斯文集》第 3 卷，人民出版社 2009 年版，第 524 页。

不副实的，是与其实质利益基础相矛盾的、存在偏差的，这种号称代表普遍利益的普遍理论形式对其背后狭隘统治阶级利益的掩盖、遮蔽就是意识形态在实践论意义上的虚假性，所以，马克思、恩格斯又把意识形态称为"共同利益的幻想""社会的普遍的虚伪"。

意识形态这种实践论意义上的虚假性根源于社会阶级群体之间物质利益关系的根本对立，因此，只有通过变革社会关系，消灭阶级对立、消除社会利益关系的根本分化，使全体社会成员真正具有普遍性、一致性的共同利益基础，才能够从根本上消除意识形态的这种虚假性。

总的来说，在马克思、恩格斯看来，意识形态带有虚假性，这种虚假性的内涵有两方面：一是它在理论认知上遮蔽了真实的社会历史面貌与客观规律；二是它在实践效果上遮蔽了阶级社会的阶级分化与利益对抗，并且后一种虚假性又是更为根本的，因为认识论意义上的虚假性源于唯心主义认识论，而唯心主义认识论的社会根源则同样在于特定社会现实基础即阶级对抗的社会形态。所以从根本上说，阶级对立状态下的社会物质生产关系是意识形态一切虚假性的根源，要消除意识形态的虚假性就只能从改变现实的社会关系入手，这就是马克思、恩格斯所说的，"意识的一切形式和产物不是可以通过精神的批判来消灭的……而只有通过实际地推翻这一切唯心主义谬论所由产生的现实的社会关系，才能把它们消灭"[①]。

由于马克思、恩格斯认为意识形态是一种虚假意识，因此他们把意识形态视为一个与科学不相容乃至相对立的否定性、贬义性概念，他们也提出了要"跳出意识形态"的概念。在这样的情况下，马克思、恩格斯当然不会把他们自己的学说即马克思主义称作一种意识形态。但是，这一状况在列宁那里得到了改变。

与马克思、恩格斯把意识形态视为否定性概念不同，列宁明确提出了"科学的意识形态"。他认为，马克思主义是一种科学理论体系，而

---

① 《马克思恩格斯文集》第1卷，人民出版社2009年版，第544页。

马克思和恩格斯对工人阶级的功绩，就是他们教会了工人阶级自我认识和自我意识，用科学代替了幻想。并且他明确把马克思主义称为无产阶级与社会主义的意识形态，"不仅应当领导工人的经济斗争，而且应当领导无产阶级的政治斗争，它应当时刻不忘我们的最终目的，随时进行宣传，保卫无产阶级的思想体系——科学社会主义学说，也就是马克思主义——不被歪曲，并使之继续发展"[①]。也就是说，列宁认为，马克思主义就是一种科学的意识形态，是与资产阶级虚假性意识形态相对立的意识形态。在列宁那里，意识形态变成了一个描述性、中性概念。这种观点也影响了后来的马克思主义者，比如毛泽东也认为，马列主义是社会主义的意识形态，在社会主义与资本主义之间存在着意识形态的对立、斗争。

列宁关于意识形态概念的这种使用与马克思、恩格斯是有所不同的，但两者并不是相矛盾的。对于这个问题，我们当然可以从两者所处的社会现实环境、思想斗争的形势有所不同方面进行解释，比如，在马克思时代，意识形态的贬义色彩是惯常所具有的，马克思、恩格斯若是把他们自身的理论称为意识形态就会引起思想混乱，而在列宁时代，马克思主义已经成为一种具有巨大现实影响力的理论体系，笼统地批评意识形态的虚假性，实际上也就否定了马克思主义的科学性。但是，我们更需要从逻辑上说列宁的观点与马克思、恩格斯并不冲突。马克思、恩格斯是专门针对剥削阶级的意识形态而阐述意识形态的否定性色彩的，并且，他们对意识形态的某些理解实际上也包含了意识形态中性意味，比如把意识形态理解为观念上层建筑与统治阶级思想，这意味着意识形态本身在某种意义上就是一种客观的用于描述社会运行机制组成部分的概念，这里的意识形态就已经有一种中性意味。因为不但以往处于统治地位的剥削阶级会有其自身的统治性思想并在此基础上建构其观念上层建筑，无产阶级也同样会争取统治地位，社会主义社会中也同样需要无

---

① 《列宁全集》第6卷，人民出版社1986年版，第251页。

产阶级作为统治阶级而具有其自身的统治性思想与观念上层建筑。因此马克思、恩格斯所阐发的意识形态诸如"阶级意识""各种意识形式的总和""统治地位""普遍性理论形式"等基本规定性，不但是资产阶级等剥削阶级意识形态的基本要素，也是无产阶级意识形态所具有的。也就是说，马克思恩格斯在针对剥削阶级阐明其意识形态否定性的同时，也在哲学抽象意义上阐明了意识形态的形式规定性，而这些形式规定性是所有意识形态包括无产阶级意识形态所共有的，无产阶级的思想理论体系与资产阶级以及其他社会形态的意识形态在实质性内容上不同，但是在最抽象的形式规定性上是相同的，可以在逻辑上归为同一个概念之下。因此，列宁的这种转换既有现实的合理性，也有逻辑的合法性。

可以看出，马克思主义经典作家所阐述的意识形态的内在规定性决定了意识形态是一个中性概念，中性涵盖了否定性与肯定性两种内涵，意味着在意识形态世界中，有的意识形态是否定性的即虚假意识，有的则是肯定性的即科学思想意识体系。由此可以推论，虚假性、否定性并非意识形态自身的本质属性，意识形态也并非与科学相对立的一个概念。可以说，任何对于意识形态的否定性或者肯定性使用都是特指某些特定具体的意识形态体系，而不是针对一般性的意识形态概念。一般性地断定意识形态是虚假的，或者一般性地断定意识形态是科学的，都是偏颇的，这正如非要人们一般性地断定"人是好人，或者人是坏人"一样，是一个虚假的问题。总之，意识形态是一个中性概念，这既有现实合理性，也有逻辑上的合法性，这种理解是符合马克思主义意识形态观的一种必然性结论。

以上就是马克思主义意识形态概念的核心规定性，但是罗列这些并非等于对意识形态概念的一种完整定义，而是需要对其加以进一步整合。于是对意识形态的一种理解就在于："意识形态作为一种高度综合的理论体系，在理论形式上，可以看作以理论化的特定阶级意识对于人类基本问题的一种系统性、理论性解答。"① 我们以为，这个表述是可以整合上述意识形态概念的四个核心要素的：这是一种中性的界定，体现了意识形态概念的系统性、理论性，特别是它能够将意识形态的阶级性与普遍性形式这两大基本规定性统一起来，这样，对意识形态的这种界定大体上体现了马克思主义意识形态观的基本观点。当然，还需要对这个界定何以成立作出进一步的说明。这里主要涉及的问题是：马克思主义作为一种意识形态是为了整个人类的解放，当然也就是对人类基本问题的一种理论系统解答，这是毫无疑问的。但是意识形态概念是一种抽象性的界定，它不但包含了马克思主义，也应该能够涵括其他所有的非马克思主义意识形态，而马克思认为以往的意识形态都带有虚假性，那么这些意识形态也都可以看作对人类基本问题的理论解答吗？回答是肯定的。

一方面，马克思、恩格斯在对资产阶级意识形态进行批判时指出，作为统治阶级意识的意识形态具有普遍性理论形式，这一点不单是指资产阶级意识形态，也包括了所有意识形态体系。因为，从社会学意义上说，任何统治阶级为了维护本阶级利益，必然会使本阶级的思想意识以一种普遍性面貌出现；而从认识论意义上说，思考人类普遍性问题是思想家、理论家的一个固有倾向，任何一种整全式的思想理论体系都是针对人类普遍性、基本性问题而进行建构的。于是，任何意识形态都以一种普遍性理论形式表现出来，任何意识形态都会在理论形式上号称是为整个人类思考的，都会争取普遍性、绝对性真理的宝座。资产阶级意识形态是这样的，作为实现共产主义与全人类解放的马克思主义也是这样的②，而其他的意识形态同样如此。比如，儒学传统可以视为一种意识

---

① 陆树程、崔昆：《论社会主义核心价值体系认同的元问题——基于对马克思主义意识形态观的一种理解》，《马克思主义研究》2011 年第 8 期。

② 恩格斯曾提到如下观点："共产主义不是一种单纯的工人阶级的党派性学说，而是一种最终目的在于把连同资本家在内的整个社会从现存关系的狭小范围中解放出来的理论。"他认为这种理解虽然不完整，但在抽象意义上是正确的。参见《马克思恩格斯文集》第 1 卷，人民出版社 2009 年版，第 370 页。

形态，在现代一些推崇新儒学的学者看来，它同样是为了整个人类思考的，是对整个人类的基本问题作出解答的，如牟宗三曾强调：孔子所说，不只是对山东人说的，也是对全中国人说的，不只是对中国人说的，也是对全人类说的。而冯友兰也说："'中国哲学不合于救中国，它却足以救世界而有余。'这实在是一个聪明的见解，虽然这句话不是我说的，但是我绝对信任这句话。中国哲学不适于救中国，因为它是为了世界组织而有的哲学""中国的哲学，足以救世界"①。可以说，意识形态具有普遍性形式，这既有现实社会根源，也是意识形态自身作为整全式思想体系的一种理论本性。

另一方面，更重要的是，马克思虽然揭露了以往统治阶级意识形态的虚假性，但是这并不意味着，意识形态是一种纯粹的谎言与欺骗。人们通常会把马克思、恩格斯所说的意识形态虚假性等同于欺骗性，认为意识形态（马克思主义之前的诸种意识形态）就是一种政治伎俩与谎言，这种理解是有问题的。如前所述，意识形态是社会运行机制的一个组成部分，若意识形态是纯粹的谎言与欺骗，那么它根本无法支撑起一个社会结构的有效运行。意识形态也是一个社会形态基本性质的凝缩，若意识形态是纯粹的谎言与欺骗，也就意味着这个社会形态全无历史合理性可言。这些显然是不符合历史现实的。另外，意识形态是由统治阶级思想家创造出来的，若把意识形态看作纯粹的谎言与欺骗，就会产生这样的推论：作为资产阶级意识形态创造者的卢梭、伏尔泰、康德、黑格尔乃至罗尔斯的思想都是一种欺骗；而作为封建意识形态创造者的孔孟等人也是一种欺骗。显然，这种推论是荒谬的，而对于资产阶级意识形态的创造者如黑格尔、费尔巴哈等人，马克思、恩格斯也从来没说过他们的思想是一种主观故意的欺骗，相反，马克思、恩格斯对其也不乏赞美之词，他们并不怀疑以往意识形态思想家具有为整个人类思考的普

---

① 《中国哲学的精神：冯友兰文选》（上），国际文化出版公司1998年版，第249—250页。

遍性情怀的真实性。他们所说的意识形态虚假性主要是指，阶级立场与思维方式的局限导致了这些思想家以一种普遍性的情怀思考，但是其理论却无法真正达到真实的普遍性。所以，我们不能把意识形态视为一种欺骗与谎言。

基于以上的分析可以推论：既然意识形态是虚假的，但不是欺骗的，同时又是具有普遍性形式的，那么，马克思对以往意识形态虚假性批判的意思只能是：资产阶级思想家们确实进行了一种关于人类问题的普遍性思考，只不过由于受到阶级立场与思维方式的局限，其理论本身无法真正解决这个问题，所以带有虚假性。但需要注意的是，虚假性也并不等于全都是谬误，以往的意识形态还是在不同程度上具有真理性成分的。众所周知，马克思主义作为一种意识形态对以往的意识形态有所批判同时又有所继承，正如列宁所说："马克思主义这一革命无产阶级的思想体系赢得了世界历史性的意义，是因为它并没有抛弃资产阶级时代最宝贵的成就，相反却吸收和改造了两千多年来人类思想和文化发展中一切有价值的东西。"① 若以往的意识形态都是谬误，那么，也就谈不上意识形态之间的批判性继承关系了。

问题更在于，意识形态的这种普遍性理论旨趣不但是一个动机问题，也有其客观的社会历史基础，"马克思通过对历史的深入研究，不过是发现了这样一个真理：任何能够领导社会革命的阶级，其阶级利益必须这样那样地要同人类的普遍利益相吻合"②（这一点也是以往意识形态具有真理性成分的社会性根源），这就决定了任何想要上升到统治地位的阶级，客观上也必须通过其阶级意识与人类基本问题的某种融通来完成本阶级的意识形态理论体系的建构。由此可以看出，无论是马克思主义意识形态还是其他的意识形态理论都内含着阶级意识与人类普遍

---

① 《列宁选集》第4卷，人民出版社1995年版，第299页。
② 侯惠勤：《马克思的意识形态批判与当代中国》，中国社会科学出版社2010年版，第346页。

性的一种关联（区别在于看哪种阶级意识及其意识形态能够真正实现这种关联）。因此，把意识形态定义为以理论化的阶级意识对人类基本问题的系统理论解答显然应该包含所有意识形态，这个界定在逻辑上的周延是有理由的。而且，否认这一点，就意味着各种意识形态没有共同的标准，就是一种自说自话，根本无法形成意识形态的对话、论争。这也是不符合事实的。

至此，我们就可以给出关于意识形态的一种界定：意识形态作为一种高度综合的理论体系，在理论形式上，可以看作以理论化的特定阶级意识对于人类基本问题的一种系统性、理论性解答（这种解答可能是真实的，也可能是虚假的），它为人类基本价值实现提供了一整套解决方案，包括经济、政治、道德法律、艺术等方方面面的观点主张，而所有这些方面的背后贯穿着特定的世界观、方法论、价值观，因此具有内在逻辑关联而成为一个系统的整体理论。

鉴于意识形态问题的复杂性，对于这个界定还需要有所补充说明。

其一，这种界定突出了意识形态的人类性话语的色彩。传统观点认为，马克思主义意识形态观的立场主要是指阶级分析法，据此，人们普遍认为意识形态的实质主要是以一种普遍性面貌争取特定阶级的统治地位，是为了维护特定阶级的利益而不是整个人类的普遍性利益，于是意识形态以往主要被理解为一种具有鲜明阶级性的政治话语。而本书的理解则是突出了意识形态的人类性话语色彩，这似乎与传统主流观点不一致。但是，我们认为这种界定能够容纳马克思主义意识形态观的基本要素，且是建立在严密逻辑推理之上，具有逻辑必然性，因此这种界定可以看作对马克思主义意识形态观的一种新角度阐释。

其二，由于所有意识形态都是思想家理论家的一种创造，并且它总是具有一定的真理性成分，因此这种界定突出了意识形态的知识性话语面貌，准确说来，意识形态是人们基于特定阶级立场对整个世界的认知。我们在论述意识形态问题的复杂性时曾说，人们从不同意义、不同角度上理解意识形态，比如把意识形态看作一种政治性话语，或者看作一种文化形态。那么知识形态的意识形态与它们是什么关系？它们能不能相容？首先，我们必须承认，意识形态与政治问题是具有天然关联的，毕竟，意识形态本质上是一种理论形态的阶级意识或阶级意识的理论形态，它与阶级统治是根本相连的。从这个意义上说，意识形态本质上是与阶级统治、政治权力天然关联的思想理论体系，所以，人们通常认为政治话语是意识形态的最核心组成。但是，意识形态本身并不等于就是政治话语，意识形态是一个总体性概念，它是多种意识形式的有机统一体，政治只是意识形态的表现方式之一。当然，由于政治系统在社会结构当中的特殊地位，也可以说，政治性话语是意识形态最集中、最主要的表达方式。并且意识形态还会通过政治系统的调控作用，通过教化途径在整个社会中弥漫开来，扩散到其他社会意识领域，比如法律、道德、文艺等，同时也会渗透、影响人们的感性认知、情感、意志、欲望等社会心理层面，这样意识形态就扩展了它的表现形式。这就是一个意识形态从理论体系到政治话语再到所有的社会意识领域的弥漫过程。而当一个社会的以意识形态为核心的整个社会意识，经过历史时间的积淀，就会演变为一种文化形态，这可能是意识形态的最终表达方式。以上就是意识形态大致的社会性运动、发展机制。我们看到，意识形态具有多类型、多层次的表达方式，这些表达方式之间并不是相互冲突的，所以，无论是从哪个意义上理解意识形态都有其合理性，关键在于要能够领会这些表达方式之间有机关联的基本逻辑。最后，需要强调的是，虽然意识形态具有多种表现形式，但意识形态的原生形态是一种高度综合的思想理论体系，所以，本书在对意识形态的理解中，突出了意识形态的知识性话语面貌。

第三节 唯物史观中的一般人性问题

我们把意识形态视为以理论化的特定阶级意识对于人类基本问题的

一种系统性、理论性解答的高度综合的思想理论体系，这意味着意识形态在理论形式上针对的是人类基本问题。而人类基本问题，如前所述，就是人与人、人与社会、人与自然关系的问题，从哲学意义上说，这些问题从古至今并没有发生本质改变，都是为了摆脱人对人的依赖，对物的依赖，最终走向自由全面发展的问题。"这种基本问题贯穿了人类历史发展的始终，它意味着人类社会中普遍性基本价值的存在。"① 这样，意识形态所直接针对的就是人类基本价值，意识形态的基本运动规律就存在于它与人类基本价值的辩证运动当中。在论述意识形态的基本规律之前，我们首先要说明什么是人类基本价值以及这种价值是否存在，而这又涉及了价值概念。

价值概念的基本含义是：客体属性对主体需要满足的一种客观效应。这种对价值概念的界定是国内学界所普遍认同的一种观点，比如张岱年说："价值的概念起源于人的需要与满足需要的外物之间的关系，凡能满足人们的需要之物即是有价值之物，价值表示人们的需要与外物的属性之间的一种关系。"② 李德顺认为："所谓价值，就是指客体的存在、属性及其变化同主体的尺度是否相一致或相接近。"③ 当然，在价值哲学中，价值概念本身是一个比较复杂的问题，也有一些人不同意上述对价值的界定，比如，有人认为价值是一种实体，也有人认为价值是一种实体属性，也有人认为，主客体关系不能科学界定价值，认为价值就是事物之间进行能量、信息交换所产生的效应。但是，在关于价值概念的诸多界定中，把价值理解为"客体属性对主体需要满足的一种客观效应"，不但影响最大、流行较广，而且是理论解释力最强的一种观点。因此，本书关于价值问题的论说都是建立在这种价值界定之上。根据这种界定，价值属于主客体关系范畴，它在本质上是一种以人的需要为核

---

① 陆树程、崔昆：《论社会主义核心价值体系认同的元问题——基于对马克思主义意识形态观的一种理解》，《马克思主义研究》2011 年第 8 期。
② 张岱年：《论价值与价值观》，《中国社会科学院研究生院学报》1992 年第 6 期。
③ 李德顺：《价值论》，中国人民大学出版社 2007 年版，第 27 页。

心要素的主体性事实，但是价值又不仅仅表示已经实现的既定事实，它更表示一种应然状态。因为价值一词本身表示的是对人而言的"好的""善的"之事物，所以人就"应当"追求这种事物，况且人的需要本身总是多样的、多层次的，总是在不断变动、不断发展的，当他满足了一种需要的时候，总会追求另一种需要的满足；当他满足了一种低层次需要的时候，又总会追求更高层次的满足。所以，价值一词就与"应然"问题有着本质关联，它指示了人行为的应然、一种不断超越、不断追求更优的趋向，在这个意义上，价值又等于价值追求。以上内容奠定了人类基本价值论述的价值哲学基础。

人类基本价值的最基本内涵就是贯穿于整个历史过程，超越于各个历史时代、社会形态、社会群体之上的一种普遍性价值。它同时也是习近平总书记所说的人类共同价值："各国历史、文化、制度、发展水平不尽相同，但各国人民都追求和平、发展、公平、正义、民主、自由的全人类共同价值。"① 但是，以往人们总是基于一种伦理相对主义的立场强调价值的特殊性，而不承认或者极少论及价值的普遍性。这是源于特定的人性论基础。由于价值作为一种主体性事实，与人性有着内在关联，因此价值是建立在人性基础上、从人性当中引发出来的，无论是价值的普遍性还是特殊性都是建立在特定人性论基础之上的一种推论，人类基本价值作为一种普遍价值需要以一般人性、共通人性的存在为基础，而否定普遍价值存在的观点则是建立在"只存在特殊人性"的人性论基础之上。所以，我们要论证人类基本价值的存在就必须首先进入对人性论问题的考察。

主张价值特殊性、差异性而否定价值一般性、普遍性的观点建立在一种"只存在具体、特殊人性"的观点（可称为"特殊人性绝对论"）之上。从逻辑上说，反驳这种观点似乎比较简单：辩证唯物主义认为，共性与个性、一般与个别的辩证法是一种适用于万物的普遍规律，那么

---

① 《习近平谈治国理政》第4卷，外文出版社2022年版，第425页。

为何唯独人只具有具体性而没有一般性？为何人能够不受此辩证规律的制约？但是，"特殊人性绝对论"的产生并不是一个逻辑问题，它是有着深刻的思想背景的，这种观点的产生源于一些人对唯物史观的特定理解，是以马克思等经典作家的思想轨迹与某些经典论述为依据的。本书的第一章已经详细阐述过这样的观点：只有以"现实的人、具体的人"这种人性论为基础，才能建立起唯物史观，唯物史观的确立需要"现实的人"为人性论前提。所以，对人性的现实性与具体性的强调是马克思主义经典作家人性论的显著特征，马克思明确反对抽象人性论，他在其历史观思想相对成熟之后就反对一般性地谈人。这就是为什么我国对唯物史观的传统理解长期以来一直强调人性的特殊性的理论根源。这一点抓住了经典作家人性论的显著特征，但是由此却走向了极端：从强调人性的特殊性到完全否认人的一般性、抽象性的存在。似乎一旦谈人的一般性、抽象性，从一般意义上谈人，就是非马克思主义的立场。由于"特殊人性绝对论"是以唯物史观为思想背景的，那么我们想要证明一般人性的存在，就同样必须深入唯物史观的框架内来考察这样几个问题：马克思等经典作家在何种意义上反对抽象人性论？使用一般人性是否就必然导致对唯物史观的否定？一般人性是否存在以及它的实质究竟是什么？

为了说明上述问题，我们首先来看马克思与恩格斯所批判的抽象人性论究竟存在什么问题。

抽象人性论主要存在两个方面的问题：其一，它对于人性本身的理解是有问题的。马克思和恩格斯曾说，费尔巴哈"从来没有看到真实存在着的、活动的人，而是停留在抽象的'人'上"。这里的抽象的人，是指脱离了社会现实，看不到人与人之间复杂、丰富的社会关系而只是以一种自然共性来抽象出人的一般性。这种抽象人性论在逻辑上的错误在于，它只看到人的一般性、抽象性，忽视了人性的特殊性与现实性，它只是执着于辩证矛盾的一端，而放弃了另外一端。马克思反对抽象人性论，但他也说："如果我，例如，抛开构成人口的阶级，人口就是一个抽象。如果我不知道这些阶级所依据的因素，如雇佣劳动、资本等等，阶级又是一句空话。"① 可见，马克思并不反对抽象，只是反对离开具体的抽象。其二，抽象人性论的问题还在于，它以这种偏颇的人性论为基础所建构的唯心史观是不科学的。由于仅仅看到人性的抽象性、一般性，也就不能发现人的实践活动与社会关系的现实性、丰富性、差异性，看不到现实的具体的社会历史因素诸如物质生产关系、政治法律关系、精神意识关系之间相互作用的机制。所以，抽象人性论就只是停留在以某种抽象人性为整个人类历史的谜底，这样对各种社会历史现象就只能作出唯心主义的解释，由此所引申出来的解放路径，其效果也都是非常有限的，最终难免会失败，就如空想社会主义者所经历的那样。因此，遮蔽了社会历史现象的真正本质与真实的基本规律，这是抽象人性论的第二个失误。

可见，经典作家只是反对抽象人性论中的逻辑偏颇与相应的历史观。他们并没有真正否定一般人性与抽象人性的存在，这在逻辑上也不可能。马克思确实主张"整个历史也无非是人类本性的不断改变而已"，但是他在《资本论》中也说："如我们想知道什么东西对狗有用，我们就必须探究狗的本性。……如果我们想把这一原则运用到人身上来，想根据效用原则来评价人的一切行为、运动和关系等等，就首先要研究人的一般本性，然后要研究在每个时代历史地发生了变化的人的本性。"② 可见，人性的特殊性、差异性是在一般性、共通性前提下才成立的概念。可以说，经典作家所反对的是"抽象人性论"这种逻辑思维以及相应的历史哲学，而非"抽象人性"的存在本身。"抽象人性论"与"抽象人性"只有一字之差，它们有着微妙的联系但也存在重大差别，对其不加仔细区别，便会"一字之差，谬以千里"。这恐怕是

---

① 《马克思恩格斯文集》第 8 卷，人民出版社 2009 年版，第 24 页。
② 《马克思恩格斯全集》第 42 卷，人民出版社 2016 年版，第 627 页。

人们长期以来对马克思主义人性论的理解发生偏差的一个基本原因。

马克思主义在批判抽象人性论的基础上，最重要的就是把劳动实践与社会关系作为人的本质属性，因而也就自然而然地非常强调人性的变动性、差异性、现实性特别是其阶级性，这种主张是凸显唯物史观基本立场的必然要求。但是由于对"抽象人性论"与"抽象人性"的混淆，人们就把对人的具体性、现实性的强调理解为：似乎人性只有具体性、差异性而没有共通性、一般性或抽象性。

人们通常以为经典作家强调现实的人、把劳动实践与社会关系作为人的本质属性，而劳动实践与社会关系都是变化的，就必然会推论出对一般人性的否定。这种推理显然并没有真正理解劳动实践与社会关系的辩证逻辑属性。虽然劳动与社会关系确实凸显了差异性、变动性，但是这两个范畴本身并不是绝对的特殊性、变动性，它们和其他万事万物一样要符合基本的辩证逻辑。对于劳动生产，马克思在《〈政治经济学批判〉导言》中说："生产一般是一个抽象，但是只要它真正把共同点提出来，定下来，免得我们重复，它就是一个合理的抽象。"[①] 而对于社会关系，从经典作家的社会形态观来看，各种形态的社会关系也是具有共通性的，他们认为人类社会形态的演进是一种连续的、价值递进的过程，正如恩格斯所说：黑格尔是第一个想证明历史中有一种发展、有一种内在联系的人，因此，"文化上的每一个进步，都是迈向自由的一步。"[②] 也就是说，历史是朝着共同的价值属性迈进的，每一个社会形态都是这种价值追求过程的一环，它们都可以被一种抽象的、普遍的价值所统摄，从而使人类历史发展成为一个内部各环节相衔接的连续整体。这是就各种形态的社会关系而言，某一特定社会形态内部的各种社会关系同样具有共通性。在传统的理解中，阶级性是人之间的根本性差别，但是这并不能否定对立阶级之间仍有着某种共通性、一般性。也就

---

① 《马克思恩格斯文集》第8卷，人民出版社2009年版，第9页。
② 《马克思恩格斯文集》第9卷，人民出版社2009年版，第120页。

是说，虽然阶级性是阶级社会中人与人之间差异、对立的基本标志，但是这种差异并不能否定大家都是人这个一般性的前提，并且一般只有这种人性才会使得人们结成阶级关系。阶级关系并不代表完全的差异性，而是共通性与差异性的辩证统一，这是对于阶级关系内在逻辑的一种严谨表述。总之，无论是各个社会形态中的人，还是不同阶级的人，都具有某种一般性、共通性。

以上分析表明，虽然经典作家把社会关系与劳动实践作为人性的本质与来源，但问题在于，"社会关系与实践是人的本质"与人的抽象性与具体性、一般性与特殊性并不是同一个问题。人性的社会性、实践性并不会导致人性的普遍性、一般性的丧失，更进一步来讲，它反而为我们对人性一般的实质进行科学的说明奠定了基础。科学的一般人性的概念恰恰是从人的具体性、现实性当中引申出来的，正如恩格斯所说："要使我们的'人'成为某种真实的东西，我们就必须从经验主义和唯物主义出发；我们必须从个别物中引申出普遍物，而不要从本身中或者像黑格尔那样从虚无中去引申。"[1]

对于一般人性的来源与实质，抽象人性论大多认为来自神、自然的赋予或者逻辑的假设，是一种固定不变的天性。在唯物史观的框架内，对其却有着根本不同的理解。在承认人的本质在于社会性、实践性的前提下，人的一般性就不是以孤立的原子式个体的固有属性为基础抽取出来的一种共性，而是以社会关系为本质的个体基础上抽取出来的共性，也可以说是在社会关系与历史现实基础上抽取出来的人性一般。既然一般人性是以社会关系为基础的抽象，那么这个社会关系既应该包括已经历史性的存在、已经成为现实的社会关系，也应该包括尚未实现但必然实现的社会关系即共产主义社会关系。只有在这个基础之上抽象出各个社会关系的共性，才能得出真正的人性一般。而共产主义的社会关系显然是一种包含各种积极因素的社会关系，这些积极因素也是诸种社会形

---

[1] 《马克思恩格斯文集》第10卷，人民出版社2009年版，第25页。

态中都存在的,只不过是其表现形式与程度有所差异而已。这正如黄枬森所言:例如公正、和谐之类"都具有很高程度的抽象性、普遍性,不仅社会主义社会可以具有这些属性,其他社会形态如资本主义社会也可以在不同程度上具有这些属性"①。

总之,一般人性是对于社会历史抽象的结果,是对于人的实践活动与诸种社会关系的社会历史现实抽象的结果,一般人性的本质在于它是人类社会发展的一种历史发展趋向,是在历史发展中的人类具有的一种积极向上的力量。这就是在唯物史观框架下,对于一般人性的本质与来源的理解。

以上我们分析了经典作家反对抽象人性论的实质,以及唯物史观框架下一般人性的存在、来源与本质问题,在此基础上我们就可以发现那种表面上宣称坚持马克思主义的"特殊人性绝对论"的问题究竟何在。这种观点主张一般人性是不存在的,不要一般性地谈人,否则就是资产阶级的抽象人性论。其实,这种观点存在着一个巨大的误解:以为要谈人的社会性、阶级性、现实性就必然要否定人的一般性、抽象性,以为讲到"人性具有抽象性"就必然等于"确立一种孤立的、内在的、永恒不变的人性",似乎一谈人的抽象性就一定要否定人的具体性;似乎一谈人的抽象性就一定会导致永恒不变人性的结论;似乎一谈人的抽象性就一定变成了人本主义的立场。实际上,人性一般作为一种抽象,既可能有科学的抽象,也可能有非科学的抽象,但不能因为存在非科学抽象的观点,就否定抽象思维本身的价值。再者,除了人自身的一种主观故意或者失误外,没有任何论据可以证明一般人性必然导致对具体人性的否定。恰恰相反,人的一般性、共通性来自具体性、差异性,而人的具体性、差异性则以一般性、共通性为逻辑前提。只要在人性论上坚持科学的辩证逻辑,主张一般人性的存在就没有任何问题。这样我们也就

---

① 黄枬森:《关于科学发展观和构建社会主义和谐社会理论的哲学思考》,《北京大学学报》(哲学社会科学版) 2007 年第 5 期。

能够正确理解以往马克思主义者关于人性的一些论述，比如邓小平曾说："离开了这些具体情况和具体任务而谈人，这就不是谈现实的人而是谈抽象的人，就不是马克思主义的态度，就会把青年引入歧途。"① 在这里，邓小平确实反对谈抽象的人，但是这种反对是有前提的，那就是"离开了这些具体情况和具体任务"而谈人，在逻辑上的表述就是离开了人的具体性、差异性、现实性而主张人的抽象性、一般性。因此，邓小平像马克思、恩格斯等经典作家一样，他真正反对的是在人性问题上的逻辑偏颇，而不是针对人性一般这种属性的存在。但是很多人却混淆了这种区别，于是，如同抽象人性论抛开了人的现实性、差异性而主张一种绝对抽象的一般人性，由此建立的历史观无法对人类社会历史现象作出正确的解释一样，对于人性的差异性、具体性的坚持背离辩证逻辑、走向极端的时候，同样无法建立一种科学的历史观。

以上是在唯物史观的框架下说明了一般人性的存在、根源与本质等问题，但还需说明，一般人性究竟与唯物史观是什么关系？唯物史观是否能容纳一般人性的存在？一般人性在唯物史观的体系中处于什么位置？这是唯物史观背景下思考一般人性的最根本问题。

实际上，这个问题也是我国在20世纪80年代关于人道主义与马克思主义关系的大讨论中所涉及的根本性问题。当时的主要观点在于：人道主义要区分为道德观、价值论意义上的人道主义与历史观意义上的人道主义，认为社会主义价值观不同于作为伦理原则的资产阶级人道主义，又同它有一定的批判继承关系，社会主义人道主义批判地继承和改造了资产阶级人道主义伦理原则中的合理成分，但作为世界观和历史观的人道主义，同马克思主义的历史唯物主义是根本对立的。这种论断的基础就是不存在抽象人性、一般人性，不能把人作为马克思主义的出发点，否则就是把马克思主义同资产阶级人道主义、唯物史观与唯心史观相混淆，就是向人本主义的倒退。在更为激进的观点看来，一般性的人

---

① 《邓小平文选》第3卷，人民出版社1993年版，第41页。

也不能作为唯物史观的补充要素，也就是说，一般性的人在唯物史观当中没有任何位置。

但是这种观点存在着一个模糊不清的地方，既然承认在价值论的意义上社会主义与资产阶级人道主义存在着某种批判继承的关系，也就是说，在道德评价上存在某些共通性。但是道德评价并不是一种纯粹的感情抒发，而是有着客观的社会历史基础与客观现实意义的。这也是唯物史观的观点。道德价值意义上相通性的基础也就是一般人性的现实存在，若是不存在一般人性，也就谈不上社会主义与人道主义的某种承接关系问题了。那么，为什么这种一般人性可以存在于价值论中，却不可以存在于历史观当中？或者说，没有一个包含一般人性的历史观为前提，能否建立起包含一般人性的价值观？现实是，由于在历史观当中完全排除一般人性，其结果就像黄枬森所说的，人道主义价值观是一切道德的起点，但是"我们至今还没有把人道主义价值观摆到应有的位置上，在我国的道德体系中不见人道主义的身影"①。这是当时的理论争论所隐含未决的一个问题。在今天，我们倡导以人为本为社会发展的主题，于是又把这个问题重新摆到我们面前：把一般人性放置到唯物史观体系中是否真的会导致向人本主义的倒退？

关于一般人性在唯物史观逻辑框架中的位置问题，我们首先需要搞清楚"人"这个概念与唯物史观的其他基本范畴，比如劳动、社会关系究竟是什么关系。

经典作家曾把劳动与社会关系都作为人的本质，那么，这两者是什么关系？马克思曾说，我们可以根据意识、宗教或随便别的什么来区别人和动物，但只有人们自己开始生产的时候，人才把他自己和动物区别开来。恩格斯也把劳动作为人同其他动物的最终的本质的差别。而劳动产生了社会关系，进而意识在劳动及社会关系的基础上产生，意识一开

---

① 黄枬森：《关于人道主义和异化问题的讨论》，《北京大学学报》（哲学社会科学版）2010年第1期。

始就是社会的产物。但社会关系"不是什么外部的东西",它们"是个人的自主活动的条件,并且是由这种自主活动产生出来的"①。它是劳动的前提条件与必然形式。人的意识也同样是劳动与社会关系存在的前提,没有意识的存在,社会关系与劳动也是不可能形成的。可以看出,意识、社会关系、劳动三者之间在逻辑上其实是互为因果的,在逻辑上难以找到第一因。而经典作家并不是在逻辑意义上,而是在历史现实的观察中把劳动作为"第一个历史活动",于是,在第一个现实的历史活动中社会关系、劳动、意识是同时形成的。但是这并不是说唯物史观当中不存在逻辑意义上的第一前提,当超出社会关系、劳动、意识等概念的范围之外,将其与"人"的概念联系起来的时候,人就应该是唯物史观体系的逻辑起点。相比于把劳动作为"第一个历史活动",马克思把"有生命的个人的存在"作为"一切历史的第一个前提"②,这完全是合乎逻辑的。因为劳动是第一个历史活动,但是需要追问:人为何会产生劳动?马克思、恩格斯说,人们为了能够创造历史,首先必须能够生活,而为了生活,就首先需要衣、食、住以及其他物质性的支撑。因此第一个历史活动就是生产满足这些基本物质需要的资料,即生产物质生活本身。在逻辑上,在劳动之前的是人作为主体所拥有的某种属性,确切地说,是人的需要。但这种人的物质需要显然是根本区别于动物性需要的,否则人根本就不必劳动,可见,其需要本身就已经包含了对于自由、幸福等价值的追求。而这一点就已经是我们前面所说的人的一般本性了。

总之,虽然人"是人类历史的经常的产物和结果",但也是"人类历史的经常前提",人是劳动与社会关系的主体,人是整个历史的主体:"历史什么事情也没有做,它'不拥有任何惊人的丰富性',它'没有进行任何战斗'!其实,正是人,现实的、活生生的人在创造这一切,

---

① 《马克思恩格斯文集》第1卷,人民出版社2009年版,第575页。
② 《马克思恩格斯文集》第1卷,人民出版社2009年版,第519页。

拥有这一切并且进行战斗。"① 因此，人的概念应该是所有历史范畴的逻辑前提。这里能够作为第一逻辑前提的人就是"一般人性"，因为如前所述的一般人性是对整个社会历史抽象的结果，它是超越具体的生产方式与社会关系的存在，只有这种人性才能在逻辑上位于劳动与社会关系之前，而人的特殊性、差异性在理论逻辑上则是劳动与社会关系变迁、发展的产物。

那么把人或者一般人性作为唯物史观的逻辑起点，这是否违背了经典作家关于"我们的出发点是现实的人"的论断而走向唯心史观？

马克思、恩格斯认为，唯物史观的根本在于"从物质实践出发来解释观念"，而唯心史观是"从观念出发来解释实践"。唯物史观之所以是唯物的，是因为它坚持了物质决定意识、社会存在决定社会意识的基本原理。而唯物史观的"物"，是生产力与物质生产关系，它是人类社会历史的根本性决定力量，其作用表现为生产力决定生产关系、经济基础决定上层建筑，这是社会历史运动的基本规律。如前所述，只有"从现实的人出发"才能确立唯物史观的这种唯物立场。但是需要注意的是，经典作家强调的"从现实的人出发"其实有两层含义，其一，从唯物史观创建的实际过程来看，"从现实的人出发"其实是经典作家把观察社会现实作为其构建唯物史观的前提，是他们在建构唯物史观体系时所实际使用的方法，也是唯物史观所教导人们的观察思考历史的方法。其二，从唯物史观本身内在的理论逻辑来说，对"从现实的人出发"的强调是针对"人如何创造历史"的问题，只有从现实的人，从人的现实的物质生活条件出发，才能够发现人是"唯物"地创造历史的。而任何历史观无非要解决两个问题。第一个是"谁创造历史"，第二个是"如何创造历史"。从逻辑上讲，"谁创造历史"是人们建立历史理论体系最初面对的问题，所有的历史思考都是从这个问题开始的。

---

① 《马克思恩格斯文集》第 1 卷，人民出版社 2009 年版，第 295 页。

对于第一个问题，我们当然可以说是劳动创造历史，但是由于"人"在逻辑上优先于"劳动""社会关系"，因此，归根到底是人创造历史，是人的一般性推动了劳动的产生，进而创造历史。因此，严格说来，"劳动是历史的第一个活动"是针对"人如何创造历史"的问题，这个命题表述的是"人如何开始创造历史"过程的第一个环节，劳动既是现实中的第一个活动，也是"创造历史过程理论描述"的第一个逻辑环节。它是"如何创造历史"这个问题的第一前提与出发点。若是我们将这两个命题连起来进行表述就是关于创造历史逻辑的完整表述：人（即一般人性）是所有历史范畴的逻辑前提，人是创造历史的主体，但一般人性只是人的一种内在倾向与潜在力量，它还不是现实力量，还没有现实地展现出来。而当面对人如何创造历史的问题时，就由抽象进入了相对现实、具体的层面，即人的这种一般本性是通过劳动这种现实活动来创造历史，更进一步的考察结果是，人通过劳动产生分工，根据生产资料的占有地位，产生了不同的生产关系，并在生产关系的基础上产生社会上层建筑，人是通过生产关系与生产力、经济基础与上层建筑的矛盾运动来推动历史的，而这个基本矛盾又具体化为阶级矛盾为历史发展的直接动力。从某种意义上讲，人是通过分裂为阶级来推动历史的发展的。从这个推理中我们看到，在唯物史观当中确立一般人性作为逻辑起点，并没有导致对唯物史观的"唯物"立场的否定，也不会遮蔽人类历史的基本规律。有些人之所以反对把一般性的人纳入唯物史观体系当中，是因为他们认为一般性的人就必然是排除社会性、实践性的孤立的、抽象的人，以这种人为出发点就一定会遮蔽人的现实性，就会导致"从观念出发来解释实践"的唯心史观，但是辩证逻辑从来没有提供"抽象性、一般性必然否定现实性、特殊性"的法则。

综上所述，"从现实的人出发"一方面是经典作家创建唯物史观所使用的理论方法，另一方面在唯物史观内在逻辑中，这个命题针对的是"人如何创造历史的问题"，而"一般人性作为唯物史观的第一个逻辑前提"并不是创建唯物史观的方法,也不是唯物史观所要求的观察思考历史的方法,而仅仅是出于唯物史观内在理论构架的一种逻辑设定。并且即使在理论逻辑的层面,它与"从现实的人出发"的命题所针对的理论问题也是不同的,它们针对的是两个相区别但又相承接的问题,这两个问题共同构成完整的历史哲学。因此,"一般人性作为逻辑前提"与"从现实的人出发"这两个命题非但不冲突,而且只有统一起来才能够展现出唯物史观的完整形态。以往很多人明确反对"人作为唯物史观的出发点",认为这是人本主义的命题。实际上,人们并没有真正理解"唯物史观的出发点"究竟意味着什么。

把一般人性作为逻辑起点,一方面是出于概念范畴之间因果逻辑的要求,另一方面则是要在理论逻辑上确立人在创造历史过程中的主体地位。只有在这个前提下,才能对人如何"唯物"地创造历史作出更为完整、细致的描述。按照唯物史观的经典表述,人类历史是通过生产力与生产关系、经济基础与上层建筑的辩证运动来推动的,而这其中"物"的因素即物质生产力与物质生产关系是人类社会历史中的最终决定性力量,人是以"唯物"的方式创造历史的。但是历史的主体终究是人,物的因素并不是独立于人、外在于人从而决定人的力量,物的力量是人的力量本身,生产力是人的能力,社会关系是人创造的社会关系,经济基础决定上层建筑的辩证运动也不是独立于人的外在自然变化,而是由人本身推动的。所以,在唯物史观中,在物的立场背后存在的是人的尺度即主体的尺度。在唯物史观中坚持"唯物"立场的同时又需坚持人的主体尺度,这个尺度就是一般人性,因为只有一般人性才使"人"在理论逻辑上成为整个历史的主体与前提。

"唯物"立场与人的主体地位是历史理论中两个相互关联的侧面。一方面,是人推动了历史的发展、推动生产力的发展、推动生产关系的改造、推动上层建筑的变化。另一方面,人创造历史的过程并不是主观任意,主体尺度并不是主观任意尺度。这句话有两层意思:一是人的内在尺度本身并不是主观任意的，比如人总是追求自由而不是追求奴役、人总是追求幸福而不是追求苦难，这种价值取向是任何社会形态都存在的，它作为人的一般本性本质上是历史发展的价值必然性，是人的主体尺度当中的客观必然性。二是人以主体尺度创造历史的过程并不是主观任意的，要遵从唯物史观所发现的社会历史规律，这一点就是唯物史观中唯物立场的体现，它主要说明了人怎样创造他自己的历史。总的说来，在历史观高度中，人的主体尺度与物的立场的关系就在于，人的尺度是物的立场的逻辑前提，物的立场是主体尺度的展现形态。具体说来就是，"物"当然是历史的决定性因素，但是物并不是外在于人的物，而是人主体性的一种现实展现形态。并且无论物的尺度如何变化，人的一般性本身不会发生根本性的变化，随着物的决定性作用发生变化的是人的特殊性、具体性，从这个意义上讲，人才是社会关系的产物。这个逻辑就是马克思在《资本论》中所说的"要先研究人的一般本性，然后再研究在社会历史条件发生变化的情况下，人的一般本性是如何发生变化的"。在唯物史观的传统理解中，很多人由于不能正确理解历史观领域中的人性辩证法，把排斥一般人性排除在历史之外，就只能以物的立场为前提推论出人是物的产物，这样的结果就是在逻辑上导致了物的立场看起来似乎是外在于人的一种客观力量，这实际上就倒退回了黑格尔式的历史形而上学。

综上所述，确立一般人性在唯物史观逻辑体系当中的位置不但没有否定唯物史观的基本立场与基本逻辑，还使得唯物史观更加科学与严密，能对人类历史作出更为准确与完整的描述。实际上，一般人性在唯物史观中的位置，并非仅仅作为逻辑起点，它还是贯穿于整个唯物史观逻辑体系中的一个基本线索。因为"一般人性是唯物史观的逻辑起点"是最为抽象的一个命题，它能够涵盖这个理论体系所要面对的基本问题，能够渗透、统摄这个理论体系的其他基本观点。按照经典唯物史观的基本逻辑，对于社会历史基本规律的说明是借助了生产力、生产关系、经济基础、上层建筑等基本范畴，但是这些只是基本的骨架，能够让这个基本的逻辑框架真正具有生命力，能够使之鲜活起来，从而对历史作出有效说明的，则是人性这个基本参数，在这里人既是主体又是产物，既是"剧中人"又是"剧作者"，这其中既要有人性的特殊性、差异性、现实性，也要有人性的普遍性、共通性及抽象性，两者缺一不可，这样才能够真正有效地解释社会历史的各种现象。因此，一般人性及其背后的思维方式也是贯穿唯物史观基本逻辑的一个基本线索。概言之，一般人性既是唯物史观体系的第一个逻辑起点，又是贯穿于整个体系诸多基本范畴、使之能够有效运行的一个基本线索。这就是一般人性在唯物史观中的位置。

长期以来，人们在历史观问题上存在着一种误解，以为唯心史观是以抽象人性为基础的，而唯物史观则是以现实人为出发点，因此要使唯物史观与唯心史观相区分，就要在历史观中排除抽象人性、一般人性。实际上，唯心主义历史观的问题并不在于它承认人的抽象性，而是在于它把人的抽象性作为全部人性论的内容，它没有进一步考察这种人性的抽象性是如何展现的，是如何发生作用的，也就是说，它忽略人性的现实性与具体性。只有一种绝对性的抽象人性论才与唯心史观有必然联系，这才是问题的关键所在，也是唯心史观与唯物史观在人性论上的真正区别所在。而当人们排除一般人性的时候，其实是与唯心史观犯了同样的逻辑错误，这样也就不可能对唯物史观作出完全科学的理解，一些围绕历史观产生的理论问题大多与此相关，而一些重大的社会历史现实问题也都与此有着某种联系（如"文化大革命"时期的阶级斗争为纲）。

一个最简单的道理在于，人性论要遵从基本的辩证逻辑法则，而一种科学的历史观也必须以科学的人性论为基础才能够真正建立起来，才能够对社会历史现象作出科学的说明，才能对我们的现实活动作出正确的引导。因此，在坚持唯物史观的道路上，最重要的是，我们要破除历史观当中人性论的逻辑迷雾与习惯势力，不能以为讲求人性的特殊性、现实性，就一定要否定人性的一般性与抽象性，也不能以为，我们承认人的一般性、抽象性就必然要以掩盖人的现实性与差异性为代价。这并不具有逻辑上的必然，反而是科学的辩证逻辑所极力避免的东西。认识不到这一点，仅仅执着于对经典文本的表面印象，就认为唯物史观否定一般人性，这首先就是一个基本的逻辑错误，而当我们连基本的辩证逻辑都无法坚持的时候，不管我们怎样宣称跟随经典作家，实际上却已经背离了马克思主义。

第四节　人类基本价值的内涵及其与意识形态的辩证关系

以上解决了一般人性与唯物史观的关系问题，在唯物史观的框架内阐明了一般人性的存在及其实质，这样就为人类基本价值问题的阐明奠定了基础。我们可以从以下几个方面来理解人类基本价值。

其一，人类基本价值本质上是一种历史价值，确切地说，是一种历史发展总体意义上的价值必然性或价值趋向。这是人类基本价值概念最根本性的内涵。

前已述及，一般人性是对人的实践活动与诸种社会关系的社会历史现实抽象的结果，它是人类社会发展的一种历史发展趋向，它表示在历史发展中的人类具有的一种积极向上的力量，那么，建立在这种一般人性基础上的人类基本价值就是整个人类历史发展的价值趋向与价值必然性，这种价值必然性就是经典作家所说的历史合力。在马克思、恩格斯看来，人是历史的主体，而人本身是怀着目的、需求参与社会历史活动的，因此人类历史是人类价值活动的产物。虽然人们处于不同的社会历史条件，如历史时期、社会形态、阶级、民族、地域、职业、社会地位等之下，他们的价值判断、选择与追求都有所差异，甚至会出现对立，但是这些不同的基于不同价值选择与追求的历史行为会相互作用，形成历史的合力。这就是恩格斯所说的："人们总是通过每一个人追求他自己的、自觉预期的目的来创造他们的历史，而这许多按不同方向活动的愿望及其对外部世界的各种各样作用的合力，就是历史。"① "历史是这样创造的：最终的结果总是从许多单个的意志的相互冲突中产生出来的，而其中每一个意志，又是由于许多特殊的生活条件，才成为它所成为的那样。这样就有无数互相交错的力量，有无数个力的平行四边形，由此就产生出一个合力，即历史结果。"② 这个历史合力造就了历史的基本面貌，使人类历史在总体上呈现为一个从低级不断走向高级的价值递进过程。历史合力表示人类作为一个整体存在的总体价值追求，而这个总体价值追求就是人类基本价值，它是人类历史必然性的根源。更进一步来说，人类基本价值作为一种历史价值必然性或价值趋向，它本身就是一种客观历史规律。如前所述，历史是人价值活动的历史，因而所谓历史规律其实也就是人类自己的社会活动的规律，无论是经济基础决定上层建筑，还是上层建筑反作用于经济基础，或者社会存在与社会意识的辩证关系，都只是人的价值活动所表现出来的基本规律。而由人类基本价值推动的历史总体价值演进本身也是一种价值活动所表现出来的客观规律，而且是整个历史的根本性或者总体性规律。这是因为，一方面，虽然这种价值趋向是由人的目的所驱动的，但是，在人类整体意义上，价值活动并非主观任意的，人的价值追求是一种由一般人性所造就的客观必然，比如，人必然追求自由幸福而不会追求奴役与苦难，这是客观必然的，不是由人的主观意志所决定的。另一方面，这种历史价值演进趋势并不是由某个人或者某个特殊社会群体的目的所决定的，而是由所有人的目的性活动所造成的合力推动的，这个合力不是由任何人的主观意志所决定的。由此可以看出，在人类整体意义上，合目的性与合

---

① 《马克思恩格斯文集》第 4 卷，人民出版社 2009 年版，第 302 页。
② 《马克思恩格斯文集》第 10 卷，人民出版社 2009 年版，第 592 页。

规律性只是对人类历史活动不同侧面的描述而已,它们在本质上是统一的,在现实层面,两者所指向的是同一个东西。因此,人类基本价值作为一种历史价值必然性,虽然是一种带有主体性色彩的价值现象,但它同时具有客观必然性,其本身就是一种客观历史规律,并且由于它是对整个历史演进趋势的概括,因而它是一种总体性或根本性的历史规律。也正因为如此,可以说,人类基本价值就是人们通常所说的人类历史进步性、合理性的实质。

并且,这里还涉及一个问题:人类基本价值表示的是人类历史发展中积极向上的进步性力量,那么谁最能够代表这种力量?答案只能是"人民群众",因为按照唯物史观,人民概念在内涵上就是指能够推动历史进步、社会发展的群体。这一点,我们在"唯物史观视域中的以人为本"部分已经有过详细阐述。可以说,人类基本价值与人民群众概念有着内在本质性的关联,两者统一于"历史价值必然性"与"历史进步性、合理性",这就是江泽民所说的,"任何时候我们都必须坚持尊重社会发展规律与尊重人民历史主体地位的一致性"①。

其二,从基本特征上说,人类基本价值是一种抽象价值、普遍价值与绝对价值。人类基本价值首先是一种高度抽象的价值。当我们说人类基本价值是人类作为一个整体存在的总体价值追求时,就意味着它是对人及其社会历史发展的基本特征高度抽象的结果。人类基本价值是从历史绵延中,从社会形态更替的整体图景中,抽象出人类历史演进的基本价值特征以及人作为一个自然生命、社会生命、实践生命相统一的特殊物种的基本价值特性的结果。当人一旦正式生成,区别于动物、作为社会性存在生成的时候,就同时伴随着对人类基本价值的追求,这是人类本性的表现。并且这种抽象并不是像资产阶级抽象人性论那样把主观想象的或者某一个特定历史阶段的特性作为人类普遍本性,它也并非由一种纯粹思辨造就的产物,而是基于一种历史与社会关系现实的抽象。人

---

① 《江泽民文选》第3卷,人民出版社2006年版,第279页。

类基本价值作为人类整体的价值追求是历史现实中切切实实存在着的一种推动力量,是人类自身所固有的内在价值的追求推进了历史的演进,人类历史本质上就是一个基本价值追求的过程。其次,因其抽象,所以普遍,人类基本价值是一种普遍性价值。诚然,人的价值追求根据阶级关系、历史发展阶段、社会形态、地理因素、人种因素、民族因素等产生分裂,表现出多样性、特殊性甚至某种对立性。但是无论历史与现实表明人类因为时代条件诸如生产力、地理环境、民族传统等因素所造成的价值多样性、差异性多么明显与强烈,我们都必须承认这种多样性、差异性是在普遍性、共通性前提之下存在的,否则人类相互之间诸如国家民族之间、阶级之间、社会形态之间交往或承接就是完全不可理解的,人类的历史就是莫名其妙、不可名状的堆积,更有甚者,人类本身也就根本无法作为一个整体概念存在。所以正如李德顺所说的:"事实上存在着人类普遍的或超越了民族、国家、阶级、宗教、行业等界限的共同基本价值。……这种基于人类个体之间共同点的普遍价值,是自有人类开始就存在的。"[①] 而赵敦华与童世骏也都认为,存在"某种知识、世界观或价值观,普遍适用于全人类或大多数人类社会。"[②] 最后,人类基本价值是一种绝对价值。所谓绝对价值,是"衡量各种具体价值的最高尺度,是使相互冲突的价值得以调和的最终基础。……绝对价值是人类追求价值的活动中树立的终极目标"[③]。绝对价值是能够作为所有价值衡量标准的价值。我们说过,人类所有的历史活动都是价值活动,由于社会历史条件的制约,因此出现了充满差异性、多样性的价值现象、价值观念、价值活动。而对于这些价值现象总会有一个判断问题,我们总会追问,哪一种价值现象、观念更具"合理性"?这里的合理性

---

① 李德顺:《普遍价值及其客观基础》,《中国社会科学》1998 年第 6 期。
② 参见赵敦华《为普遍主义辩护——兼评中国文化特殊主义思潮》,《学术月刊》2007 年第 5 期;童世骏《为何种普遍主义辩护——与赵敦华教授商榷》,《学术月刊》2007 年第 5 期。
③ 俞宣孟:《追寻绝对价值》,《社会科学》1997 年第 1 期。

就是历史进步性、历史合理性，而历史合理性、进步性的实质就是人类基本价值。所以，我们的历史评判实际上是一种价值判断，而人类基本价值就是判断历史上各种价值现象的最终标准与绝对价值。我们以人类基本价值为标准，看具体的价值现象是体现还是背离这种绝对价值，就可以判断各种形态的相对具体价值的优劣，比如，我们说社会主义的价值体系比以往形态的价值更具优越性，更高级的社会形态的价值体系比前一个社会形态的价值更为优越，这种判断本身就是依据人类基本价值这种绝对性的历史价值为标准才能够作出。由于人类基本价值是人类作为整体的总体性价值追求，人类的一切价值活动都可以归并到人类基本价值体系里，因此人类基本价值也标示出人类与世界之间的应然性关系、人类历史演进的理想境界与终极目标。

其三，人类基本价值是一种价值体系。人类基本价值作为人类整体的总体性价值追求，并非某种单一的价值元素，而是由多方面、多维度价值构成的具有内在逻辑结构的价值体系。人作为价值主体是一种社会性存在，社会生活的复杂性决定了价值现象的复杂性，价值可以有多样的划分，比如，按照人需求的性质可以划分为物质价值与精神价值；按照价值主体的层次可以划分为个体价值、群体价值、社会价值；按照价值现象的本性，也可划分为内在价值与工具价值；按照社会生活领域，可划分为经济价值、道德价值、文艺价值、政治价值等等。我们可以按照价值抽象性程度来描述人类基本价值的体系结构，首先，自由是这个价值体系最高层次的价值。所谓自由是最高价值，其内涵有二：一是自由是最抽象的价值，其他任何价值现象都可以说是自由的一种表现形式。自由是一种具有高度抽象性的价值，人的任何活动都是为了争取自由，比如，人进行物质生产活动是为了克服外在物质条件的束缚，是为了争取人在物质世界面前的自由；人进行各种社会性活动，是为了争取在社会条件、社会环境面前的自由；人进行各种思想认知活动，是为了克服精神世界的障碍，争取精神自由。因此，任何价值活动都可以说是为了争取某种自由，所有的价值现象都可以归并到自由范畴，在这个意义上可以说，价值本身就等于自由。二是自由是最终的价值，是人类所追求的最终目标。就像马克思、恩格斯所说的，人类文化的每一个进步都是迈向自由，因此他们把人类社会的理想境界称之为"自由王国"，人的自身发展目标称之为"自由的人"。人类基本价值体系的第二个层次则是真善美的境界，这是自由价值的进一步具体化。为了达到自由的境界，人类就需要在真善美三个方面实现价值追求，于是自由就是真、善、美的统一。真善美并非一种单纯的精神价值，真与美的境界主要是指人类的精神价值，但善则是具有高度抽象性的价值，善不但包含了道德价值的实现，也包含了物质价值、政治价值以及其他方面的价值。因此，真善美也是一种高度抽象的价值范畴，它同样囊括了人类价值活动的所有方面。由于这三种价值相对于自由而言是比较具体的价值形态，因此它居于人类基本价值体系的第二个层面。这个价值体系的第三个层面则是物质价值与精神价值，它们也是涵盖了人类价值活动的基本维度，具有高度抽象性，但是它们已经表示出了人类价值活动的实质性内容，相对于前两者而言是一种比较具体的价值范畴，所以居于价值体系的第三个层面。而人类价值体系的第四个层面，则是更为具体的划分，比如包含了经济价值、自然价值、道德价值、政治价值、宗教价值等等。这些构成了人类基本价值体系的最基础层面。总的看来，人类基本价值体系是一个以自由范畴为顶端的类似金字塔式的体系结构。

总之，人类基本价值是人类作为抽象整体存在的一种总体性价值追求，它实质上是人类历史发展的价值必然性，也是一种总体性历史规律，它是历史合理性、进步性的实质；人类基本价值作为历史演进的积极推动力，其主要承担者是人民群众；人类基本价值在特性上是一种抽象价值、绝对价值与普遍性价值；人类基本价值在内容上是一种具有内在结构的价值体系而非一种单个的价值元素。这就是我们对人类基本价值的理解。

我们说人本德育的根本性问题在于政治系统以意识形态介入德育的问题，为此就需要研究意识形态概念，在界定意识形态概念的基础上又得出了意识形态所直接对应的是人类基本价值问题的结论，这又使得我们必须说明何谓人类基本价值。在人类基本价值界说的基础上，可以深化对于意识形态与人类基本价值关系的理解：

一方面，我们前面说过，意识形态是针对人类基本价值问题的一种系统理论解答，而这句话的更进一步表达则是，人类基本价值要通过意识形态这种载体或形式表现出来。可以从两个方面对此进行阐释。其一，前已述及，意识形态本质上是阶级意识，而人类基本价值是人类作为整体存在的总体性价值追求，它作为普遍价值、绝对价值、抽象价值是超越于社会形态之上的，因而也是超越于各种意识形态体系之上的存在。从逻辑上说，前者意味着特殊性，而后者代表一般性，一般性是通过特殊性表达出来的。其二，由于人类基本价值是人类整体的价值追求，它的本原形态是一种自发的、原初的价值诉求（表现为期望、愿望、情感等形式），至于怎样实现这种价值诉求，则要诉诸一种理论高度的思维，因此，人类基本价值的实现要通过意识形态这种理性理论形态得到表达。也就是说，人类基本价值只是一个未定型的、一般性存在，从社会历史客观现实运动的角度来说，如果没有意识形态的载体和路径作用，也就无法得到显现与表达，尽管这种表达在一定程度上可能是扭曲的、虚假的。

另一方面，由于人类基本价值本质上是一种历史价值必然性与历史总体性规律，它是社会历史活动与现象的最终判定标准，因而也是意识形态的评判标准。当我们在作出任何一种社会历史现象乃至整个社会形态更替的历史合理性、进步性判断的时候，基本上都属于对意识形态的判断，至少与此相关，这是因为任何一种社会历史现象乃至整个社会形态更替的背后都是意识形态的指导，都是意识形态的外在表现，而所谓的历史合理性、进步性，如前所述，其实质上就是以人类基本价值作为历史评判标准的。

可以把上述观点阐述得更清楚些，前已述及，意识形态的本原形态是一种知识理论体系，是在特定阶级立场之上对人类世界的理解与认知，而通常我们判断一种特定的意识形态是不是具有历史进步性、合理性，实际上也就是看它是不是具有科学性，看它作为一种知识形态是否把握住了人类社会发展的基本规律，这本质上是一个检验真理的过程。而意识形态作为一种极具实践性的理论体系也必然要展现为现实，在意识形态理论的基础上必然会建立起特定的社会形态。所以，意识形态真理性的检验，集中表现为在这种意识形态基础上建立起来的社会形态是否符合社会历史客观规律，而对社会历史客观规律的符合与否最终表现为是否有利于促进人类历史的进步发展，是否具有历史合理性，这从本质上讲就是它是否能够促进人类基本价值的实现。在各种意识形态的对比中，某种意识形态若是较之其他更能促进人类基本价值的实现，更能推动人类历史的进步发展，就表示这种意识形态在一定程度上符合社会历史规律，具有更多的真理性、科学性。

关于人类基本价值是意识形态真理性的检验评判标准问题，还涉及传统的真理检验命题，即"实践是检验真理的唯一标准"，这两者是什么关系？所谓真理的一般内涵是指主观与客观相符合，也就是主观认知能够反映事物的本来面貌与客观规律，而实践则是联系主观与客观、主体与客体的中介与桥梁，是主观见之于客观的活动。实践检验真理的过程主要是主体带有一定的目的性作用于客体，然后以这种实践目的是否顺利实现即实践效果来判断主观认知是否与客观存在相符合。因此，实践检验真理是一个比较抽象的说法，它的进一步表述应是，实践目的的实现与否是检验真理的标准。而这个实践目的还可以进一步具体化，在社会历史领域中，这个作为真理检验标准的实践目的主要是指生产力标准，人们检验一种社会理论的标准主要是看这种理论指导下的实践是否能够最终促进生产力的发展（实践目的），这也是唯物史观基本理论的表现。在唯物史观看来，生产力是社会发展的根本动力，社会历史的进步发展最终取决于生产力的发展。凡是能够推动生产力发展的就具有历史进步性、合理性，就是符合社会历史的根本客观规律的，就具有真理性；相反，凡是阻碍生产力发展的就是落后的、腐朽的，就是违背历史规律的，当然也就缺乏真理性。但是，生产力作为实践检验标准是从根本意义上说的，并且它毕竟只是表述了人在自然与物质世界面前的自由性，它还不能涵盖所有的社会历史活动领域，因此社会历史领域中真理的检验标准要发生扩展。在邓小平那里，这种扩展就表述为"三个有利于"的标准，即以是否"有利于发展社会主义社会生产力、有利于增强社会主义国家的综合国力、有利于提高人民的生活水平"作为检验社会理论真理性的标准。实际上，无论是生产力标准，还是"三个有利于"的标准，本质上都是人的价值追求或价值目标，因此，在社会历史领域，真理的检验本质上是一种价值检验的过程，当然，作为社会理论真理性检验标准的只能是历史整体高度的价值追求，而并非某些具体个体或群体的个别性、特殊性价值追求，因为只有总体性价值追求才能与根本性历史规律完全统一。而生产力标准与"三个有利于"标准等之所以能够成为社会历史领域真理检验的根本性标准，就是因为它们本质上是一种总体性价值追求，因而也就等同于历史必然性、历史合理性。人类基本价值则是对上述这些价值目标的一种理论概括与升华，它从历史高度上对人类价值追求进行高度抽象，在总体意义上标示出人类历史发展的基本价值趋向，它实质上也就是历史必然性、合理性，同时它能够涵盖、统摄人类社会历史的所有价值领域。这样看来，它与前两者的所指基本上是相通的，因此，人类基本价值也就必然会成为社会历史领域真理性检验标准。说人类基本价值是检验、评判意识形态这种社会理论真理性的标准与以往的实践标准、生产力标准与"三个有利于"标准在本质上是一致的，只不过它们言说的层面、侧重点有所不同而已。

总的来说，意识形态与人类基本价值的基本关系就是：意识形态在理论形式上可看作阶级意识对人类基本价值实现的一种系统理论解答，人类基本价值需要通过意识形态表达出来，而人类基本价值作为一种历史价值是意识形态的评判标准。

  本章主要论述了意识形态与人类基本价值的基本内涵以及两者的基本辩证关系，另外，本章还花费大量的篇幅阐述了一般人性与唯物史观的基本关系。这些论述都为之后人本德育根本性问题的唯物史观向度解答奠定了理论基础。

第四章
人本德育根本性问题的唯物史观向度解答

在前面的论述中，以往人本德育实现的根本性阻碍在于政治与德育的关系失衡问题，而政治系统是通过意识形态来介入德育领域的，所以政治与德育的关系又归于意识形态与德育的关系问题，因此，要实现人本德育，最根本的就是要处理好意识形态在德育中的位置，这是我们接下来要解决的问题。而对于意识形态内涵、特性以及基本规律的专门探讨就是为这个问题的解决奠定理论基础的，这个理论基础使得我们可以深入理解以往的德育泛意识形态化的实质究竟是什么，在此基础上再来探讨究竟如何处理意识形态与德育的关系，这就涉及了人本德育最终目标与本质的定位、人本德育的终极指向即独立人格的内在结构等问题。

我们将要说明以往德育泛意识形态化问题的实质是人民主体性的缺失，从而人本德育实现的根本性条件就在于德育中人民主体性的确立。德育中人民主体性的确立主要是指将蕴涵着人民主体性的人类基本价值与意识形态的辩证关系贯彻到德育之中，这样才能够正确处理意识形态在德育中的定位问题，才能够消解以往德育的泛意识形态化倾向。因此，德育领域中人民主体性的确立，是唯物史观向度中人本德育实现的根基，这样也就回应了本书最初所提出的问题：为什么只有将以人为本命题中的"以人民为本"贯彻到德育当中才能真正实现人本德育,至此,就完成了人本德育的唯物史观向度考察。

第一节　德育泛意识形态化的实质

以往人本德育的根本问题在于德育的泛意识形态化问题,为了解决这个问题,首先需要探究德育泛意识形态化问题的实质究竟是什么,而这也是以往人本德育研究一直忽视的一个问题。在以往关于人本德育的思考中,关于德育泛意识形态化的提法并不罕见,但通常止于对德育泛意识形态化问题的提出与现象描述,并且人们通常把德育的泛意识形态化等同于德育的泛政治化问题。实际上,这远远没有触及德育泛意识形态化问题的实质,这样就造成了以往的思考在此问题上大多停留于一种泛泛而谈,如人们通常都会说"既要避免德育的泛意识形态化,同时又要防止德育的非意识形态化",这一点当然是对的,但是仅限于此并不能提供更具可操作性的见解,缺乏根本性的解决德育泛意识形态化问题的建设性观点。

要探究德育泛意识形态化问题的实质,首先要确立一个思维方向,即德育泛意识形态化问题并不仅仅是一个教育问题。从结构上看,德育甚至整个人文教化本身是从属于意识形态总体的一个组成部分。所谓"意识形态总体"是指意识形态产生、发展、变动的社会历史运动整体。教育作为意识形态传播的一种媒介,是从属于意识形态总体运动的一个组成部分,它分有此总体运动的性质与问题,这意味着德育中出现意识形态问题的根源并不在于德育系统本身,而存在于这种意识形态总体运动当中,因此,关于德育泛意识形态化问题的实质需要从意识形态总体的背景下来考察。再者,我们所谈论的人本德育是社会主义社会形态背景之下的德育,所以,这里我们将要考察的就不是人类所有意识形态现象,而是社会主义的意识形态总体,即马克思主义作为一种意识形态的社会历史总体运动。

社会主义意识形态总体运动最根本、最重要的属性在于，它是一个追求真理与科学性的过程，所以，历代马克思主义思想家都强调马克思主义作为社会主义意识形态是一种科学。意识形态的科学性是与虚假性相对应的一个概念，我们前面在对意识形态概念的探讨中已经说过，在马克思看来，以往意识形态虚假性的社会性根源在于，它试图以一种特殊性的阶级利益立场来建立一种普遍性的思想理论体系，其结果就是这种带有普遍性形式的意识形态并不能真正反映普遍性规律，它只是代表了一种特殊性的价值立场，甚至是以普遍性形式来掩护这种特殊价值立场。于是，特殊性与普遍性的偏差造就了意识形态作为思想理论体系的虚假性，也可以说，特殊性与普遍性的偏差就是意识形态虚假性的逻辑学内涵。基于此，马克思主义认为要建立一种科学的思想理论体系就要打破这种偏狭的利益局限，归根到底，只有立足于普遍性的价值立场才能建立起名副其实的普遍性形式的意识形态理论。而在阶级对立还存在的情况下，就需要寻找一个最能够代表这种普遍性立场的阶级来完成意识形态科学性的转变。"这个阶级与整个社会亲如兄弟，汇合起来，与整个社会混为一体并且被看做和被认为是社会的总代表；在这瞬间，这个阶级的要求和权利真正成了社会本身的权利和要求，它真正是社会的头脑和社会的心脏。"[①] 当能够实现这种要求的时候，意识形态就真正具备了迈向科学性真理的基础。而马克思认为这个阶级就是工人阶级、无产阶级。在马克思主义看来，无产阶级是最先进的阶级，它是大工业与社会化大生产的产物，是先进生产力与先进生产关系的代表，代表了社会生产与社会发展的方向。无产阶级也是最具有革命性的阶级，它是一个被戴上彻底的锁链、遭受普遍苦难的阶级，是"一个表明一切等级解体的等级"，基于无产阶级能够"形成一个若不从其他一切社会领域解放出来从而解放其他一切社会领域就不能解放自己的领域"。因此，

---

① 《马克思恩格斯文集》第 1 卷，人民出版社 2009 年版，第 14 页。

无产阶级作为最先进的、最具有革命性与历史前途的阶级，是最能够消除价值立场的偏狭性、代表人类普遍利益的阶级，这就像马克思、恩格斯在《共产党宣言》中所说的，过去一切运动都是少数人的，或者为少数人谋利益的运动。无产阶级的运动是绝大多数人的，为绝大多数人谋利益的独立的运动。只有无产阶级才能够完成人类解放这种普遍性历史使命。于是，在马克思主义看来，立足于无产阶级立场之上才能够建立起一种科学的意识形态体系，在这里，意识形态的阶级性与科学性具有统一的基础。

但是，基于无产阶级立场之上只是扭转了以往意识形态虚假性的社会性根源，只是为意识形态科学性奠定了最根本性的现实基础或者说开辟了一条基本正确的方向，它并不代表这种意识形态立刻取得了绝对真理的地位，立刻获得了所有社会历史问题的一劳永逸的现成答案。实际上，社会主义意识形态的发展是一个艰难曲折的过程，它既达到过相对真理，取得过辉煌的成就，同时也出现过巨大的误差，遭遇了严重的挫折失败。这一点非常鲜明地体现在社会主义意识形态发展的历史现实当中。

马克思、恩格斯是社会主义意识形态的开创者，他们建立了包含着辩证唯物主义与历史唯物主义的哲学体系以及以剩余价值学说为核心的政治经济学，奠定了社会主义意识形态体系的哲学与经济学基础，他们还建立了科学社会主义理论，直接阐述了社会主义社会形态的一系列相关基本问题。

马克思、恩格斯根据唯物史观所揭示的人类社会发展的一般性规律以及剩余价值理论所揭示的资本主义社会的经济结构与运行规律，阐明了资本主义产生发展的基本轨迹以及资本主义必然被社会主义所代替的历史必然性。他们认为，资本主义曾经起到了巨大的历史进步作用，但是随着生产力的发展，资本主义生产关系与社会化大生产的矛盾会越来越激烈，资本主义生产关系终将不能容纳生产力的进一步发展，从而走向整个社会形态的崩溃。社会历史的变迁终究不是一种自然现象，要靠人的推动，而推动资本主义社会形态更替的就是无产阶级。马克思、恩格斯阐述了无产阶级的根本性质与历史地位、历史使命，指明了无产阶级作为先进生产力的代表，作为最具有革命性、组织性、纪律性的阶级将会是资本主义的终结者与新的社会形态的开创者。而无产阶级要想完成其自身的历史使命，就必须能够团结一致地行动，就要有一个领导组织，这就是无产阶级政党的建立。马克思、恩格斯阐述了无产阶级政党的性质、特点，认为无产阶级政党是由无产阶级中先进分子构成的政党组织，它代表了无产阶级的整体利益，没有任何同整个无产阶级整体利益不同的利益，并且它具有较高水平的领导组织能力与较高水平的理论素养，因而富有远见、能够了解无产阶级运动的基本规律，能够承担组织领导无产阶级运动的历史责任。无产阶级在其政党的组织领导下能够作为一个阶级采取整体行动，马克思、恩格斯认为，无产阶级需主要通过暴力革命的形式（他们也并不完全排斥通过议会形式和平过渡的可能性），打碎资产阶级的国家机器，建立无产阶级专政。马克思、恩格斯还根据巴黎公社革命的经验对无产阶级专政的政治形式进行了描述。在无产阶级专政的前提下，马克思、恩格斯阐述了新社会形态的发展阶段与基本特征，他们认为，无产阶级专政建立之后就出现了一个从资本主义社会到共产主义形态的过渡时期，在这个阶段，无产阶级利用其自身掌握的国家政权消除旧社会的痕迹、进行社会主义革命与建设，为将来进入共产主义奠定基础。在这里马克思还只是把共产主义视为一个统一的社会形态。之后马克思把共产主义区分为两个不同的发展阶段，即后来人们所说的社会主义与共产主义阶段。马克思、恩格斯对这两个阶段的基本特征进行了描述。在社会主义阶段，消灭了阶级对立与阶级差别，消灭了私有制，全部生产资料归社会直接占有，实行按劳分配，生产力有了巨大发展，社会生产按照计划进行，不存在商品与货币关系，但社会主义是一种初级阶段的社会形态，它还带有旧社会的痕迹。而在共产主义社会中，生产力极大发展，消除了旧式分工，实现了按需分配，人类实现自由全面的发展。

马克思、恩格斯以唯物史观与政治经济学为基础对社会主义社会形态产生发展的基本问题（如依靠力量、产生形式、发展轨迹、基本特征）做了初步的构想。这样就建立了社会主义意识形态的基本框架。但马克思、恩格斯也指出，他们的理论只是为人们开创新的社会形态开辟了一个新的方向，只是提供了一种基本方法而不是现成的教条。也就是说，这种理论框架并不提供社会主义发展所有问题的现成答案，未来的社会主义革命与建设事业要靠后来者自身结合变动的社会历史条件进行新的探索，正如恩格斯所说的："无论如何，共产主义社会中的人们自己会决定，是否应当为此采取某种措施，在什么时候，用什么办法，以及究竟是什么样的措施。我不认为自己有向他们提出这方面的建议和劝导的使命。"①

马克思、恩格斯之后，俄国在列宁的领导下建立了世界上第一个社会主义国家。而列宁在领导社会主义革命与建设事业过程中显然领会了经典作家这种关于社会主义意识形态发展的基本精神，他并没有教条式地遵循经典作家的理论，而是根据具体的社会历史条件发展了马克思主义意识形态。

马克思、恩格斯根据对其所处的社会历史环境的分析，曾认为社会主义将会首先在欧美那些资本主义比较发达的国家同时出现，他们在《德意志意识形态》中说过，共产主义只有在作为占统治地位的各民族同时爆发革命运动的基础上才能产生出来，恩格斯在《共产主义原理》中也说过，共产主义革命将不仅仅是一个国家的革命，而是将在一切文明国家里，至少是在英国、美国、法国、德国同时发生的革命，他认为，世界上其他落后地区只有在西欧社会主义成功之后，并在这些先进国家无产阶级的帮助下才能取得社会主义革命与建设的成

---

① 《马克思恩格斯文集》第10卷，人民出版社2009年版，第455—456页。

功。这就是马克思、恩格斯的"共同胜利论",这是他们在其所处的自由资本主义阶段对社会主义前景所作出的预测。而到了列宁时代,历史环境已经发生了变化,资本主义由自由竞争演变到以垄断为基本特质的帝国主义阶段。列宁把马克思主义基本原理与特定具体历史条件结合起来,提出了"社会主义一国胜利论"。列宁认为,在帝国主义阶段,经济与政治发展不平衡是资本主义的绝对规律,他断定社会主义革命有可能在帝国主义薄弱环节上的一个国家或者数个国家首先取得胜利,他认为,俄国就已经具备了这样的条件,这就突破了马克思、恩格斯之前的论断。

十月革命之后,为了保卫新生政权,俄国苏维埃共和国曾实施了一段时间的"战时共产主义政策",这种政策以余粮征集制、工业国有化、取消商品与市场机制、实施平均主义分配为基本特征,它巩固了无产阶级革命的胜利果实。但这种政策是一种应急措施,它本身不符合基本社会运行规律,因此,伴随着这种政策的实施就出现了越来越严重的政治危机与经济问题。对此列宁进行了反思,适时终止了战时共产主义政策,而采用一种"新经济政策"。"新经济政策"的主要特点在于,以粮食税代替余粮征集制,保护农民利益;恢复商品经济与自由贸易、允许小私有制经济的发展;发展利用国家资本主义,列宁将其视为社会主义的入口。新经济政策的实施,改善了农民生活,活跃了社会经济,对社会生产力的发展起到了促进作用。在新经济政策实施之后,列宁对俄国社会主义的发展道路进行了进一步的探索,如发展现代大工业,奠定社会主义的物质基础;通过合作制的方式引导小农经济走向社会主义;社会主义民主政治建设以及文化教育建设等。但是列宁的这些构想并没有来得及真正实施。

列宁之后,苏俄进入了斯大林领导时期,斯大林在探索社会主义建设过程中,在对社会主义一些基本问题的判断上出现了失误,如在对社会主义生产资料所有制问题上倾向于追求单纯而集中的公有制;在经济运行机制上，对商品经济规律的认知存在缺陷；在经济发展策略上偏重于重工业的发展，造成经济结构畸形；在社会主义社会的发展动力问题上强调阶级斗争的首要作用；在社会主义政治体制建设上缺乏正确的建设方向。于是，苏俄从斯大林开始建立起了社会主义建设的"斯大林模式"或"苏联模式"。这种模式的基本特征在于，在经济上建立起高度集中的计划经济模式，追求纯而又纯的公有制以及国家计划掌控下的经济运行机制，排除了市场机制以及多种经济成分的存在；在政治上建立起高度集权的政治体制，权力过分集中且党政不分，缺乏民主气息与法治建设，出现了严重的官僚主义乃至个人崇拜现象，并且以阶级斗争为国家政治生活的主题，导致了苏联"大清洗"运动的产生。在文化建设上，追求单一的一元思想状态，且以政治权力干涉学术研究，钳制思想自由，窒息文化活力。斯大林模式的形成虽然在当时的社会历史环境之下有其客观理由，也曾推动了苏联社会主义的发展，但是它本身存在着诸多违背社会客观规律的地方，其本身隐含着诸多的矛盾隐患。随着这种模式的推进，它所积累的矛盾问题也就越来越多，到最后积重难返，最终走向了崩溃，导致了苏联解体。

俄国社会主义革命的胜利给当时处于动荡时期的中国送来了马克思主义，但中国社会主义意识形态的发展同样是一个艰难曲折的过程。在马克思传入中国之初，中国共产党在领导革命运动中同样有过意识形态上的重大失误，如当时右倾机会主义错误与王明为代表的"左"倾冒险主义，这些指导思想上的失误使中国无产阶级革命遭遇了巨大的灾难，付出了惨重的代价。而毛泽东针对以往的失误，提出要把马克思主义的基本原理同中国的具体实际相结合，走中国化马克思主义的道路，沿着这条思想路线，以毛泽东为核心的中国共产党开创了新民主主义革命理论，为中国无产阶级革命运动提供了基本正确的指导理论。毛泽东指明了当时中国半殖民地半封建社会的基本性质，指出了中国无产阶级革命的基本道路要分两步走，即新民主主义革命阶段与社会主义革命阶段；对于新民主主义革命，毛泽东提出了无产阶级领导的、工农联盟为基础的、人民大众的反对帝国主义、反对封建主义和官僚资本主义的新民主主义革命总路线，并根据当时中国的政治、经济与社会状况，排除了苏俄的"城市中心论"的革命模式，提出了"农村包围城市、武装夺取政权"的新民主主义革命道路，也提出了新民主主义阶段的政治、经济与文化建设纲领。可以说，以毛泽东为核心的中国共产党比较成功地完成了马克思主义基本原理与中国革命实践相结合的理论创造工作，发现了新民主主义革命的基本规律，对此阶段革命运动的基本问题诸如革命性质、对象、动力、路线、策略等问题都作出了基本正确的解答。社会主义中国建立之后，以毛泽东为核心的中国共产党继续对中国社会主义革命与建设事业进行探索，并在理论与实践上取得了一定的成果，如以"一化三改"为指导思想制定了社会过渡时期总路线，顺利完成社会主义改造，创立了人民民主专政理论，初步建立了社会主义基本政治制度，这样就奠定了社会主义的政治经济框架；正确分析了当时中国社会基本矛盾性质、状况，把正确处理人民内部矛盾作为国家政治生活的主题；提出要实现重工业、轻工业和农业均衡发展，确定了"以农业为基础，以工业为主导"的社会经济建设方针。但是，此时期的意识形态建设存在着正确与错误交错并存的局面，一些正确的思想也并非得到真正实施，并且意识形态失误越来越明显。比如1957年之后，毛泽东提出阶级矛盾依然是中国社会的基本矛盾，这种"左"倾错误愈演愈烈，最后造成了"文化大革命"，给国家民族带来了深重的灾难。总的看来，在中国传统社会主义时期，意识形态建设在总体上是一个失误占主导的时期，并没有很好地解答社会主义建设的基本问题，这个时期犯了与苏联模式大致相同的错误，如"大跃进"，以阶级斗争为纲，高度集中的计划经济模式，高度集权的政治体系，存在比较严重的官僚主义乃至个人崇拜现象，法治建设匮乏、法治意识缺失，思想文化上僵化窒息、缺乏活力。

传统时期社会主义意识形态上的失误使得中国的社会主义事业遭遇了严重挫折。"文化大革命"结束之后，以邓小平同志为主要领导的党中央开始对传统的社会主义意识形态进行全面反思，开创了中国特色社会主义理论体系，从而开创了中国社会主义建设的新局面。

社会主义的发展历史表明，意识形态建设是极为重要的一个环节，社会主义意识形态取得成功，获得真理性、科学性，就能够极大地促进社会主义的发展、能够获得巨大的成就，而社会主义意识形态探索失败，以一种错误的意识形态理论为指导就必然会给社会主义事业带来灾难性的后果。前已述及，意识形态在本原形态上是一种知识体系，它本身具有真理与谬误的属性，但同时它是与政治或社会秩序直接相关联的知识体系。所以意识形态与自然科学研究（马克思并未把自然科学研究视为一种意识形态）的一个重大区别在于，意识形态上的重大失误所带来的灾难性后果是自然科学失误所无法比拟的，于是，对待意识形态问题需要一种慎之又慎的态度。而社会主义意识形态发展史留给我们的最重要的问题就是，社会主义意识形态达到真理性与出现谬误的根源是什么？我们如何能够保障社会主义意识形态尽量减少重大失误、尽量沿着科学的道路前行？实际上，这些问题在历代马克思主义思想家那里都得到了回应。

从逻辑上说，真理就是理论与实践、主观与客观的符合，这是真理与科学性最基本的内涵，所以保持意识形态科学性、真理性的基本要求就是意识形态作为理论要面向事实本身而不是以其他什么（如文本）为依据。所以，历代马克思主义思想家都主张反对教条主义、主观主义，要遵循实事求是、具体问题具体分析的思想路线。

作为社会主义意识形态的开创者、奠基人，马克思、恩格斯一再强调他们的理论不是教条而只是提供了一种方法，他们都反对对马克思主义作教条主义的理解，比如，恩格斯曾说："德国人一点不懂得把他们的理论变成推动美国群众的杠杆；他们大部分连自己也不懂得这种理论，而用学理主义和教条主义的态度去对待它，认为只要把它背得烂熟，就足以满足一切需要。对他们来说，这是教条，而不是行动的指南。"[1] 马克思还认为，真理不能以文本为依据，实践是真理的根基。"人的思维是否具有客观的真理性，这不是一个理论的问题，而是一个实践的问题。人应该在实践中证明自己思维的真理性，即自己思维的现实性和力量，自己思维的此岸性。"[2] 而列宁也曾批判教条主义，他曾说只有不可救药的书呆子才会单单引证马克思关于另一历史时代的某一论述来解决当前发生的独特而复杂的问题，他也认为真理在于面向实践，"理论在变为实践，理论由实践赋予活力，由实践来修正，由实践来检验"[3]。理论面向实践就是"对具体情况作具体分析"，列宁认为，这是马克思主义的精髓，马克思主义的活的灵魂。马克思主义经典作家的这些思想精神在中国马克思主义者当中也得到了继承，如毛泽东曾说："判定认识或理论之是否真理，不是依主观上觉得如何而定，而是依客观上社会实践的结果如何而定。真理的标准只能是社会的实践。"[4] 他认为要把握真理就要进行反复的实践。在中国马克思主义发展问题上，他明确反对教条主义、主观主义，认为那些将马克思列宁主义当宗教教条看待的人是蒙昧无知的。他认为马克思主义的"本本"是要学习的，但是一定要纠正脱离实际情况的本本主义。为此，毛泽东提出了实事求是的思想路线，主张一切从实际出发，把马克思主义的普遍真理同中国革命的具体实践相结合，他说：

> 共产党员是国际主义的马克思主义者，但是马克思主义必须和我国的具体特点相结合并通过一定的民族形式才能实现。马克思列宁主义的伟大力量，就在于它是和各个国家具体的革命实践相联系

---

[1]《马克思恩格斯文集》第 10 卷，人民出版社 2009 年版，第 557 页。
[2]《马克思恩格斯文集》第 1 卷，人民出版社 2009 年版，第 503—504 页。
[3]《列宁选集》第 3 卷，人民出版社 2012 年版，第 381 页。
[4]《毛泽东选集》第 1 卷，人民出版社 1991 年版，第 284 页。

的。对于中国共产党说来,就是要学会把马克思列宁主义的理论应用于中国的具体的环境。……使马克思主义在中国具体化,使之在其每一表现中带着必须有的中国的特性,即是说,按照中国的特点去应用它,成为全党亟待了解并亟须解决的问题。①

邓小平也曾说:"一个党,一个国家,一个民族,如果一切从本本出发,思想僵化,迷信盛行,那它就不能前进,它的生机就停止了。"②他指出,我们坚持对马克思主义的信仰,但是必须将马克思主义与中国实际结合起来,只有与中国实际相结合的马克思主义,才是我们所需要的真正的马克思主义。

由此看来,马克思主义体系中关于真理问题的一个基本原则就是:实践是真理的根基,理论面向实践是获得真理的根本途径,意识形态想要通达真理、获得科学性就必须遵循这一原则。但是这种基本原则还只是意识形态真理性的逻辑内涵,还只是人们对待意识形态发展的一种精神态度,仅仅在理性上认识到这一点并不能必然保证科学真理的获得,并不能必然避免走向谬误,因为这种精神态度可能会丧失,会走向主观主义与教条主义。比如,毛泽东曾是坚持这一原则推动马克思主义中国化的典范,但是他后来在社会主义建设探索过程中却出现主观主义与教条主义问题、出现了重大失误。这启示我们,在意识形态真理性问题上,不能仅仅停留于真理实践原则的理性认知上,还需要进一步探究这一基本原则的保障机制问题,也就是解决如何使我们自身能够始终坚持意识形态真理性原则的问题。这就不再是一个纯粹的逻辑问题,而是一个关于人们围绕意识形态生产问题所展开活动的社会现实问题,这涉及了意识形态的产生机制问题。所谓的"意识形态产生机制"是指意识形态究竟是由谁、通过什么样的途径来产生的,进一步来说,这个机制

---

① 《毛泽东选集》第 2 卷,人民出版社 1991 年版,第 534 页。
② 《邓小平文选》第 2 卷,人民出版社 1994 年版,第 143 页。

主要涉及各个社会群体在意识形态产生过程中究竟处于什么关系（可称为意识形态关系模式）。关于此问题，需要从列宁的灌输论谈起。

列宁的社会主义意识形态灌输论本来是一个直接针对教育问题而提出的理论观点，但它也涉及了社会主义意识形态产生机制与基本关系模式问题。

社会主义意识形态灌输论的思想在马克思、恩格斯那里就已有所萌芽，在他们看来，共产党是无产阶级中的先进群体，他们首先掌握了无产阶级意识形态，具有较高的理论水准，他们在理论方面比其余的无产阶级群众更为了解无产阶级运动的基本规律、发展道路。所以共产党必须对普通工人阶级进行思想理论的灌输。这种思想在列宁那里得到了继承，并得到系统的阐发。在列宁看来，社会主义意识形态是一种反映社会根本规律并指明人类解放道路的高级理论，是由特定的知识分子群体通过专门的精神生产活动所创造的，"是从有产阶级的有教养的人即知识分子创造的哲学理论、历史理论和经济理论中发展起来的"①，而领导无产阶级运动的革命家、政治家也必须具有高度的理论素养，正如列宁所说，"我们首要的最迫切的义务，就是帮助培养出在党的活动方面能够同知识分子革命家具有同等水平的工人革命家"②。实际上，在无产阶级革命运动中的先进分子通常兼具政治家与思想家的身份。列宁认为，社会主义意识形态作为一种高级理论并非普通工人群众能够自发形成的，普通工人群众的自发活动只能形成一种"工联主义"的意识，这是一种停留于简单、盲目的反抗手段并满足于眼前暂时利益的狭隘低级意识。列宁认为，停留于这种自发意识水平上的工人群众并不具备真正的阶级意识，是不可能找到真正的解放道路的，所以他反对对工人自发性的崇拜，主张把工人的意识从自发性提升到自觉性的水平。在列宁看来，能够完成群众的阶级意识提升任务的就是作为意识形态先进者、

---

① 《列宁选集》第 1 卷，人民出版社 2012 年版，第 317—318 页。
② 《列宁选集》第 1 卷，人民出版社 2012 年版，第 410 页。

主导者的无产阶级政党。后来的西方马克思主义者卢卡奇也对这种观点进行了确认。"无产阶级阶级意识的这种形态就是党。……党担当着崇高的角色：它是无产阶级阶级意识的支柱，是无产阶级历史使命的良知"①。无产阶级政党要通过教育手段把社会主义意识形态这种理论"从外面灌输进"工人群众的头脑当中，这就是列宁灌输论的要义。在这种灌输论中设定了一个意识形态关系模式，即作为意识形态先行者、生产者与教育者的无产阶级政党与作为意识形态匮乏者、接受者与受教育者的普通人民群众。

列宁灌输论中的这种设定反映了社会主义意识形态运行的现实状况，凸显了无产阶级政党在意识形态产生过程中的主体性，但同时这种设定还只是意识形态产生机制的一个侧面，另一个侧面则是意识形态运行中的人民主体性问题。

人民主体性即人民是创造历史的主体，这是唯物史观的基本观点之一，对此，我们在以人为本内涵部分已经有过详细的论述。人民这个概念可以从两种意义上言说：一是人民是一个阶级概念，它是与阶级敌人、历史反动者相对而言的；二是人民是社会管理层面的概念，它是一个与社会领导阶层相对而言的，在此意义上，人民是一个用于无产阶级群体内部构成划分的概念。这是人民概念所对应的两种关系模式。列宁灌输论关于无产阶级政党与普通群众的划分主要是基于第二种关系模式。人民主体性落实在无产阶级执政党与人民群众的关系模式中就表现为群众路线的基本原则，群众路线体现了人民主体性。

群众路线首先确认人民是历史发展的目的，同时也是无产阶级政党一切行动的目的，因此，无产阶级执政党是全心全意为人民服务的，它在最终意义上是为了实现人民解放事业的一种工具与手段，这正如邓小平所说："工人阶级的政党不是把人民群众当作自己的工具，而是自觉地认定自己是人民群众在特定的历史时期为完成特定的历史

---

① [匈] 卢卡奇：《历史与阶级意识》，杜章智等译，商务印书馆2004年版，第95页。

任务的一种工具。"① 但是人民群众并不仅仅是一种等待"被服务"的被动客体，它本身就是历史创造的主体。而无产阶级政党的任务则在于对人民主体性进行唤醒与引导，"党的全部任务就是全心全意地为人民群众服务；党对于人民群众的领导作用，就是正确地给人民群众指出斗争的方向，帮助人民群众自己动手，争取和创造自己的幸福生活"②。而人民群众的这种主体性不但是一种客观物质力量，也是一种精神力量，所以人民群众不但是物质财富的创造者，也是先进文化的创造者。而社会主义意识形态的发展就是社会主义精神文化建设的核心问题，于是人民群众的这种精神主体性也就必然能够参与到社会主义意识形态的产生机制当中。那么问题在于，这个参与过程是如何发生的？

首先，从逻辑内涵角度来说，人民主体性当中蕴含着意识形态评判的标准。毛泽东指出："共产党人的一切言论行动，必须以合乎最广大人民群众的最大利益，为最广大人民群众所拥护为最高标准。"③ 在毛泽东看来，正确的任务、政策和工作作风，都是和当时当地的群众要求相适合，都是联系群众的；而错误的任务、政策和工作作风，则是和当时当地的群众要求不相适应，是脱离群众的。邓小平指出："中国共产党员的含意或任务，如果用概括的语言来说，只有两句话：全心全意为人民服务，一切以人民利益作为每一个党员的最高准绳。"④ 习近平总书记指出："人民是我们党的工作的最高裁决者和最终评判者。"⑤ 这种观点是整个马克思主义中国化体系的一个基本原则，它意味着社会主义意识形态的成败真假判断的标准就在于人民的利益、人民的要求、人民的判断。而我们在前面说过，人民群众是人类基本价值的主要承载者，

---

① 《邓小平文选》第 1 卷，人民出版社 1994 年版，第 218 页。
② 《邓小平文选》第 1 卷，人民出版社 1994 年版，第 217 页。
③ 《毛泽东选集》第 3 卷，人民出版社 1991 年版，第 1096 页。
④ 《邓小平文选》第 1 卷，人民出版社 1994 年版，第 257 页。
⑤ 《习近平谈治国理政》第 1 卷，外文出版社 2018 年版，第 28 页。

所谓人民的利益、人民的要求、人民的判断的实质就是人类基本价值，因此，人民作为意识形态评判标准的逻辑内涵就在于："人类基本价值是意识形态的评判标准"，这样看来，在逻辑层面，人民主体性参与意识形态运行机制的基本形式之一就是以人类基本价值为意识形态提供了评价标准，这是人民群众在意识形态参与中特有的精神主体性。

其次，从现实活动机制的角度来说，人民群众要发挥主观能动性，就要以现实主体的角色参与到意识形态的创造活动当中。以人民主体性为核心的群众路线的必然要求就是发挥人民群众在意识形态产生机制中的主体作用，这就是邓小平所说的：

> 社会主义现代化建设的极其艰巨复杂的任务摆在我们的面前。很多旧问题需要继续解决，新问题更是层出不穷。党只有紧紧地依靠群众，密切地联系群众，随时听取群众的呼声，了解群众的情绪，代表群众的利益，才能形成强大的力量，顺利地完成自己的各项任务。①

江泽民直接提出，"理论创新，必须尊重人民群众的首创精神"②。习近平总书记指出，"坚持以人为本，尊重人民主体地位，发挥群众首创精神"③。人民群众之所以可以参与意识形态理论创新，是因为他们在接受一定的意识形态教育之后就已经具备了一定的理论素养，具备了参与理论创新活动的主体性。

综上所述，社会主义意识形态的产生机制或关系模式主要指涉无产阶级政党与人民群众的关系，这个关系模式有两个基本侧面，其一，按照列宁的灌输论，无产阶级政党是社会主义意识形态的先进者、创造者

---

① 《邓小平文选》第 2 卷，人民出版社 1994 年版，第 342 页。
② 《江泽民文选》第 3 卷，人民出版社 2006 年版，第 132 页。
③ 《习近平关于"不忘初心、牢记使命"论述摘编》，党建读物出版社、中央文献出版社 2019 年版，第 130 页。

与教育者，而人民群众则是意识形态匮乏者与接受者。但这种观点只是对意识形态产生机制的一种"静态切片"描述。其二，此关系模式的另一个侧面则是，由人民主体性与群众路线所展示的人民群众在社会主义意识形态产生机制中的主体作用。可以说，这两个方面是对社会主义意识形态产生机制不同侧面的描述，它们都是成立的，都是对客观现实的反映，并且这两个是可以统一的，一种健康的意识形态产生机制需要无产阶级政党与人民群众两者主体性的共同发挥与交互作用。单纯强调任何一方的主体性都不足以构成完整科学的意识形态产生机制，因为任何一方本身都不可能是完美主体，比如，对于执政党来说，无产阶级政党虽然是社会主义意识形态的先导者，但是它的认知能力与实践能力总是有限的，它不可能完美解决所有问题，并且它本身还存在着各种问题与不足，恩格斯早就说过："人们不要再总是过分客气地对待党内的官吏——自己的仆人，不要再总是把他们当做完美无缺的官僚，百依百顺地服从他们"①。所以社会主义政治一直强调人民监督、强调党自身的建设。而对于人民群众，虽然它有着参与意识形态的主体性，甚至在逻辑上提供了意识形态检验的根本标准，但这并不代表它可以独立完成意识形态创造，毕竟，按照列宁灌输论，人民群众本身带有比较强的自发性与盲目性，是需要加以提升的群体，并且社会分工对其意识形态创造能力也是一种限制。再者从认识论角度来说，人民群众的认知能力也是有限的，它提出的观点并非都是正确的，邓小平就曾指出，人民群众提出的意见，当然有对的，也有不对的，对其要进行辩证分析。

所以，社会主义意识形态的产生机制与关系模式只能是无产阶级政党与人民群众的主体间性，在意识形态的创造过程中，任何一方都不能单独号称是真理的掌控者，真理产生于主体间性。这种主体间性的具体表现形式，就是毛泽东说过的：

---

① 《马克思恩格斯全集》第38卷，人民出版社1972年版，第33页。

必须是从群众中来，到群众中去。这就是说，将群众的意见（分散的无系统的意见）集中起来（经过研究，化为集中的系统的意见），又到群众中去作宣传解释，化为群众的意见，使群众坚持下去，见之于行动，并在群众行动中考验这些意见是否正确。然后再从群众中集中起来，再到群众中坚持下去。如此无限循环，一次比一次地更正确、更生动、更丰富。①

这个过程就包含了意识形态产生机制当中无产阶级政党与人民群众之间的交互作用。这种以主体间性为核心的意识形态产生机制虽然不能完全保证意识形态不犯任何错误，但是至少可以通过主体间性的调动对意识形态创造过程中的任何一方主体的主体性进行制衡，使之不至于过度膨胀而陷入主观主义与教条主义（因为主观主义与教条主义并不仅仅是一种理性认知方法的错误，而更主要是一种主体性膨胀的精神态度，这种膨胀使人们专断、骄横、自作聪明，在理论创造上就表现为主观主义与教条主义），从而能够最大限度地保障意识形态创造主体能够坚持理论面向实践、实事求是的精神态度，可以保障尽量减少意识形态失误，尽量使意识形态趋近真理性、科学性。

以上阐述了社会主义意识形态健康发展的基本机制，它强调了无产阶级政党与人民群众在意识形态创造过程中都具有主体地位，任何一方的缺失都会使社会主义意识形态发展出现问题，这是一种逻辑层面的表述。但是，在社会主义发展的历史现实中，这个基本机制缺失的通常是人民主体性。

前面说过，意识形态真理性的逻辑内涵在于主观与客观、理论与实践的契合，对这一原则的背离主要是由主观主义与教条主义的思想态度造成的。可以继续追问，主观主义、教条主义产生的根源是什么？实际上，邓小平对此问题已经给出了解答："主观主义者不懂得，只有首先

---

① 《毛泽东选集》第3卷，人民出版社1991年版，第899页。

善于做群众的学生的人，才有可能做群众的先生，并且只有继续做学生，才能继续做先生。一个党和它的党员，只有认真地总结群众的经验，集中群众的智慧，才能指出正确的方向，领导群众前进。"① 这段话其实包含了两层意思。其一，意识形态创造问题上的主观主义与教条主义主要是针对作为意识形态先导者的无产阶级政党而言的；其二，主观主义与教条主义是由脱离人民主体性与群众路线所造成的，其实质就是政治权威与知识精英在意识形态问题上的"独断""独语"。也就是说，当无产阶级政党在意识形态问题上脱离人民主体性与群众路线的时候，它的主体性无限膨胀、获得了关于真理的绝对话语权，于是一种缺乏制衡的话语就很容易陷入独断的主观主义与教条主义思想状态，也就是脱离了实事求是、理论面向实践的精神态度。以上论述包含了这样一个逻辑：社会主义意识形态最根本的问题就是真理性、科学性问题，造成意识形态谬误的直接原因是主观主义与教条主义的思想态度，而这种错误的思想态度产生的根源则在于意识形态创造机制中人民主体性的缺失，也就是群众路线的缺失。所以，结论在于，传统社会主义意识形态发展最根本的问题就在于人民主体性的缺失，这是以往意识形态出现重大失误的主要根源。这一点也就是历代马克思主义者所说的，对于无产阶级政党而言，最大的危险就是脱离群众，而脱离群众就是由于无产阶级政党的主体性过度膨胀，这正如列宁所说的："我们党目前也许会陷入十分危险的境地，即变得骄傲自大起来。这是十分愚蠢、可耻和可笑的。大家知道，一些政党有了骄傲自大的可能，这往往就是失败和衰落的前奏。"② 社会主义的历史现实也证明了这一观点的正确性。在社会主义发展中，任何一次重大的社会意识形态失误的背后必定伴随着意识形态产生机制的失衡，也就是政治权威与知识精英的独语与人民群众在意识形态领域中的被动与沉默，意识形态创造主要是政治权威与知识精

---

① 《邓小平文选》第 1 卷，人民出版社 1994 年版，第 218—219 页。
② 《列宁全集》第 38 卷，人民出版社 2017 年版，第 361 页。

英的事情，而人民群众则只是沉默被动的接受客体，只是盲目跟从主导者的意识形态指引。这种现象在传统社会主义历史中确实存在，刘明君等认为：

> 从斯大林开始，社会主义国家就将某一阶段提出的意识形态观点视为绝对真理，党被神化为绝对英明和绝对正确，不可能犯任何错误，党的领导人的新的不同观点都被视为对马克思主义的创新，意识形态成为论证领导人理论创新的工具，缺乏科学的批判态度，意识形态思想高度一致，容不得半点反对意见。①

李德顺也说：

> 在我国一度盛行的教条主义和极左思潮下，对社会主义本质的理解和解释中存在着不少似是而非的东西。……一部分人凭借权势以代表社会主义的"真理"自居，却拒绝接受人民群众社会实践的检验等等。并由此而导致种种偏执和僵化的态度。②

人民主体性的缺失是传统社会主义"意识形态总体"的根本性问题，而以泛意识形态化为基本特征的传统德育是意识形态总体的组成部分，它服务于这个宏观的历史运动，因而也就具有这个历史运动的特质。于是传统社会主义意识形态历史运动层面的根本性问题也就成了传统德育的最根本性特征，即德育泛意识形态化问题的实质是德育中人民主体性的缺失。传统德育中人民主体性的缺失主要表现为两个方面：其一，体现了活动机制层面上人民主体性的缺失。前文曾论述传统社会主

---

① 刘明君等：《多元文化冲突与主流意识形态建构》，中国社会科学出版社 2008 年版，第 219—220 页。
② 李德顺：《邓小平人民主体价值观思想研究》，北京出版社 2004 年版，第 82 页。

义德育作为一种泛意识形态化德育，其基本特征是一种由于政治系统的扭曲而偏离人本精神所产生的物化、奴化德育，它培养的是一种缺乏自主独立性的依附型人格。这种依附型人格从意识形态的角度来说，就是对于社会政治与知识权威所传达的意识形态内容不需要它作出独立思考与不同观点，只是需要它能够认同、接受与服从。这种人格的产生就使得作为意识形态接受者的人民群众本身在意识形态生产机制中完全处于被动客体的地位，从而适应或者服务于当时的意识形态总体运动。因此，传统德育所造就的依附型人格背后就是活动机制层面上人民主体性的缺失，这是泛意识形态化德育的社会性内涵。其二，思想构成层面上人民主体性的缺失，也就是在德育内容上是一种单一的纯而又纯的意识形态，排除其他任何精神存在。在传统社会主义意识形态总体运动中，由于政治权威与知识精英是意识形态的承载者与主导者，同时，由于存在着单一主客体关系，因此意识形态的主导者就把其自身持有的意识形态作为一种绝对真理，它不但排除了其他思想文化对德育的介入（如苏联时期以及中国计划经济时期不但排斥西方思想文化同时也排斥其自身的传统文化），同时也排除了意识形态的根本评判标准，于是就变成了意识形态验证其自身的过程（本本主义、教条主义本身就是把意识形态理论视作绝对真理，于是意识形态本身就成了不需要外在标准评判的存在）。由于意识形态的评判标准是人类基本价值，而人类基本价值的承载者是人民群众，它彰显了人民群众自身精神主体性的特质，因此，德育泛意识形态化排斥其他思想文化、排斥一种普遍价值的判断标准，实质上也就是在思想文化构成上排斥了人民群众的精神主体性。这是泛意识形态化德育缺乏人民主体性的第二层内涵。

至此，可以得出结论，德育泛意识形态化问题的实质是人民主体性的缺失，具体来说就是德育中人民主体性在活动机制或关系模式与思想构成两个方面的缺失。前面我们说过，人本德育缺失的根源在于政治与德育关系失衡问题，此问题又可归结为德育的泛意识形态化问题，而德育泛意识形态化问题的实质则在于德育中人民主体性的缺失,这可以说是人本德育缺失的最根本性的原因。因此,总的说来,我们要实现人本德育,就要处理好政治与德育的关系,进一步来说,就是要在防止德育非意识形态化的前提下,解决德育泛意识形态化问题,也就是要处理好意识形态在德育中的定位问题,而这种定位就要以德育中人民主体性的确立为主题或指向,从而为人本德育的实现奠定根本性基础。

第二节　德育中人民主体性的确立与人本德育的实现

　　根据前面的推理,人本德育实现的根本条件在于德育系统中人民主体性的确立,这是德育根本问题的解决。这里需要说明的是,所谓在德育系统中确立人民主体性并非列宁所批判过的那种取消意识形态引导与灌输、对群众自发性的崇拜,毕竟,"对于社会主义国家来说,除了工人阶级先进政党主导的灌输,不存在其他'自发'或者'自主'的'追求自己目的'的思想政治教育活动,也不会走上科学社会主义的道路。"[1] 取消灌输、对群众自发性崇拜就很容易演变为德育非意识形态化,而德育非意识形态化的实质则是否定社会主义意识形态主导而走向其他意识形态,这样对德育根本性问题的处理就变成了与德育泛意识形态化一样的错误极端。因此,这里的人民主体性的确立是针对德育的泛意识形态化问题而言的,它要解决的是在坚持意识形态引导与灌输论的前提下,如何避免意识形态运动的单一主客体问题(即人民主体性丧失,成为单纯被动接受的客体),因此,也可以说,它所追求的是灌输性与人民主体性的统一。

　　问题在于,德育中人民主体性是如何确立起来的,它是怎样为人本

---

[1] 刘书林:《论思想政治教育的本质——坚守"灌输论"的缘由》,《思想理论教育导刊》2012年第10期。

德育的实现奠定根本基础的？这是一个比较复杂的问题，它涉及了几个概念即意识形态、人民主体性以及人本德育的实现之间的逻辑关系问题。这里的人民主体性是意识形态总体运动中人民群众的精神主体性，它有两层意思：一是活动机制意义上的人民主体性，是指人民在接受来自无产阶级政治权威与知识精英所传达的意识形态时所具有的思想意识方面的主观能动性，这种意义上的人民主体性实际上也就是具有反思、批判能力的独立人格的存在，而人本德育的实现本身即是指独立人格的确立。所以这种意义上的人民主体性与人本德育的实现本身两者是等同的。二是思想构成意义上的人民主体性，指人民群众所持有的人类基本价值在与意识形态关系中的意义。这样看来，人本德育中人民主体性的确立有两种意义：其一是人本德育的实现即独立人格的实现本身，这是目的论意义上德育中人民主体性的确立；其二是德育所涉及的思想构成意义上人民主体性的确立，也就是将意识形态与人类基本价值的辩证关系贯彻到人本德育当中，从逻辑结构上改变以往的德育泛意识形态化状况，这是方法论意义上德育中人民主体性的确立。而德育中人民主体性确立的过程就是以方法论意义上人民主体性的确立为前提达到目的论意义上人民主体性的确立。

这个思路的具体逻辑在于：目的论意义上德育中人民主体性的确立本身就等于是人本德育终极目标即独立人格的确立，两者实质等同，只是言说的角度有所差异。而关于确立主体性人格、独立人格虽然是学界关于人本德育终极目标的共识，但这种人格的独立自主性、能动性究竟是什么意思，其内涵究竟是什么？此等问题却是始终没有真正触及的。在这里我们将对人格的这种独立自主性的内涵或具体机制作出说明，这也就是等于说明活动机制意义上的人民主体性的内涵。由于这种主体性是针对意识形态教育而言的，因此，它必然涉及人类精神世界中意识形态的基本运动规律问题，这就涉及了意识形态与人类基本价值辩证关系问题，这也就涉及了逻辑结构意义上或者说方法论意义上的人民主体性问题。因此，要在德育中确立活动机制意义上或者目的论意义上的人民主体性就必须以逻辑结构意义上或者说方法论意义上人民主体性的确立为基础。也就是说，我们要在德育中确立人民主体性的具体过程就是：将方法论意义上的人民主体性放置到德育系统当中，在此过程中展现目的论意义上人民主体性的内涵或具体机制究竟是什么，从而达到活动机制意义上人民主体性的确立，这是德育中人民主体性确立的最终实现。而这同时回应了意识形态与德育的关系或德育中意识形态的定位问题（即回应了前面所说的人本德育的根本性问题——"德育与意识形态的关系问题"），从而为人本德育终极目标即独立人格的实现奠定最根本的基础。下面我们将要说明的是，人类基本价值与意识形态的辩证关系是怎么贯彻到人本德育当中的，这个过程会涉及德育的哪些基本问题。

意识形态与人类基本价值辩证关系是一种思想观念层面的存在，它在德育领域中最终体现在人本德育的逻辑终点即独立人格的内在结构上。但德育最终目标的内涵或结构问题与德育的本质、目标定位问题密切相连，也可以说，德育的本质与目标定位是人本德育终极目标的基本内涵与内在结构确立的逻辑前提，只有当我们能够正确解决人本德育的本质与目标定位问题时，才能够自然而然地引申出独立人格的内在结构问题。因此，将意识形态与人类基本价值辩证关系贯彻到人本德育当中首先涉及的问题就是人本德育的本质与目标定位问题。

正像有些学者所说的，由于某些哲学理论上的误区，我国思想界在一段时间内存在着不敢谈"人"的局面，这种现象也同样存在于德育领域中。当提出了以人为本作为社会发展的主题之后，"人"就逐渐成为各学术思想领域中的一个核心问题，而人本德育也由此兴起。德育研究借助这种思潮，开始对以往的德育进行反思。人们普遍认为传统德育是一种带有工具论色彩的以社会本位为核心价值取向的德育模式，工具化与社会本位的德育"就是把德育理论、德育只是主要作为工具而不是主要作为取向、主要作为外在施加而不是主要作为内在需要的倾向，如……德育是为了满足社会的需要，就是其工具性而不是目的性的表达"①。并且人们也认识到这种社会本位德育实质上是一种以政治目的为本位的德育，比如刘卓红、钟明华等认为："长期以来，传统的高校德育形成了一种只重视德育在社会发展中的作用的倾向，德育为社会服务、为政治服务成为衡量德育有效的唯一标准。在他们眼中，社会性成为德育的唯一功能，其中，政治性又成为德育在有阶级社会中的首要的社会性功能。"② 传统德育模式以社会目标为德育的根本，从而把人本身作为达到某种社会目的的工具，于是就出现了物本或者奴化的教育现象，从而遮蔽了德育的本真即人本身的发展。这种反思促使人们普遍提倡人本德育，提出人格的生成与确立才是德育的本质与终极目标。比如郑永廷等认为，社会秩序的稳定与维护是德育的"外在工具价值"，人本身的发展是德育的"内在本体价值"，所以要"把促进大学生成长成才和全面发展作为思想政治教育的根本价值取向，尊重人，理解人，教育人，引导人，关心人，帮助人。"③ 张耀灿等说："思想政治教育最本原的目的是促进人类更好地生存和发展；其终极价值追求是人的自由全面发展，是使人从动物性存在提升到人性存在"④。这里所谓"根本价值取向"与"最本原的目的"也就是德育的终极目标，而这种终极目标就决定了德育的本质在于以人为本。

人本德育的基本内涵，正如胡锦涛所指出的，"既要坚持教育人、引导人、鼓舞人、鞭策人，又要做到尊重人、理解人、关心人、帮助人"⑤。习近平总书记指出："要把立德树人的成效作为检验学校一切工

---

① 郑永廷等：《主导德育论》，人民出版社 2008 年版，第 248 页。
② 刘卓红、钟明华等：《开放德育论》，人民出版社 2008 年版，第 165 页。
③ 郑永廷等：《主导德育论》，人民出版社 2008 年版，第 249、166 页。
④ 张耀灿等：《思想政治教育研究的人学取向探析》，《思想理论教育导刊》2006 年第 12 期。
⑤ 《胡锦涛在全国宣传思想工作会议上发表重要讲话》，《人民日报》2003 年 12 月 8 日第 1 版。

作的根本标准，真正做到以文化人、以德育人"。① 所以，以人格的生成为德育的本质与终极目标，这表面上看起来是人本德育的逻辑必然，似乎不成为什么问题，但实际上问题没那么简单。通观国内学界的德育研究状况，可以发现，尽管人本德育命题要求人们以人格培育为德育本质，但也存在不同的观点表述，有些学者认为，政治性就是德育的本质属性，在他们看来，思想政治教育就是为无产阶级政党服务的一种工具，通过思想政治教育调动民众革命与建设的积极性，为实现无产阶级政党的任务与目标而奋斗。也有人说："从本质上讲，思想政治教育就是一种灌输主流意识形态、开展意识形态教育的实践活动，是统治阶级将自身的意志上升为全社会共同意志的中介和手段，其终极目标是维护统治的合法性，是为统治阶级服务的。"② 以上观点是目前德育研究中的一种较为普遍的表述。可以看出，尽管人本德育是现代德育的核心主题，但是人们对德育本质的理解依然存在着分歧与矛盾，并且，这种分歧与矛盾并不仅仅存在于个体之间，还存在于某些人自身的思想之中。比如，有人一方面肯定以人为本是德育的本质，"思想政治教育的出发点和归宿点都是人，其价值诉求必然以人为核心""坚持以人为本是大学生思想政治教育价值本质的体现"。同时也会说："思想政治教育是一定的阶级或政治集团，为实现一定的政治目标，有目地对社会成员施加意识形态影响，使其形成本阶级所需要的思想品德的社会实践活动。"因此，社会政治目标"是我们确立思想政治教育价值目标的主要依据。"③ 也有人一方面批判传统德育的社会政治本位性，主张德育要以人为本，"在一些高傲的头颅看来，思想政治教育是为统治阶级服务的，它除了对统治阶级的思想观念进行理论上的阐释和论证，以维护统

---

① 习近平：《在北京大学师生座谈会上的讲话》，人民出版社 2018 年版，第 7 页。
② 谢宏忠：《大学生价值观导向——基于文化多样性视野的分析》，社会科学文献出版社 2010 年版，第 103 页。
③ 董重转：《以人为本：大学生思想政治教育的价值诉求》，《中国高等教育》2010 年第 13、14 期。

治阶级的统治地位和物质利益以外,不可能有新的突破",社会主义德育"其教育目的则是培养自由全面发展的人"。另一方面也会说:"从本质上讲,思想政治教育就是一种灌输主流意识形态、开展意识形态教育的实践活动,是统治阶级将自身的意志上升为全社会的共同意志的中介和手段,其终极目标是维护统治的合法性。"① 这种关于现代德育本质理解的分歧与矛盾在一定程度上是普遍存在的。于是我们发现,在人本德育大行其道的今天,很多人大谈德育的人本本质,并以此批判传统德育的社会本位与工具化倾向,但同时人们也会说社会政治就是德育的本质属性和终极目标。

一般而言,德育当然可以同时兼具育人功能与社会功能,两者并不必然形成冲突、矛盾,但是,德育的本质在于它具有一种终极意义的属性,即它是一种最终的、本原的属性,这种属性只能是单一的而非多元并存的,这种逻辑规定性决定了无法把以人为本与社会政治本位同时作为德育本质规定性。而以上所引观点都涉及在终极、本原意义上谈论德育本质,把两种不同性质同时作为德育的本质,这样就引起了关于德育本质理解的分歧与矛盾。那么,我们究竟该如何理解德育的本质问题?对此,我们首先应该明确以社会政治性界定德育本质的观点存在着一些理论问题。

从纯粹逻辑的角度来说,将社会政治功能作为德育的本质属性是站不住脚的。因为所谓本质的规定性,就是一种能够决定事物存在及其合理性的根本性规定,它可以引发与统摄这个事物本身所具有的其他属性,这个事物的所有属性都可以从这个根本规定性当中推导出来,或者可以依据这个规定得到说明。对于德育的本质问题而言,政治性显然无法承担这个任务。这是因为,虽然社会政治功能是德育的一个重点问题,是德育社会价值的最重要维度,但是政治性仅仅是社会生活的一个

---

① 李辽宁:《当代中国思想政治教育意识形态功能研究》,武汉大学出版社2006年版,第2、82、57页。

部分，也仅仅是人格的一个组成部分，它并不足以代表整个人格的根本特性。所以，从社会政治角度来理解德育本质在逻辑上是说不通的。

从德育理论的角度来说，把社会政治性作为德育的本质也会推论出一些不合理的结论。以社会政治功能界定德育本质的观点通常是基于这样一种事实：古今中外的一切统治阶级为了巩固他们自己的政治统治和实现其自身特定的社会政治经济文化目标，都会把他们自己的思想理念通过教育传达给社会成员，使其具有统治阶级所期望的思想政治素质，从而有利于社会统治秩序的稳固。正如马克思所说的，统治阶级的思想向来是占统治地位的思想，而德育或思想政治教育从产生以来就被定位为服务阶级统治，所以，以社会政治来定位德育本质似乎没什么问题。确实，在人类历史上德育都是被用来服务统治秩序的稳固，这种历史惯性如此强大，以至于在今天的社会主义社会中人们依然延续着这种思维定势，所以现今国内学界对于德育或思想政治教育的基本界定就在于：德育是指占统治地位的社会群体（如阶级、政党或其他社会群体）为了实现其根本的政治经济目的，而用一定的思想观念、政治观点、道德规范，对其成员施加有目的、有计划、有组织的影响，使他们形成符合社会统治群体所需要的思想品德的社会实践活动。这是关于德育界定的一种最流行的说法，其核心概念就是统治秩序的维护与巩固。这种界定确实反映了德育的某种历史状况，表面看起来是没有什么问题的，但它却存在着一种缺陷，即用一个抽象、统一的定义遮蔽了社会主义德育与以往阶级社会德育之间的本质区别。这是因为这种关于德育的统一定义至少在表述形式上隐含着一种政治关系，即德育是为了满足统治阶级或者当权者的统治目的而影响整个社会成员思想意识的一种工具，在这里，统治阶级或当权者的目的才是最终目的，其他都是工具性存在。但这种政治逻辑只适用于以往的阶级社会，以往阶级社会的德育是依据统治阶级与被统治阶级的政治关系框架建立起来的，在此框架下的德育确实是一种统治工具，最终目的是服务统治秩序。而社会主义社会中的基本政治关系即无产阶级执政党与人民群众的关系则是完全不同于以往的政治关系的。在这种框架之下的德育，按照马克思主义经典作家的观点，更为准确地说来，它应该是一种连接无产阶级政党与人民群众的中介环节，而不能简单地说成是一种为了维护统治秩序的工具，毕竟，无产阶级政党不是统治阶级，人民群众也不是被统治阶级。但是，当一些人被历史惯性所支配，以一种统一的定义来对社会主义德育本质一概而论时，就很容易给人一种印象，即社会主义德育是出于满足某些当权者的需要。这样不但很可能会混淆不同社会形态下德育本质的区别，甚至也存在着在无意中混淆社会主义与以往阶级社会的政治关系的危险。比如有人曾写道，从社会政治功能角度来说，德育或思想政治教育的根本性评价标准只有一条，即是否有利于维护统治阶级的统治地位，具体来说，要看思想政治教育"是否有利于维护统治阶级的政治权威，树立统治阶级的良好形象"，但紧接着在这句话的解释中又说"在实际生活中，要想执政党的执政理念、政策方针获得民众的理解和支持，需要大量的宣传、解释工作……在这个过程中，社会成员的政治素养得到了提高，执政党的政治权威也得到了确立和维护。"[1] 这种论述就在无意中将"无产阶级政党"与"统治阶级"相混淆、将社会主义政治关系与以往社会形态的政治关系相混淆。

可见，人们看到了以往阶级社会中德育的本质功能在于维护统治秩序，这种德育本质在人类以往的历史中一以贯之，但这并不代表这种德育本质定位本身必然具有合理性。而现今一些人却在一种惯性思维的驱使下把这种德育本质的理解模式直接套用在社会主义德育本质问题上，所以就出现了从社会政治角度上对德育的一般性、抽象性本质的界定，这个界定不但涵盖了以往阶级社会的德育状态，也把社会主义德育也囊括进去。这种思维的结果就是不但看不到社会主义德育的特质，蕴含着

---

[1] 李辽宁：《当代中国思想政治教育意识形态功能研究》，武汉大学出版社2006年版，第207—208页。

向传统德育倒退的危险,而且存在着混淆社会主义与以往社会形态的政治关系的危险。

通过以上论述可以看出,在现今的德育研究中人们处于一种纠结状态,即在德育人本本质与德育政治性之间的纠结。一方面,以人为本的逻辑内涵本身就表明了德育是以人格本身的生成发展为终极指向,德育的本质当然应是以人为本,甚至可以说,即使没有以人为本概念为前提,德育的应然本性也应该是追求人本的,所以我们前面梳理德育历史时发现人本德育是人类的一种普遍性追求(只不过这种追求被扭曲了,没有真正得到实现);另一方面,人们又执着于德育的政治功能,认为这应该是德育最重要、最不可动摇的属性,似乎政治性才是德育的本质。这种纠结意味着,虽然党中央明确提出德育或思想政治教育要以人为本,但实际上学界中人本德育的理论并未彻底打通,这其中的关键就在于人们对德育的人本性与政治性的关系并未有真正透彻的认识。

我们说社会政治性不能作为德育本质,并不代表把社会政治功能排除在德育之外。社会政治功能确实是德育最基本也是最重要的社会价值,历代马克思主义思想家都明确强调了这一点,如列宁曾多次指出,在教育工作的整个方针方面我们反对教育脱离政治,不能让教育工作不联系政治。毛泽东曾说,青年学生不仅要学习专业知识,还要在思想上有所进步,政治上也要有所进步,这就要学习马克思主义。他认为,一个人的人格中没有正确的政治观点就等于没有灵魂。邓小平也提出高校应该永远把坚持正确的政治方向放在第一位。据此可以说,社会主义德育与以往社会形态的德育在社会政治功能方面有某些相通之处,但更重要的是它们之间存在着根本性的区别。也就是说,即使我们承认社会主义德育与以往社会形态德育在服务政治方面有共通之处(德育与政治的关联是由抽象的社会运行规律所决定的,这种关联的存在与具体哪种社会形态无关),但是它们在如何为政治服务、为什么政治服务的问题上也是存在根本性区别的,正如马克思与恩格斯在《共产党宣言》中说过的:"共产党人并没有发明社会对教育的作用;他们仅仅是要改变这种作用的性质"①。以往人们从社会政治角度对德育本质的一般性界定就是只看到了社会主义德育与以往德育的抽象形式的相似即德育与政治的抽象关联,而没有看到两者的实质性的根本区别,所以这种界定才容易让人们对社会主义德育产生一些误解或者停留于一种比较模糊的认识上。而现在要确立德育的人本性本质,就必须阐述清社会主义德育政治性的本质,并在此基础上正确处理德育人本性与政治性的关系,这就涉及了意识形态在德育中的定位问题,因为正如前文所述的,政治介入德育的基本中介是意识形态。

人们普遍认为,德育要发挥社会政治功能就要借助于意识形态,甚至德育的社会政治功能也通常被称为意识形态功能,而意识形态发挥社会政治功能、维护社会统治秩序主要是解决一个认同问题。人们通常把意识形态认同等同于社会统治秩序维护功能的发挥,如李辽宁说:"发挥思想政治教育意识形态功能,首先要解决人民群众对思想政治教育及其传播的社会主义意识形态的认同问题。"② 意识形态认同问题不但是德育发挥社会政治功能的关键,也是人们通常对整个德育实效性的基本评判标准。但实际上,意识形态认同是一个非常复杂的问题,它并不直接等于社会秩序维护功能的实现。因为意识形态可分为意识形态理论与意识形态现实,相应地,意识形态认同其实也分为两种,即意识形态理论认同与意识形态现实认同。既然意识形态与德育的社会政治功能密切相关,那么我们要明确德育的政治性功能就必须搞清楚德育与这两种意识形态认同究竟是什么关系。

首先是意识形态现实认同与德育的关系问题。意识形态现实就是指基于特定意识形态理论所建立起来的现实社会秩序,因此,意识形态现

---

① 《马克思恩格斯文集》第 2 卷,人民出版社 2009 年版,第 49 页。
② 李辽宁:《当代中国思想政治教育意识形态功能研究》,武汉大学出版社 2006 年版,第 127 页。

实认同也就等于是对现实统治秩序的认同与维护。人们通常所说的德育社会政治功能其实是指这种意识形态现实的认同问题，但要指出的是，意识形态现实认同即对现实社会秩序的认同与维护并非德育的主要目的与功能。这主要是基于以下理由：

其一，这是由意识形态现实认同的基本规律所决定的。如前所述，意识形态运动的基本规律存在于它与人类基本价值的辩证关系当中，人类基本价值是意识形态的价值指向与评判的根本标准，所以意识形态认同也必定存在于它与人类基本价值关系当中。

就意识形态现实认同问题而言，由于意识形态可看作以理论化的特定阶级意识对于人类基本问题的系统理论解答，所以意识形态所演化的现实社会秩序、社会道路是否能够得到人们的认同，就在于哪一种意识形态能够更好地促进人类基本价值的实现。一般而言，每一种意识形态都会向民众有一种利益许诺或者未来社会理想的承诺，当一种意识形态能够更好更快地实现人类基本价值诉求时，这种意识形态自然就会得到人们的普遍认同。而当这种意识形态在一个时期之后无法兑现其承诺，无法更好地实现人民群众的基本价值诉求，那么它就不可避免地丧失了对公众的吸引力。人类历史上的各种意识形态与社会秩序的认同与不认同，从根本上说来，都是遵从这个简单的逻辑。据此，社会主义意识形态现实（即现实的社会秩序）认同的根本规律在于，相对于其他的意识形态，它在多大程度上能够实现人类基本价值，这是社会主义意识形态现实能否得到认同的根本规律与根本条件。也就是说，意识形态现实的认同本质上是一种价值契合、价值满足的过程，这实际上是一种实践过程而不是一个意识改造过程，这正是马克思主义关于"社会存在决定社会意识"的历史唯物主义立场的基本体现。而毛泽东与邓小平也早就将这个道理说得很清楚。毛泽东说：

> 要得到群众的拥护吗？要群众拿出他们的全力放到战线上去

吗？那末，就得和群众在一起，就得去发动群众的积极性，就得关心群众的痛痒，就得真心实意地为群众谋利益，解决群众的生产和生活的问题……解决群众的一切问题。①

而邓小平也说过：

> 人民，是看实践。人民一看，还是社会主义好，还是改革开放好，我们的事业就会万古长青！
> 生活水平究竟怎么样，人民对这个问题感觉敏锐得很。我们上面怎么算帐也算不过他们，他们那里的帐最真实。我的意思是，只靠我们现在已经取得的稳定的政治环境还不够。加强思想政治工作，讲艰苦奋斗，都很必要，但只靠这些也还是不够。最根本的因素，还是经济增长速度，而且要体现在人民的生活逐步地好起来。人民看到稳定带来的实在的好处，看到现行制度、政策的好处，这样才能真正稳定下来。②

我们看到，一种意识形态现实的认同即社会秩序的认同与维护本质上是一种价值满足的实践过程，它不是主要靠思想意识教育所能解决的问题。人类历史已经证明，当一个社会秩序无法满足人类基本价值的现实要求，也就是丧失历史价值合理性的时候，无论如何加强对意识形态的教化，它还是会无可避免地走向崩溃。所以，把社会政治秩序的维护作为德育的主要功能实际上已经超出了德育的所能。

其二，这也是由社会主义意识形态理论的本性所决定的。如前所述，人们通常把社会主义德育在社会政治功能承担上等同于以往德育，并认为它是通过社会主义意识形态理论即马克思主义的教化来达到这个

---

① 《毛泽东选集》第1卷，人民出版社1991年版，第138—139页。
② 《邓小平文选》第3卷，人民出版社1993年版，第381、354—355页。

目的的，但这种理解存在一个问题：马克思主义理论作为一种意识形态在本性上是一种政治现实的辩护词吗？

恩格斯曾经把马克思主义称为"关于无产阶级解放的条件的学说"，也把社会主义称为一种科学，他说："社会主义自从成为科学以来，就要求人们把它当做科学来对待"①。而后来的列宁则更明确地指出，马克思主义是一种科学，马克思和恩格斯对工人阶级的功绩，就在于他们教会了工人阶级自我认识和自我意识，用科学代替了幻想。"只有马克思的哲学唯物主义，才给无产阶级指明了如何摆脱一切被压迫阶级至今深受其害的精神奴役的出路。""它给人们提供了决不同任何迷信、任何反动势力、任何为资产阶级压迫所作的辩护相妥协的完整的世界观。"② 这种理解在中国马克思主义者那里也是一以贯之的，毛泽东邓小平等人都明确地把马克思主义作为一种科学。马克思主义是一种科学的思想理论体系，是包含了世界观、方法论与价值观在内的一整套理论体系，它是一种指导人们认识与改造世界的思维框架，所以马克思主义作为一种整全的意识形态体系并不仅仅是一种政治理论。并且，马克思主义还有一个基本特征即批判性，批判精神是马克思主义的内在精神，这是马克思主义经典作家所明确强调的，马克思曾指出：

> 为辩证法在对现存事物的肯定的理解中同时包含对现存事物的否定的理解，即对现存事物的必然灭亡的理解，辩证法对每一种既成的形式都是从不断的运动中，因而也是从它的暂时性方面去理解辩证法不崇拜任何东西，按其本质来说，它是批判的和革命的。③

他还说过，他的理论不是教条式地预料未来，而是要在批判旧世界

---

① 《马克思恩格斯文集》第2卷，人民出版社2009年版，第219页。
② 《列宁选集》第2卷，人民出版社2012年版，第314、309页。
③ 《马克思恩格斯文集》第5卷，人民出版社2009年版，第22页。

中发现新世界。而列宁也认识到了批判精神是马克思主义的内在特质："马克思认为他的理论的全部价值在于这个理论'按其本质来说，它是批判的和革命的'。后一性质的确完全地和无条件地是马克思主义所固有的"[1]。可见，马克思主义作为意识形态，其本性是一种以批判精神为特质的科学思想理论体系，不能把马克思主义这种意识形态仅仅归结为政治理论，更不能将其归结为一种对现实政治的辩护词。当然，也应该看到，任何意识形态作为人类基本问题的解答，都要构想一种社会秩序，在这个意义上政治性在意识形态体系中处于一种独特地位，它是整个意识形态的最突出的表现形式，意识形态的其他内容都通过某种方式汇集到政治性当中，通过政治性这个节点表达出来。并且虽然批判性是马克思主义的内在精神，但是马克思主义并非仅仅是一种摧毁力量，它同样也存在社会理想、社会秩序的建构内容，从这个意义上讲，马克思主义当中存在着肯定性与认同性的内容。但需要明白的是，这种肯定与认同性内容是意识形态理论层面建构的，它并不直接就等于意识形态现实即现实社会政治秩序的认同，因为意识形态理论与现实之间始终存在着差距。就我国的社会主义建设而言，还存在诸多与意识形态理论要求不相容的地方，比较突出的如官僚主义与腐败问题还很严重，如邓小平所说："从党和国家的领导制度、干部制度方面来说，主要的弊端就是官僚主义现象，权力过分集中的现象，家长制现象，干部领导职务终身制现象和形形色色的特权现象。"[2] 又如目前我国还存在着社会公正缺失问题，"改革的成果被少数利益集团分享，而大多数人则承担了改革的代价，沦为弱势群体"[3]，还有诸如环境问题、文化教育医疗等等领域也都存在着诸多不尽如人意的地方，这些问题都是与社会主义本质不相符的。从总体上看，正如乔耀章所说的：

---

[1] 《列宁选集》第1卷，人民出版社2012年版，第82页。
[2] 《邓小平文选》第2卷，人民出版社1994年版，第327页。
[3] 刘明君等：《多元文化冲突与主流意识形态建构》，中国社会科学出版社2008年版，第192页。

人们已习惯于将1917年的俄国革命,以及以后的中国革命等称为"社会主义革命",认为十月社会主义革命已经将科学社会主义的理论变为现实……马克思、恩格斯的作为理论的社会主义制度已经变为现实的社会主义制度,甚至以现实的社会主义制度去攀附马克思、恩格斯的社会主义制度。历史证明,这在理论上是错误的,在实践上也是有害的。……现实的社会主义制度与马克思、恩格斯理论的社会主义制度在发展的成熟程度上有着天壤之别。现实的社会主义制度最多是一种"不合格的社会主义制度"或称之为"以社会主义为定向发展的社会制度"。①

这种意识形态理论与现实的差距恰恰需要人们以马克思主义理论去批判反思今天的现实问题。所以马克思主义意识形态理论的认同并不能直接等于对现实的辩护。

据此,在社会主义德育中,我们不应该把意识形态定位于一种纯粹的政治维护话语而应将其视为一种科学的思想理论体系、一种科学知识体系来介入德育,对社会主义社会而言,科学性也是意识形态能够介入德育的唯一理由,刘书林等就曾说,思想政治教育内容得以确定的基本原则之一就是"科学性原则"②;也不应该把德育的根本目的定位于人们对现实政治秩序的认同与维护,而应是人的思想解放与意识觉醒,通过这种教育使人们能够对现实进行批判反思,从而推动社会历史的前进。这就是对社会主义意识形态德育的一个基本定位。

综合上述两方面,无论是意识形态现实认同本身的基本规律还是社会主义意识形态的内在本性都表明,社会主义意识形态教育无法承担现实政治秩序维护的功能,现实政治秩序本身维护与现实意识形态认同问

---

① 乔耀章:《科学社会主义的理论与实践》,苏州大学出版社2009年版,第14页。
② 刘书林、华晔子:《思想政治教育学重要理论问题研究的新进展》,《思想教育研究》2011年第7期。

题是由社会现实自身来解答的。而以往人们将社会主义德育的本质定位于社会现实秩序的认同与维护，认为这是德育的根本功能或目的，这样的理解也使得德育本身遭到损害。在当今社会主义建设中还存在诸多问题、诸多与社会主义本质不相容的现象的前提下，这种德育定位将很容易使人产生一种印象，即意识形态教育似乎是为不合理的社会现实辩护，这也是目前一些人对意识形态教育反感的一个原因。

当然，德育本质不能以现实社会秩序认同来定位，并不代表它完全排除这种功能，并不代表会对社会现实秩序具有摧毁作用，因为社会主义意识形态理论与现实的差距是相对的，它们在总体上还是会处于相一致、相契合的关系中。而德育所进行的意识形态理论教育会使人们具有认知评判现实秩序的标准，当人们认识到现实与理论相契合时，就会产生对现实社会秩序的认同（同时也会反过来强化人们对意识形态理论的认同，从而形成一种良性互动）。但是这种认同与否的决定权不在于德育而在于现实，现实性认同最终还是要靠现实本身来回应，这就是马克思主义的社会存在决定社会意识的基本立场，而德育只是为这种认同提供了一个外在条件与辅助作用。也就是说，现实社会秩序认同并非德育的本质性定位而是它的一种从属性作用，这一点是由意识形态现实认同的客观规律以及社会主义意识形态的批判本性所决定的，不依人的态度而转移。

其次是意识形态理论认同与德育的关系问题。意识形态理论认同就是德育的基本目标，社会主义德育的主旨就在于使人们掌握马克思主义这种科学的思想理论体系，形成相对科学的认识与改造世界的思维框架，提升人的精神水平。

但是，意识形态理论认同是德育的基本目标，这依然只是一种比较笼统的说法，笼统地把德育目标定位于认同本身是有问题的，因为这种笼统定位很容易让人们把德育目标理解为追求对意识形态理论的一种绝对的、机械性的认同，而这种绝对的、机械性的认同本身未必就是"好事"。在历史上,有诸多达到意识形态高度认同的情况,中国古代封建社会能够通过教化使人民对封建主义意识形态诸如三纲五常之类有着高度的认同;20世纪给人类带来巨大灾难的法西斯主义国家也使得其本国人民一度高度认同法西斯主义的意识形态体系;而现代西方马克思主义批判西方世界中科技已经成为统治人们的一种意识形态,人们对科技如此依赖、如此膜拜,深陷其中而不自知;20世纪我国"文化大革命"十年中也达到了人民对某种意识形态理论的高度认同,陷入了一种意识形态狂热当中,全民高度一致地大搞阶级斗争。这些都是意识形态高度认同、绝对认同的情况,但是我们能够说这些意识形态认同是好事吗?

当然,作为社会主义意识形态的马克思主义与以往的这些意识形态不同,它是一种科学的理论体系,但是马克思主义只是为意识形态体系走向科学开辟了道路,它是一种相对的而非绝对的科学理论体系,所以真正的马克思主义者从来不把其自身的理论作为绝对真理,从来都是对马克思主义体系本身持有一种自我批判的精神,这一点在马克思主义传统中也是一以贯之的。马克思、恩格斯认为,任何认识都会受到特定历史条件的制约,只具有相对真理性,这就是恩格斯所说的,在科学领域,谁要是想"在这里猎取最后的终极的真理,猎取真正的、根本不变的真理,那么他是不会有什么收获的,除非是一些陈词滥调和老生常谈"①。他们也从未把其自身的理论视为绝对真理,"我们是不断发展论者,我们不打算把什么最终规律强加给人类。"② 正因为他们认识到真理的相对性,所以他们从来都是对其自身的理论持有一种自我批判的态度,比如在《共产党宣言》1872年的德文版序言中,马克思、恩格斯承认《共产党宣言》中的某些观点有些地方已经过时了。又如马克思、恩格斯曾在1848年欧洲革命期间,断言无产阶级取代资产阶级的时刻已经全面到来,而历史并未像他们所说的那样前进。于是恩格斯在

---

① 《马克思恩格斯文集》第9卷,人民出版社2009年版,第103页。
② 《马克思恩格斯文集》第4卷,人民出版社2009年版,第561页。

1895年为《1848—1850年法兰西阶级斗争》撰写的导言中坦诚地指出，历史发展的现实表明他们当时的判断是错误的，只是一个"幻想"。马克思、恩格斯不但勇于自我批判，还认为随着社会历史条件的变迁，他们的理论也欢迎后来者的批判，"因为很可能我们还差不多处在人类历史的开端，而将来会纠正我们的错误的后代，大概比我们有可能经常以十分轻蔑的态度纠正其认识错误的前代要多得多。"① 这种自我批判精神在后来的马克思主义那里得到继承。列宁就说过："我们决不把马克思的理论看做某种一成不变的和神圣不可侵犯的东西；恰恰相反，我们深信：它只是给一种科学奠定了基础，社会党人如果不愿落后于实际生活，就应当在各方面把这门科学推向前进。"② 列宁也勇于对其自身进行自我批判，在对战时共产主义政策进行反思后，他承认在一个小农国家里用国家行政命令的方式按共产主义原则来调整国家生产与分配是一个错误的策略。毛泽东曾说："在我们国家里，马克思主义已经被大多数人承认为指导思想，那末，能不能对它加以批评呢？当然可以批评。"③ 并且他本人就是批评与自我批评学风的提出者与倡导者。邓小平说过："马恩列斯都犯过错误，如果不犯错误，为什么他们的手稿常常改了又改呢？改了又改就是因为原来有些观点不完全正确，不那么完备、准确嘛。"④ 他提出要解放思想、实事求是的思想路线。江泽民提出马克思主义具有与时俱进的理论品质，主张必须"自觉地把思想认识从那些不合时宜的观念、做法和体制中解放出来，从对马克思主义的错误的和教条式的理解中解放出来，从主观主义和形而上学的桎梏中解放出来"⑤。胡锦涛也多次提出，马克思主义不可能一成不变，要随着时代、实践和科学的发展而不断发展，因此要解放思想、实事求是、与时

---

① 《马克思恩格斯文集》第9卷，人民出版社2009年版，第91页。
② 《列宁选集》第1卷，人民出版社2012年版，第274页。
③ 《毛泽东文集》第7卷，人民出版社1999年版，第231页。
④ 《邓小平文选》第2卷，人民出版社1994年版，第38页。
⑤ 《江泽民文选》第3卷，人民出版社2006年版，第284页。

俱进，不断推进马克思主义的中国化、大众化与时代化。习近平总书记指出："社会主义并没有定于一尊、一成不变的套路……理论的生命力在于不断创新，推动马克思主义不断发展是中国共产党人的神圣职责。"① 总之，承认马克思主义自身的相对真理性，保持对其自身的自我批判精神，依据实践的变动发展不断把马克思主义推向前进，这是马克思主义的最基本特征，马克思主义的任何一次发展都是以这种自我批判为必然性环节。所以，对马克思主义来说，最重要的是不能对其持有一种僵化、教条式的理解，要把握其自我批判精神，陈锡喜把这种态度称为"马克思主义的理论自觉"②。

马克思主义的这种相对真理性与自我批判精神必然要求社会主义德育不能把目标定位于一种意识形态的绝对机械性认同，否则只会造就缺乏独立思考能力的奴性人格，进而造成了社会主义意识形态机制中人民主体性的缺失，这对马克思主义本身是一种戕害。所以，社会主义对于意识形态认同的目标只能定位于一种反思批判基础上的认同，是一种批判与认同的辩证统一。这种定位在德育中的具体表现就是，在坚持社会主义意识形态传导的前提下，受教育者对意识形态理论的接受是一个独立思考也就是对意识形态理论进行批判性反思的自主过程。这一点也正是现代德育的本质要求，正如张耀灿所说："思想政治教育的本质在一定意义上说在于'接受'，在于唤起对象的主体性，在于促进对象的自我教育。因此，没有接受和自我教育的思想政治教育，便不是真正的思想政治教育"③。并且只有建立在这种批判性反思与独立思考基础上才能使人们真正达到意识形态理论认同，正如列宁所说："只有学会独立地把这个问题弄清楚，你们才能认为自己的信念已经十分坚定，才能在

---

① 《习近平谈治国理政》第 3 卷，外文出版社 2020 年版，第 76 页。
② 陈锡喜：《论马克思主义的理论自尊、理论自信和理论自觉》，《教学与研究》2012 年第 10 期。
③ 张耀灿：《思想政治教育的特点和规律探析》，《思想理论教育》2005 年第 3 期。

任何人面前，在任何时候，很好地坚持这种信念"①。

那么，人们如何对意识形态理论本身进行反思批判呢？对意识形态的反思批判必然涉及意识形态的评判标准问题，这就是前述的人类基本价值，所以对社会主义德育目标的定位必然要求我们将人类基本价值与意识形态的辩证运动贯彻到德育领域当中。将人类基本价值放置到德育当中的最大价值就是消解泛意识形态化带来的问题。泛意识形态化并不完全是一个泛政治化问题，泛意识形态化问题的实质在于仅仅用一种单一的意识形态来填满人的思想，将会造成人的意识形态迷失，也就是意识形态自证本身，而丧失了意识形态所面对的问题也就丧失了人类的发展方向。在历史中发生的众多问题，都是人类精神状态的迷失，而其实质上就是意识形态的迷失，也就是人类迷失在一种意识形态自证当中而不自觉或者找不到出路。无论是科技成为一种新的意识形态统治形式，还是法西斯主义的意识形态狂热或"文化大革命"式的意识形态大运动，无论是西方中世纪的宗教蒙昧还是现代的消费主义、物质主义的泛滥都是意识形态迷失的表现形式。意识形态迷失本质上就是对历史发展方向的不自觉，要走出这种迷失，我们必须知道在人类历史的演进中自己要走向何处，这就是对人类历史发展必然性与方向的认知，也就是对人类基本价值的认知。人只有确立这种终极价值指向，才不会迷失，才有判断的依据，才能摆脱一种盲目的状态，而在一种对其自身、对历史的自觉中，不断推进其自身意识形态的改进，以一种自觉的状态创造其自己的历史。唯有此才能解决意识形态迷失问题、解决意识形态泛化问题，这就是人类基本价值作为人类历史的终极价值在德育中确立的最大意义。本书前面花费大量的篇幅来说明一般人性的问题，就是为了这种人类基本价值、为了说明历史发展的终极指向性奠定哲学基础。以上论述就从根本上回答了我们前面所提出的问题，即为什么只有在德育之中

---

① 《列宁选集》第 4 卷，人民出版社 2012 年版，第 25 页。

确立人民主体性（人类基本价值是人民主体性的精神之维）才能够解决德育的根本性问题（泛意识形态化问题）。

通过意识形态现实、意识形态理论与德育的关系问题的探讨，我们将德育的根本目标定位于对意识形态理论的批判性认同，这样就可以回应前面所提出的问题，即德育的人本性与政治性之间究竟是什么关系。以上的论述表明：从社会主义意识形态总体运动来看，意识形态理论肩负着批判反思社会现实的职责，同时也承担着自我批判、与时俱进的历史任务，德育作为意识形态总体的组成部分，如何能够不分有这种特征？如何能够不为意识形态的这种总体运动服务？并且，无论是意识形态对现实的反思批判还是自我批判都是属于意识形态的运行机制问题，而这种运行机制背后的基本关系模式则是无产阶级政党与人民群众的关系问题，而这种关系实际上是一个政治问题，确切地说是一个民主政治问题，这就意味着社会主义意识形态总体与民主政治有着本质性关联。所以，德育服务于意识形态总体运动同时也就是服务于以调动人民主体性为核心的社会主义民主政治。这就是社会主义德育如何服务政治、为什么服务政治的问题。而这种对意识形态总体与民主政治服务的德育就必然要求人的主体性、独立性人格的确立，因为只有这种人格才能完成对意识形态理论与现实的批判性反思，达到批判性与认同性的统一，而这就是社会主义德育的人本性问题了。由此可以看出，当我们能够准确找出意识形态在德育当中的问题，从而能够正确看待德育政治性功能的时候，社会主义德育的政治性与人本性是完全统一的：正确理解的德育政治性功能必然要求德育人本性的确立，德育人本性的确立也必然能够服务于政治性。在这里，德育社会价值与个体价值之间、工具价值与目的价值之间就不会存在根本性冲突。但是，由于政治性只是完善人格的组成部分之一，因此，我们最终还是将人本性作为德育的本质，这样也正好契合了人本德育的主题。至此，我们就解决了德育人本性与政治性的关系，从而真正确定了德育的本质问题，也就是在解决德育政治性与人本性的基础上彻底打通人本德育的逻辑通道。

在对德育本质的这种理解中,我们当然承认德育具有为政治服务的功能,甚至也可以说这是德育最重要的社会性功能,在这一点上我们与传统观点有相似之处,但是问题在于如何理解德育服务政治的问题,即德育服务于什么政治以及通过什么方式服务于政治问题。社会主义的政治是什么?列宁与邓小平都说过,没有民主就没有社会主义,而邓小平则更是提出"进行政治体制改革的目的,总的来讲是要消除官僚主义,发展社会主义民主"①,江泽民指出:"维护和发展人民群众的利益,始终是我们最大最重要的政治。"② 党的十八大报告也指出,"人民民主是社会主义的生命","必须继续积极稳妥推进政治体制改革,发展更加广泛、更加充分、更加健全的人民民主"③。习近平总书记指出:"人民当家作主是社会主义民主政治的本质和核心。……没有民主就没有社会主义。"④ 人民群众的根本利益就是能够当家作主,也就是民主政治。因此,民主政治是社会主义政治的核心问题,而民主政治最根本的就是人民主体性的发挥。据此,我们主张德育是以一种主体性人格的方式来服务于社会主义意识形态总体及其背后的社会主义民主政治(即人民积极性、主体性的调动),这样就正确处理了政治、意识形态与人本德育之间的关系,从而使得德育的政治性与人本性,社会价值、外在价值、工具价值与内在价值、目的价值、个体价值能够真正统一起来。相比之下,传统观点将社会主义德育理解为政治的工具,而又将政治窄化为现实政治秩序维护,为此又将意识形态窄化为政治语言,这实在是一种不断偏狭的过程,从而遮蔽了社会主义德育与以往德育的本质性区别,这样一种偏狭理解的德育才使德育产生了内在冲突(即人本性与政治性、

---

① 《邓小平文选》第3卷,人民出版社1993年版,第177页。
② 《江泽民思想年编(1989—2008)》,中央文献出版社2010年版,第371页。
③ 胡锦涛:《坚定不移沿着中国特色社会主义道路前进 为全面建成小康社会而奋斗——在中国共产党第十八次全国代表大会上的报告》,人民出版社2012年版,第25页。
④ 中共中央文献研究室编:《习近平关于社会主义政治建设论述摘编》,中央文献出版社2017年版,第42页。

社会价值与个体价值之间的冲突)。

　　通过对德育本质的定位表明，人本德育应该是一种具有批判性与认同性相统一的精神活动，它依据意识形态理论对社会现实有一定的批判性与认同性，它依据人类基本价值又对意识形态理论本身具有一定的批判性与认同性。人本德育的这种特性最终体现在它的终极目标即独立人格的内在结构上。独立人格并非一种精神空白的人格，也不是一种绝对自由的精神境界，它本身具有一定的内在结构，意识形态现实、意识形态理论与人类基本价值是独立人格的内在构成要素。个体以人类基本价值为精神底色对意识形态理论进行自主判断思考，在此基础上将意识形态理论内化为其自身的精神结构，进而以内化了的意识形态理论对意识形态现实进行观照。这是一个充满辩证色彩的过程，人类基本价值与意识形态理论始终存在张力与互动，意识形态理论与意识形态现实始终存在张力与互动，并且个体对意识形态理论的内化是一个认同与批判的辩证统一，对意识形态现实的观照也同样是一个认同与批判的辩证统一。这就是独立人格的内在逻辑。而这个人格结构，相对于以往的泛意识形态化德育与政治化德育，是基于人类基本价值的引入进而形成人类基本价值与意识形态的辩证关系才建立起来的，这就是前面所说的将人民主体性的精神之维贯彻到德育当中的最终体现。也就是说，只有以人类基本价值与意识形态辩证关系的形式在德育中引入人民主体性才能够在最终意义上消解德育泛意识形态化问题，才为人本德育的实现即独立人格的确立奠定了最根本性的基础。这就是"人本德育实现的根本条件在于德育系统中人民主体性的确立"命题的基本内涵，这也就回答了本书最初提出的观点：只有将以人为本中的人民本位在逻辑上贯彻到德育当中，才能够真正实现人本德育。

　　以人类基本价值与意识形态辩证关系为依托对独立人格内在结构的探讨是人本德育唯物史观向度思考的逻辑终点。因为我们说过，人本德育的根本性问题在于德育与政治、德育与意识形态的关系问题，而在对德育本质问题的探讨中已经依托于人类基本价值与意识形态辩证关系明确了意识形态在德育中的定位问题，明确了政治与德育以及德育的政治性与人本性的辩证关系问题，这样就最终解答了人本德育的根本性问题。而这些问题解决的最终表现形式就是人本德育的终极目标即独立人格内在结构的确立。在这种人格结构中，人本德育的一系列基本矛盾比如个体性与社会性、意识形态性与非意识形态性、认同性与批判性、政治性与人本性等范畴都达到了辩证统一，这样就为人本德育的实现打通了逻辑通道。

第三节 唯物史观向度中人本德育的主体间性

现代人本德育本质上是一种主体性德育，这里的主体性不单是指教育者的主体性，更是要确立受教育者的主体性，受教育者主体性的确立就引发了德育中基本关系模式的变革，也就是从传统的单一主客体关系（教育者是主体，而受教育者被当作灌输客体）向双主体模式转变，这就是现代德育中一直强调的要在师生之间建立一种平等、民主的关系，这个关系的实质是受教育者与教育者之间主体性交互作用即主体间性。这是从德育系统内来谈主体间性问题。从社会历史角度来说，由于德育是社会主义意识形态总体的组成部分，德育背后的基本关系模式是无产阶级政党与人民群众的主体间性问题。主体之间社会关系的主要表达方式是权利义务范畴，在意识形态领域中，无产阶级政党与人民群众的主体间性问题主要涉及表达权的问题。这种表达权虽然并非一个直接的德育问题，但是它与人本德育是密切相关的，因为人本德育所追求的是主体性人格、独立人格的确立，这种人格定位必然要求人们具有独立思考判断的能力以及作出独立见解的勇气，独立人格必然涉及思想观念的表达问题。可以说，表达权问题是独立人格确立的基本外在条件，缺乏这一点，人本德育的终极追求是不可能实现的，因此，对人本德育的外在社会条件做一个探讨是必要的，这同样也是人本德育唯物史观向度考察的题中之义。

表达权是一种表达自由，主要是指宪法规定的公民具有的通过各种途径、介质、方式表达其思想观点、意见诉求、价值判断、民族文化等人类主观精神世界各种构成要素不受阻碍与侵犯的权利。

表达权是一项基本人权。1948年联合国大会通过的《世界人权宣言》中就包含了表达权的内容，该宣言第19条规定："人人有权享有主张和发表意见的自由；此项权利包括持有主张而不受干涉的自由；和通过任何媒介和不论国界寻求、接受和传递消息和思想的自由。"该宣言对于表达权的界定主要是言论自由的权利。1966年通过的《经济、社会和文化权利国际公约》把这种言论表达的自由称为信息权，重申政府应采取相应措施使人们得以充分实现自由发表意见的信息权利。1966年的《公民权利和政治权利国际公约》第19条同样把见解和表达自由规定为一种信息权利，并将表达自由的权利扩展到适用所有的媒介："人人有自由发表意见的权利；此项权利包括寻求、接受和传递各种消息和思想的自由，而不论国界，也不论口头的、书写的、印刷的、采取艺术形式的，或通过他所选择的任何其他媒介。"[1]

1997年10月27日，中国签署了《经济、社会及文化权利国际公约》，并提交全国人大常委会审议，2001年，我国正式批准了该公约，承认并承诺保障本国公民文化权利的实现。2006年10月，中国共产党第十六届六中全会提出："推进决策科学化、民主化，深化政务公开，依法保障公民的知情权、参与权、表达权、监督权。扩大基层民主，完善厂务公开、村务公开等办事公开制度，完善基层民主管理制度，发挥社会自治功能，保证人民依法直接行使民主权利。"[2] "表达权"一词在

---

[1] https://baike.baidu.com/item/%E5%85%AC%E6%B0%91%E6%9D%83%E5%88%A9%E5%92%8C%E6%94%BF%E6%B2%BB%E6%9D%83%E5%88%A9%E5%9B%BD%E9%99%85%E5%85%AC%E7%BA%A6/1620114?fr=ge_ala#4.

[2]《十六大以来重要文献选编》（下），中央文献出版社2008年版，第657页。

2007年《政府工作报告》中再次出现。温家宝在《政府工作报告》中谈到推进社会主义民主法治建设时提出:"各级政府要坚持科学民主决策,完善重大问题集体决策制度、专家咨询制度、社会公示和听证制度、决策责任制度,依法保障公民的知情权、参与权、表达权、监督权。"① 而党的十七大报告也进一步提出"保障人民的知情权、参与权、表达权、监督权"②。

在我国,基本上把这种表达权作为一种公民法律与政治权利来理解。比如,在对于表达权的界定上,人们认为"表达权是指公民在法律规定的限度内,使用各种方式表明、显示或公开传播思想、情感、意见、观点、主张,而不受他人干涉、约束的权利。"③ "公民表达权是公民依法享有的由法律确认,受法律保障和限制,通过一定方式公开发表、传递思想、意见、主张、观点等内容,而不受他人和社会组织非法干涉或侵犯的权利。"④ 这些理解都是在民主政治的背景下界定表达权的。其要义在于,表达权是"公民所持有的",是"宪法法律规定的"政治权利,是民主政治的基石。虽然在我国宪法中没有"表达权"的提法,但规定了类似的权利,如通信自由,对国家机关及其人员的批评建议、控告检举的权利,科学研究、文艺创作和其他文化活动的自由,等等,这些都属于表达权的范围。

表达权是一项基本性的法律政治权利,没有表达的自由,也就无所谓政治参与,也就没有选举、参政议政等活动的展开。但作为法律政治权利的表达权同时也可以看作一种文化权利,因为表达权并不仅仅限于政治性思想观念的表达。表达权,严格说来,就是整个人类精神世界的表达,包括了人类的思想、情感、道德、习俗、思维方式等等精神性因

---

① 《中华人民共和国第十届全国人民代表大会第五次会议文件汇编》,人民出版社2007年版,第27页。
② 《十七大以来重要文献选编》(上),中央文献出版社2009年版,第23页。
③ 汤啸天:《再论人民表达权的行使与政府的保障》,《同济大学学报》(社会科学版)2010年第3期。
④ 章舜钦:《和谐社会公民表达权的法治保障》,《法治论丛》2007年第4期。

素。而整个人类的精神世界是一个非常复杂的整体，它包含了诸多方面、诸多层次的精神存在。按照政治性与非政治性标准来划分，人类的精神世界可划分为意识形态领域与非意识形态领域。意识形态本质上是一种阶级意识，是一种系统化、理论化的阶级意识，马克思、恩格斯在《德意志意识形态》中就把意识形态视作"统治阶级的占统治地位的思想"，并且，站在马克思主义立场上来看，政治本质上是阶级性的，因此，意识形态性又通常被等同于政治性来使用。而相应的，非意识形态就应该是超出于这种阶级性、政治性之外的精神世界，也就是说当某种思想观念、精神存在因各种因素（比如阶级基础的消失、历史的延绵）摆脱了阶级性而达到某种普遍性、人类性的时候就成为非意识形态的精神存在，比如民族文化就不再被看作一种阶级性、政治性的意识形态。

按照这种理解来看，表达权的范围应该包含了两个基本层面。一是意识形态性的、政治性的精神因素的表达。二是非意识形态性、非政治性的精神因素的表达，比如民族文化的表达。前述《公民权利和政治权利国际公约》对表达自由的规定，如其第27条："在那些存在着人种的、宗教的或语言的少数人的国家中，不得否认这种少数人同他们的集团中的其他成员共同享有自己的文化、信奉和实行自己的宗教或使用自己的语言的权利。"2001年，联合国教科文组织通过的《世界文化多样性宣言》第5条指出："每个人都应当能够用其选择的语言，特别是用自己的母语来表达自己的思想、进行创作和传播自己的作品；每个人都有权接受充分尊重其文化特性的优质教育和培训；每个人都应当能够参加其选择的文化生活和从事自己特有的文化活动"。这些规定都是对于表达权非政治性层面的阐述。

表达权的政治性与非政治性是与不同社会问题相对应的。

其一，政治性是表达权的首要性质，它针对政治问题而产生。从历史角度来看，主观精神与思想的表达自由本身就是为了解决政治问题而产生的，言论自由等宪法权利在资产阶级国家的产生就是为了限制国家权力因出轨而被滥用,国内某些学者对于表达权的界定同样体现了这一点,"所谓表达权,包括公众对涉及国计民生的所有问题有发表自己意见的权力,特别是有关公众切身利益的问题,在有关部门决定之前,公众有权赞成也有权反对;在有关部门决定之后,公众仍然有权力对其合理性、合法性进行讨论和批评等。"① 表达权主要处理的就是公民与国家政治权力运行的关系问题。从运行机制来看,公民的表达权利是现代民主政治健康有效运行的基石。民主政治,就是全体公民广泛分享参与决策的机会、对政府权力与政府决策过程能够进行有效控制的政治形态。民主政治的基本问题就是国家政治权力的运行,包括政权合法性、行政作为、国家立法、社会经济发展决策等环节,都能够真正体现民意,真正为了社会公众利益服务。为此,必须保障公民能够享有充分表达其意愿、意见、思想、利益的自由。只有在公民意愿、思想的自由表达基础上所展现出来的认同状态才是一个国家政权的最终合法性基础,如果政治权力不是建立在民众自由表达基础之上的认同或拥护,那么这个政治权力本身就没有最终的合法性依据。只有公民能够自由表达其意愿、思想,一个国家的法律才能真正体现一个社会的基本价值观念和公共利益诉求;只有公民能够通过各种手段与媒介自由发表各种意见,才能使得政治权威的决策建立在人民共同意志之上,得到公众的认同、信任和支持;只有公民能够充分表达其对社会公共事务和国家行政作为的意见与判断,才能够以公意对政治权力的运行进行监督与规范,对政治失范行为进行矫正。公民的自由表达权利是一个国家的社会政治运行纠错机制的基础环节;只有公民的意见、意愿、思想、利益诉求得到充分表达,才会形成社会的批判力量,才会使得社会发展、政治运行当中的问题暴露出来,一个国家、民族与社会的发展才有基本的动力。总之,民主政治得以建立与运行的各个环节,诸如民主决策、民主监督、民主选举、法治建设等等都必须以公民自由表达权利的实现为根本。"表达

---

① 姚剑文:《论社会主义民主政治与公民表达权的保障》,《学术界》2009 年第 3 期。

自由同民主政治、同管理国家事务、社会事务等公共事务联系在一起，表达自由是民主政治的核心和基石。"[1] 可见，无论是从历史起源还是从其社会运行机制来看，自由表达权都是与民主政治天然地绑定在一起的，它本身就是为了解决政治问题而产生与存在的。没有自由表达权，也就没有民主政治的实现。

其二，表达权的非政治性是针对整个社会精神文化发展问题的。表达权的非政治性部分主要是地方的或者民族性的传统文化（民族性的语言、习俗、宗教、伦理等精神因素）、科学研究、文艺创作等。这些精神活动虽然不是与一个社会的政治活动完全隔离的，但是，它们与政治事务不是一种直接的关联，也就是说，它们的核心问题并不是公民与国家政治权力的关系问题。比如，一种地方性或者民族性的语言的使用或者一种大众文化的传播与享用，这些问题并不与国家政治行为直接相关，从某种意义上讲，它们不是"国家的"而是"社会的"事务。再如自然科学以及一部分社会科学的学术研究，虽然不能割裂其与社会政治的关联，但是就其内在本性来说，它们不带有意识形态的色彩，比如在物理学、数学的研究当中无法找出无产阶级或者资产阶级性质。从表达的主体与受体关系角度来看，这种非政治性的表达权的主体可以是任何的公民个体、社会组织机构、社会群体，而其主要受体则不是国家政治力量，而是任何的公民个体、社会组织机构、社会群体。也就是说，非政治性的表达主要是社会活动当中的文化行为。

总之，政治性表达权利是为了解决民主政治问题，而非政治性的表达则是为了解决一个社会的精神文化发展，是人类追求真理与精神提升的基本条件。当然，无论是政治性表达权还是非政治性表达权都必须纳入法治轨道，以宪法与法律的力量得以确认和保障。

以上是表达权的基本内涵与特性问题，就我国的表达权现状来说，随着改革开放以来市场经济体制的建立与逐步完善、社会主义民主政治

---

[1] 甄树青：《论表达自由》，社会科学文献出版社2000年版，第67页。

建设的推进等社会历史变迁，相比于计划经济时代，我国公民的表达已经有了一个相对自由开放的环境，整个社会对多种思想文化、观点意见的表达具备了一定的宽容度。但是，对于我国的表达权现实状况来说，依然存在着比较严重的问题并陷于困境之中，近年来表达自由的问题已经成为当前人民群众关注的一个热点、焦点，也成为影响社会主义和谐社会建设的一个重要社会问题。表达权问题的实质主要是在公民与国家权力的关系问题中，所有公民与社会组织的表达在国家权力面前处于相对弱势状态。我国宪法规定的公民表达权，主要有言论自由、新闻自由、结社自由、出版自由、集会游行示威自由、信息传播自由、科学研究和文艺创作自由、对国家机关及其工作人员提出批评建议的权利，等等。这些自由与权利就其作为表达公民的思想精神世界而言是文化权利，就其表达的主旨与意义而言则是一种政治权利。但是宪法规定的这种公民权利在现实中却屡屡遭到侵犯。比如"彭水诗案"就是一个典型的案例。而 2007 年山西的"稷山文案"则被称为"彭水诗案"的翻版。

除了公民个体表达权之外，还有社会公共媒介以及其他的一些表达机制、形式的缺失问题。新闻出版传播媒体本来是被视作一个民主社会当中的重要监督力量与表达途径，但在社会公共媒介表达权保护方面也存在问题。①

除此之外，关于公民表达自由其他方面同样存在不同程度的问题，例如，我国为了保障公共决策能够充分反映民意而建立起一些关于公民表达的机制途径，如一些政府部门建立的咨询会、座谈会、听证会制度。从现实来看，有些人民群众最为关心的社会问题并未纳入听证会制度中，"现在有的地方领导……让人们讨论和决定的都是一些无关紧要的小事，而那些人们关心的大事却由少数人说了算；大众要么不知情不

---

① 《浙江日报》，http://zjdaily.zjol.com.cn/html/2010-07/30/content_473813.htm? div=0；《证券时报》，https://baijiahao.baidu.com/s? id=1793464958340688258&wfr=spider&for=pc。

能参与，要么参加了也只是做做样子。"而一些听证会干脆沦为"涨价会""发布会""现在有些政府部门打着'科学'、'民主'旗号举行的所谓听证会，形式多于实质，其实是有悖于听证宗旨的。"①

总的说来，关于我国公民表达权现实状况的一个基本判断在于，正如有些学者所认为的，目前我国的公民表达权的现实是存在着正确行使表达权的社会性匮乏。

关于表达权问题的解决当然需要从多方面来考虑，比如通过推进公民社会组织的发展与完善，使得公民的思想观念、意愿诉求的表达自由可以通过制度化、组织化、规范化的途径与方式得到有力保障；又如进行政治体制方面如基层民主、行政体制、代表大会制度等方面的改革完善，"要健全民主制度，丰富民主形式，拓宽民主渠道，依法实行民主选举、民主决策、民主管理、民主监督。"② 再如通过相关法治建设来保证人民表达权的实现。比如在立法方面，通过相关实体法的制定，以一个比较完备的法律体系对各项表达权利作出具体而详尽的规定，使得这些表达自由的保护具有精确性、具体性、可操作性，避免因法律缺失导致的国家权力失范对公民表达自由的侵犯。在司法方面，健全和完善公民表达权的司法救济制度，也就是，当公民认为其表达权受到他人侵害时，可以向司法机关进行起诉，以司法活动对表达自由进行保护。考虑建立违宪审查机制与机构，建立保障包括公民表达权在内的权利的宪法诉讼制度、宪法解释制度，使侵犯公民表达自由的国家权力失范行为得到纠正，使得宪法所规定的公民的表达权利真正得到强有力的保护，而不是只停留于字面上。

虽然关于公民表达权的保护涉及社会组织建设、政治体制建设、法治建设等多方面因素，但是所有这些建设与改革都有一个根源与动力问题，这就是关于表达自由的理念问题。没有相应的文化理念作为指导思

---

① 赵振宇：《论公民表达权的实施与保障》，《南京社会科学》2009年第6期。
② 《十七大以来重要文献选编》（上），中央文献出版社2009年版，第22—23页。

想与行为动力,关于所有外在性机制、路径建设都是停留于纸面的空谈。恩格斯说:"批评是工人运动的生命要素,工人运动本身怎么能逃避批评,禁止争论呢?难道我们要求别人给自己以言论自由,仅仅是为了在我们自己队伍中又消灭言论自由吗?"① 他认为,每个人都有可以不受阻挠地发表自己意见的权利。毛泽东曾说,要想使"舆论一律"是不可能的,也是不应该的。在毛泽东看来,对于思想文化的表达来说,逻辑上无非"放和收。放,就是放手让大家讲意见,使人们敢于说话,敢于批评,敢于争论;不怕错误的议论,不怕有毒素的东西;发展各种意见之间的相互争论和相互批评,既容许批评的自由,也容许批评批评者的自由;对于错误的意见,不是压服,而是说服,以理服人。收,就是不许人家说不同的意见,不许人家发表错误的意见,发表了就'一棍子打死'"②。邓小平认为:"一个革命政党,就怕听不到人民的声音,最可怕的是鸦雀无声。"③ 这表明社会主义意识形态本身是完全支持各种思想文化,包括各种"批判性的""非主流性的"思想观念得到自由表达的权利的。从社会发展规律来说,表达的自由环境是人类追求真理的必然条件。在人类的精神世界中不存在绝对真理,真理总是相对的,任何一种思想体系本身都是真理与谬误的综合体,真理总是在与谬误的斗争中获得发展的。这就需要一个思想文化能够自由表达的环境,借此形成一种多样思想文化交互作用的态势,从而推动真理的发展。

思想文化的自由表达也是促进社会和谐的必然要件,只有思想文化的自由表达才能发现社会发展中的各种问题,才能保障公共决策的科学性,才有协调各种利益冲突的必要条件。况且,表达自由本身就是一种促进社会和谐的手段,因为思想文化的表达本身就是一种情绪的宣泄和

---

① 《马克思恩格斯文集》第10卷,人民出版社2009年版,第580页。
② 《毛泽东文集》第7卷,人民出版社1999年版,第278页。
③ 《邓小平文选》第2卷,人民出版社1994年版,第144—145页。

舒缓，它在社会生活中可以起到"泄气筒"或"缓冲器"的作用，这样在某种程度上就能够有效地遏制不满情绪转化为非法、暴力活动的可能性。这一点已经被现代心理学所证明。因此，保障人民思想文化的自由表达将导致社会不稳定的担心是没有道理和没有依据的。而对于社会主义主流意识形态来说，表达自由并不会导致其主导作用的丧失，从而引起思想混乱。长期以来，人们对于主流意识形态主导的理解总是停留在通过国家控制而达到的一种静态的、一蹴而就的认同状态上。实际上，一种意识形态主导的形成是一种动态的、是各种思想文化交互作用的自然而然的历史过程，它不是通过单纯的国家强力控制所能实现的。思想文化的多样性是一种社会历史必然，而一种意识形态之所以能够占据主导，是因为这种意识形态本身具有真理性，它是能够禁得住批判才成为主导，同时它也必须经由批判与讨论才能不断发展。因此，对于社会主义意识形态来说，一个自由开放的表达环境是其主导地位形成的必然环节，而一种由强制力造成的封闭环境与过度刻意维护反而会对意识形态本身造成危害。

因此，对于表达的限制性理念是不具有逻辑上的合法性的，也是不符合社会发展规律的。诚然，人类社会当中极少存在至善的事物，表达自由也会带来一些负面效应，但是相比较而言，其积极价值与收益要远远大于其消极影响。这是人类历史已经证明了的。但是在现实中，这种收益与积极价值是隐性的、长远的，其负面与消极效应则往往更直接、更强烈地刺激着人们的神经。因此，对于国家权力层面，甚至对于整个国家民族来说，必须做好承担言论表达自由所付出代价的心理准备。只有这种思想理念上的转变，才使对表达权保护的各种外在性机制、制度建设有根本动力和内在支撑，否则，不但各种保障关于表达自由的社会政治机制无法建立与完善，即使能够在社会组织建设、法治、政治体制方面有所建树也未必能够真正发挥效用。比如，各种民意表达的途径沦为形式摆设，比如故意对各种表达权的宪法规定作出限制性解释，比如法制被滥用（鄂尔多斯吴保全案中司法裁决创造了"诽谤政府罪"即是一例）。毕竟，制度、机制的建立与运行都是由人来完成的，没有人的内在转变，外在性的建设都是空中楼阁。

但是，理念转变又是非常艰难的，我国是一个具有数千年专制历史的国家，表达自由向来受到抑制。这种倾向在某种程度上已经成为传统文化的一部分。表达自由是人性的体现，是人类追求真理的必然环节，是现代民主政治文明的内在构成，也是人类共同的宝贵的精神财富，它只奖赏于真正优秀的民族。因此，能否克服巨大的历史惯性，能否在精神文化上真正包含表达自由的理念，是对一个民族品格与智慧的考验。

以上就是对表达权的内涵、问题与理念方面的简要探讨，表达权主要是一个政治法律权利，政治性是它的首要性质，因此，表达权就成为衡量无产阶级政党与人民群众之间主体间性的重要指标，表达权的相对缺失就表示这种主体间性运行出现问题，在某种程度上存在着单一主客体问题，表达权的充分实现就表示这种主体间性运行良好。对于人本德育而言，这种表达自由及其相应的主体间性既是它目标指向的应有之义，也是它本身能否得到实现的根本社会条件。就是说，人本德育以独立人格、主体性人格为终极指向，但是，当社会层面缺乏足够的表达自由，从而使得无产阶级政党与人民群众的主体间性缺失时，人本德育这种终极指向是不可能真正实现的。

结　语

在我国，人本德育是在以人为本的科学发展观提出之后，才在德育研究中兴起的一个概念，它已成为近年来德育研究中的核心话语，目前所流行的各种名目的德育概念，诸如主体性德育、开放性德育、文化性德育、情感性德育等等实质上都是围绕着德育以人为本问题展开的，可以说，现代德育的主题就是人本德育。人们围绕着以人为本的主题从多个角度、多个侧面对德育进行了大量的研究，取得了丰富的成果，推进了我国现代德育的理论水平。然而，从总体上看，目前的各种人本德育研究基本上属于同一种研究范式，即局限于德育系统内部、就德育而谈德育，具体表现为主要聚焦于对人本德育的方法策略、抽象理念、关系模式等问题的思考。这当然是德育的主要研究方向，这种研究模式今后的发展方向主要是依托实证科学诸如社会学、心理学等学科深化德育基本问题的认知。但是，对人本德育的思考并不能仅停留于这种思维，德育是社会有机系统的组成部分，德育所出现的一些问题的根源并不在于德育本身，而在于社会结构，也就是说，这些问题首先是德育的理念与方法问题，但其根源则并不在于德育系统内部而在于社会结构层面，德育中的人本缺失现象实际上是社会关系的一种折射。从总体上说，人本德育一直处于缺失状态的根源不在于德育系统内部而在于社会历史层面。因此，对于人本德育的研究就要有一种新的思维方向，即从社会历史层面探讨人本德育的基本问题，这就是人本德育唯物史观向度的缘起。

　　人本德育唯物史观向度的核心问题是处理意识形态在德育中的定位问题。以唯物史观的基本理论对人类德育的历史现实的分析表明，在社会结构系统当中，对德育产生最大影响的是政治系统而非其他，以往社会形态的政治系统会扭曲德育的人本性，这是一种历史常态。所以政治与德育关系失衡是人本德育缺失的社会根源。而政治介入德育主要不是凭借强制力而是意识形态，以至于很多人把德育泛政治化与德育泛意识形态化视为同一个概念。为了解决政治与德育关系问题主要需要处理意识形态在德育当中的定位问题，这就是人本德育唯物史观向度思考的最核心问题。可以说，认识到政治、意识形态与德育关系问题的重要性并非本书的独特之处，关于此问题的论述在相关研究中并不罕见，但这却是一个始终未能得到彻底解答的问题。归根结底，是因为意识形态是一个非常复杂的概念，如何理解意识形态是很多哲学社会科学领域所共同面对的问题，而在以往的德育研究中，通常是在未对此概念进行慎思的前提下来谈论意识形态与德育关系问题，这样就造成了意识形态与德育关系问题始终无法得到彻底解答。人们通常都停留于以下论断：德育既不能泛意识形态，也不能去意识形态化。这种论断并不为错，只不过它不能为德育的发展提供更为实质性的、可操作性的建议。可以说，不了解意识形态、不了解意识形态的基本规律，根本就无法解决政治与德育，意识形态与德育的关系问题，而只能停留于一种现象描述的泛泛之谈上。意识形态作为一种高度综合的理论体系，在理论形式上，可以看作以理论化的特定阶级意识对于人类基本问题的一种系统性、理论性解答（这种解答可能是真实的，也可能是虚假的）。因此，意识形态运动的基本规律存在于其与人类基本价值的辩证关系当中。这就是本书立足于马克思主义意识形态观对意识形态概念的一种引申理解，本书根据这种界定来解决意识形态与德育的关系问题。

　　人本德育唯物史观向度的核心观点是德育中人民主体性的确立。人本德育是科学发展观中以人为本概念贯彻到德育系统当中的结果，但是以人为本概念本身有两个基本层面。其一就是哲学抽象意义上的人本思想，也就是与物、神或者其他的什么存在相比，人是主体与目的，人具有最高价值。这种人本精神是人类的一种普遍性情怀，它以各种方式、各种形态存在于人类历史的各个时期、各个文明当中。其二，就是人民为本的思想，人民为本是马克思主义唯物史观的基本立场，正如胡锦涛所说的，以人为本就是站在人民群众的立场之上，以人民为主体，以人民为目的，这是区分唯物史观与唯心史观的分水岭。这两个命题都具有普遍指导意义，它们也当然要贯彻到人本德育当中。社会主义德育区别于以往任何德育的根本之处在于它体现了唯物史观所主张的人民主体性，这种贯彻首先是出于逻辑形式的必然，既然人本德育是以人为本命题之下的概念，那么它就必然要能够体现以人为本命题的基本精神，也就是必然要在德育中体现人民为本的思想。而这种必然性绝非一种牵强附会的偶然性联系，也并非一种纯粹的逻辑形式的耦合，其背后是社会主义意识形态发展规律与德育本质规定性的必然要求。德育属于社会主义意识形态总体的组成部分，而传统社会主义意识形态总体的最大问题是一种单一主客体关系模式以及相应的人民主体性的缺失，这一点也同样是社会主义德育泛意识形态化的根本性问题。为此，就要在德育当中确立人民主体性。而德育中人民主体性的确立并非取消意识形态引导而去张扬群众自发性，而是在思想构成层面将意识形态与人类基本价值的辩证关系放置到德育当中。由于人类基本价值是人民主体性的精神之维，因此这种辩证关系落实到德育当中实质上也就是德育中人民主体性的确立。在德育中通过落实意识形态与人类基本价值的辩证关系从而确立人民主体性，解决了人本德育的根本性问题，为人本德育的实现奠定了根本性的基础，这是人本德育唯物史观向度思考的逻辑终点。

人本德育唯物史观向度的价值与意义在于，它能够从唯物史观的高度上发现人本德育的根本性问题，并为其提供基本的逻辑解答，这样也就推进了对人本德育根本性规律的理论认知，从而启发人们从社会历史层面关注、解决人本德育的根本性问题，为人本德育的实现奠定最根本性的理论基础。具体说来，本书把政治与德育、意识形态与德育的关系问题定位为人本德育的根本性问题，从而从理论上明确了人本德育的主要矛盾，并且本书对此问题作出了基本的逻辑解答，这样就为人本德育实践推进扫清根本性阻碍提供了总体性的理论指导。并且这个问题的解决也为人本德育方法策略方面人本性的确立奠定了最坚实的现实基础，这就是人本德育唯物史观向度确立的理论价值与现实意义。我们还可以对人本德育唯物史观向度的理论价值作进一步的阐发：人本德育唯物史观向度的确立将会开辟人本德育理论研究的一种新范式。因为人本德育唯物史观向度的确立，其核心价值在于使我们能够从历史回溯中发现德育人本缺失的根本性原因，使我们能够从社会基本结构及其辩证运动中发现人本德育实现的根本性条件。这种探讨能够为德育研究的一系列基本问题，诸如德育的个体性与社会性、意识形态性与非意识形态性、认同性与批判性、政治性与人本性等范畴之间辩证矛盾问题的解决奠定理论基础，也就是说，人本德育理论研究中原本存在的一些基本理论问题都可以从人本德育唯物史观向度的理论框架中寻求解决的路径。因此，人本德育唯物史观向度的确立能够为我们对德育所有基础理论问题的研究加入新的思维，这是有助于从整体上推进我国人本德育理论研究进程的。

总的来说，所谓人本德育唯物史观向度的基本意蕴在于，唯物史观是人本德育思考的一种理论角度，它启示我们人本德育并非一个单纯的教育问题，人本德育缺失的根源与实现的条件都在于社会历史运动当中；唯物史观是人本德育思考的基本方法，对于人本德育一系列基本问题的思考都需要以唯物史观的基本立场方法为分析框架；唯物史观提供了人本德育实现的根本条件，人本德育实现的根本条件在于德育中人民主体性的确立，人民主体性本身就是唯物史观的基本观点；人本德育唯物史观向度的价值在于，能够为人本德育的理论研究提供一种新的思维，能够为人本德育的实践推进奠定根本性的理论基础。

但本书的所有论述也只是阐述了人本德育唯物史观向度的最基本逻辑框架，从而为人本德育理论研究新思维的确立奠定初步的基础，但这并未穷尽人本德育唯物史观向度研究的所有问题。对此，在这里作一个简要的提及。人本德育唯物史观向度研究的逻辑结论是，人本德育实现的根本性条件在于德育中人民主体性的确立，而为了达到这一点就需要将蕴含人民主体性的意识形态与人类基本价值辩证关系放置到德育当中。这种推论是基于一种逻辑性必然。但问题在于，意识形态与人类基本价值的划分是基于一种纯粹逻辑推理，在实际中两者是否能够明确划分开来？将意识形态与人类基本价值辩证关系放置到德育当中究竟会呈现出什么样的状态？特别是人类基本价值是以何种形态出现在德育当中的？一个可能的解答就在于，这种辩证关系会使德育以文化德育的形式而出现。文化德育在学术界的提出同样是基于对德育泛意识形态化问题的反思，如郭凤志说："德育观念的变革是德育现代创新和发展的关键。德育观念变革的核心是思维方式的变革，重构现代德育的文化思维前提，反观自审和解构传统德育的泛政治化思维方式""德育文化是一个描述德育从泛政治化模式向文化德育模式转变的一个概念。从研究范式上它要实现从泛政治化思维向文化思维的转变"①。德育文化形态建构的基本观点在于，相对于传统德育的单纯意识形态内容，新的德育形态要在原本意识形态的基础上引入人类各个种族、各个文明的优秀思想成果。但实际上，引入的无论是西方优秀文化还是中国传统优秀文化原本都属于各自社会形态的意识形态内容，那么它们为何能够被引入社会主义德育当中？这主要是因为有些内容经过历史的积淀，已从意识形态演变为文化形态，而这种演变最为关键的是原本的思想文化符合人类基本价值，具有普遍性。所以，人类基本价值在德育当中的实现将会造就德

---

① 郭凤志：《德育文化论》，中国社会科学出版社 2008 年版，第 2、5 页。

育文化形态的出现。但社会主义德育原本的意识形态也是要符合甚至代表人类基本价值的,说到底,意识形态与人类基本价值是很难截然分开的,与此同时它们的张力也需要得到体现。因此,尽管文化德育形态是人类基本价值与意识形态辩证关系在德育当中展现的一个可能解答,但是其最终的具体形态如何还是需要进行长久而艰深的探讨。

参考文献

著作类

《邓小平文选》第1、2卷，人民出版社1994年版。

《邓小平文选》第3卷，人民出版社1993年版。

《江泽民文选》第2—3卷，人民出版社2006年版。

《列宁选集》第1—4卷，人民出版社2012年版。

《马克思恩格斯文集》第1—10卷，人民出版社2009年版。

《毛泽东选集》第1—4卷，人民出版社1991年版。

《十七大以来重要文献选编》（上），中央文献出版社2009年版。

陈先达：《走向历史的深处：马克思主义历史观研究》，中国人民大学出版社2006年版。

单中惠主编：《外国教育思想史》，高等教育出版社2007年版。

范树成：《当代学校德育范式转换与走向研究》，人民出版社2011年版。

方世南等：《高校马克思主义思想政治理论课程改革创新研究》，人民出版社2007年版。

冯平等主编：《价值之思》，中山大学出版社2003年版。

冯友兰：《中国哲学史新编》，人民出版社2004年版。

郭凤志：《德育文化论》，中国社会科学出版社2008年版。

侯惠勤：《马克思的意识形态批判与当代中国》，中国社会科学出版社2010年版。

胡锦涛：《坚定不移沿着中国特色社会主义道路前进 为全面建成小康社会而奋斗——在中国共产党第十八次全国代表大会上的报告》，人民出版社2012年版。

胡乔木：《关于人道主义和异化问题》，人民出版社1984年版。

胡子克主编：《马克思主义理论教育概论》，人民出版社2005年版。

黄见德等：《现代西方人本主义哲学研究》，华中理工大学出版社1994年版。

黄书光主编：《价值观念变迁中的中国德育改革》，江苏教育出版社2008年版。

季广茂：《意识形态》，广西师范大学出版社2005年版。

教育部社会科学研究与思想政治工作司主编：《马克思主义思想政治教育理论基础》，高等教育出版社2005年版。

《靳辉明文集》，上海辞书出版社2005年版。

雷骥：《现代思想政治教育的人性基础研究》，人民出版社2008年版。

李从军：《价值体系的历史选择》，人民出版社2008年版。

李德顺等：《价值论原理》，陕西人民出版社2002年版。

李德顺：《邓小平人民主体价值观思想研究》，北京出版社2004年版。

李连科：《哲学价值论》，中国人民大学出版社1991年版。

李辽宁：《当代中国思想政治教育意识形态功能研究》，武汉大学出版社2006年版。

李明德：《西方教育思想史：人文主义教育之演进》，人民教育出版社2008年版。

李萍等：《比较德育》，中国人民大学出版社2009年版。

李瑜青：《人本思潮与中国文化》，东方出版社1998年版。

联合国教科文组织国际教育发展委员会编著：《学会生存——教育世界的今天和明天》，教育科学出版社1996年版。

刘济良主编：《德育原理》，高等教育出版社2010年版。

刘建军等：《思想理论教育原理新探》，高等教育出版社2006年版。

刘明君等：《多元文化冲突与主流意识形态建构》，中国社会科学出版社2008年版。

刘铁芳主编：《新教育的精神——重温逝去的思想传统》，华东师范大学出版社2007年版。

刘永富：《价值哲学的新视野》，中国社会科学出版社2002年版。

刘卓红等：《开放德育论》，人民出版社2008年版。

鲁洁：《道德教育的当代论域》，人民出版社2005年版。

冒从虎等编：《欧洲哲学通史》（上卷），南开大学出版社1985年版。

戚万学：《冲突与整合——20世纪西方道德教育理论》，山东教育出版社1995年版。

乔耀章主编：《科学社会主义的理论与实践》，苏州大学出版社2009年版。

邱柏生主编：《高校思想政治教育的生态分析》，上海人民出版社2009年版。

任继愈主编：《中国哲学史》，人民出版社2003年版。

宋惠昌：《当代意识形态研究》，中共中央党校出版社1993年版。

田建国：《以人为本与道德教育》，山东人民出版社2005年版。

王东莉：《德育人文关怀论》，中国社会科学出版社2005年版。

王玉樑：《当代中国价值哲学》，人民出版社2004年版。

王玉樑：《价值哲学新探》，陕西人民教育出版社1993年版。

谢宏忠：《大学生价值观导向——基于文化多样性视野的分析》，社会科学文献出版社2010年版。

杨生平：《论马克思主义意识形态理论的形成和发展》，首都师范大学出版社1998年版。

叶汝贤：《唯物史观和人道主义、异化问题》，中山大学出版社1985年版。

俞吾金：《意识形态论》，上海人民出版社 1993 年版。

袁本新等：《人本德育论》，人民出版社 2008 年版。

袁贵仁等：《邓小平价值观研究》，河南人民出版社 1998 年版。

袁贵仁主编：《对人的哲学理解》，河南人民出版社 1994 年版。

袁桂林：《当代西方道德教育理论》，福建教育出版社 1995 年版。

曾长秋等主编：《科学社会主义理论与实践》，湖南大学出版社 2002 年版。

张岱年：《中国哲学大纲》，中国社会科学出版社 1994 年版。

张文喜：《历史唯物主义的政治哲学向度》，江苏人民出版社 2008 年版。

张秀琴：《马克思意识形态理论的当代阐释》，中国社会科学出版社 2005 年版。

张艳玲：《论"以人为本"：从马克思的唯物史观到科学发展观》，中国社会科学出版社 2010 年版。

张耀灿等：《现代思想政治教育学》，人民出版社 2006 年版。

张耀灿等：《现代思想政治教育学科论》，湖北人民出版社 2003 年版。

浙江大学教育系等编：《西方古代教育论著选》，人民教育出版社 2001 年版。

郑永廷等：《社会主义意识形态发展研究》，人民出版社 2002 年版。

郑永廷等：《主导德育论》，人民出版社 2008 年版。

《中国哲学的精神：冯友兰文选》，国际文化出版公司 1998 年版。

朱贻庭主编：《中国传统伦理思想史》，华东师范大学出版 2003 年版。

[德] 雅斯贝尔斯：《什么是教育》，邹进译，生活·读书·新知三联书店 1991 年版。

[法] 卢梭：《社会契约论》，何北武译，商务印书馆 2003 年版。

[美] 丹尼尔·贝尔：《意识形态的终结》，张国清译，江苏人民出版社 2001 年版。

[美] 科尔伯格：《道德教育的哲学》，魏贤超等译，浙江教育出版社

2000 年版。

［美］约翰·杜威：《民主主义与教育》，王承绪译，人民教育出版社 2001 年版。

［斯洛文尼亚］斯拉沃热·齐泽克等：《图绘意识形态》，方杰译，南京大学出版社 2002 年版。

［英］阿伦·布洛克：《西方人文主义传统》，董乐山译，生活·读书·新知三联书店 1997 年版。

Abraham H. Maslow, *Motviation and Personality*, New York: Harper & Row, 1970.

Carl R. Rogers, *Freedom to Learn*, Columbus, Ohio: Merrill Publishing, 1969.

George F. Kneller, *Existentialism and Education*, New York: Philosophical Library, 1958.

Lawrence A. Cremin, *The Transformation of the School*, New York: Vintage Books, 1961.

Lawrence Kohlberg, *Essays on Moral Development*, Vol. I: *The Philosophy of Moral Development*, New York: Harper & Row, 1981.

论文类

陈秉公：《以人为本的德育本体论解读——兼论由"民本"思想影响的德育到"人本"德育的历史性发展》，《教育研究》2005 年第 12 期。

陈锡喜：《建设社会主义核心价值体系增强意识形态的吸引力凝聚力》，《思想理论教育导刊》2009 年第 4 期。

陈锡喜：《论马克思主义的理论自尊、理论自信和理论自觉》，《教学与研究》2012 年第 10 期。

陈学明：《建设中国特色社会主义如何贯彻以人为本的原则》，《毛泽东邓小平理论研究》2010 年第 9 期。

陈志尚:《"以人为本":世界观、历史观和价值观的统一》,《高校理论战线》2006年第1期。

杜时忠:《生活德育论的贡献与局限》,《教育研究与实验》2012年第3期。

范树成、李海:《当代西方国家德育模式与方法的人本化趋势》,《外国教育研究》2006年第10期。

冯建军:《"德育与生活"关系之再思考——兼论"德育就是生活德育"》,《华中师范大学学报》(人文社会科学版)2012年第4期。

冯志斌:《高校思想政治教育工作要大力弘扬"以人为本"精神》,《理论导刊》2011年第3期。

高放:《准确把握"以人为本"的深刻内涵》,《中国党政干部论坛》2005年第10期。

高文兵:《试论以人为本的教育价值观》,《中国人民大学学报》2007年第4期。

郭凤志:《唯物史观视域下以人为本的解读》,《理论月刊》2011年第8期。

韩庆祥:《"以人为本"的科学内涵及其理性实践》,《河北学刊》2004年第3期。

侯惠勤:《"以人为本"的精神实质和理论界限》,《探索》2005年第1期。

黄枬森:《"以人为本"原则在科学发展观中的位置》,《中共中央党校学报》2006年第1期。

黄枬森:《关于科学发展观和构建社会主义和谐社会理论的哲学思考》,《北京大学学报》(哲学社会科学版)2007年第5期。

黄枬森:《关于人道主义和异化问题的讨论》,《北京大学学报》(哲学社会科学版)2010年第1期。

黄枬森:《论"以人为本"的思想渊源和科学内涵》,《伦理学研究》

2011年第3期。

贾金玲:《人本理念下的德育课程改革刍议》,《学校党建与思想教育》2007年第7期。

雷鸣:《以人为本与党的执政能力建设》,《当代世界与社会主义》2007年第2期。

李德平:《思想政治教育以人为本实践路径的思考》,《学术论坛》2011年第1期。

李德顺:《普遍价值及其客观基础》,《中国社会科学》1998年第6期。

刘静茹:《解读以人为本》,《社会科学战线》2012年第1期。

刘书林:《论思想政治教育的本质——坚守"灌输论"的缘由》,《思想理论教育导刊》2012年第10期。

刘书林、华晔子:《思想政治教育学重要理论问题研究的新进展》,《思想教育研究》2011年第7期。

刘亦工:《论高校思想政治教育以人为本理念的内涵与实践》,《学校党建与思想教育》2011年第12期。

鲁洁:《转型期中国道德教育面临的选择》,《高等教育研究》2000年第5期。

鲁洁:《做成一个人——道德教育的根本指向》,《教育研究》2007年第11期。

骆郁廷、王若飞:《也谈思想政治教育要以人为本》,《武汉大学学报》(人文科学版)2004年第6期。

戚万学、唐汉卫:《以人为本的道德和以学生为本的道德教育》,《中国教育学刊》2003年第6期。

邵广侠:《论以人为本思想政治教育的实施策略》,《学术界》2007年第2期。

邵广侠:《以人为本的思想政治教育探析》,《探索》2006年第5期。

沈壮海:《论高校德育的人本追求》,《思想理论教育导刊》2009年第

11 期。

石凤妍、徐建康：《论以人为本的大学生思想政治教育》，《道德与文明》2007 年第 2 期。

汤一介：《论"天人合一"》，《中国哲学史》2005 年第 2 期。

田海平：《人类普遍价值标准的探寻》，《人文杂志》2000 年第 2 期。

童世骏：《为何种普遍主义辩护——与赵敦华教授商榷》，《学术月刊》2007 年第 5 期。

万光侠：《论思想政治教育人本研究范式》，《学校党建与思想教育》2012 年第 5 期。

万光侠：《现代人本思想政治教育建构的几个理论问题》，《济南大学学报》2007 年第 6 期。

王彩凤：《关于"以人为本"的大学生人文素质教育的思考》，《山东社会科学》2012 年第 5 期。

王锐生：《"以人为本"：马克思社会发展观的一个根本原则》，《哲学研究》2004 年第 2 期。

王彦力：《教育"以人为本"误读解析》，《上海教育科研》2010 年第 7 期。

王玉樑：《论价值本质与价值标准》，《学术研究》2002 年第 10 期。

王兆珍：《从以人为本视角看高校德育》，《学校党建与思想教育》2007 年第 4 期。

魏雷东：《论当代德育的人本转向》，《河南师范大学学报》（哲学社会科学版）2006 年第 1 期。

夏甄陶：《论以人为本》，《新华文摘》2003 年第 9 期。

严世雄、郝翔：《论中国共产党发展观的历史演进——从阶级斗争到以人为本》，《湖北社会科学》2012 年第 2 期。

杨德广、朱炜：《"以人为本"的教育观述略》，《现代大学教育》2004 年第 4 期。

俞宣孟：《追寻绝对价值》，《社会科学》1997年第1期。

袁贵仁：《以人为本是科学发展观的核心》，《哲学研究》2005年第11期。

曾秀兰：《以人为本视野中高校德育的困境与超越》，《广东社会科学》2007年第4期。

张传开：《论以人为本及其与人本主义的关系》，《学术界》2005年第2期。

张岱年：《论价值的层次》，《中国社会科学》1990年第3期。

张岱年：《中国文化的基本精神》，《齐鲁学刊》2003年第5期。

张曙光、宋友文：《论价值的普遍性与普遍价值》，《河北学刊》2009年第4期。

张澍军：《论人学视域的德育目的》，《社会科学战线》2004年第5期。

张耀灿：《思想政治教育的特点和规律探析》，《思想理论教育》2005年第2期。

张耀灿：《推进思想政治教育研究范式的人学转换》，《思想教育研究》2010年第7期。

张有奎：《克服"以人为本"的五个误区》，《求实》2007年第12期。

赵敦华：《关于普遍伦理的可能性条件的元伦理学考察》，《北京大学学报》（哲学社会科学版）2000年第4期。

赵敦华：《为普遍主义辩护——兼评中国文化特殊主义思潮》，《学术月刊》2007年第5期。

郑承军：《德育以人为本的哲学思考》，《河南社会科学》2006年第6期。

郑永廷：《论思想政治教育的外延与内涵拓展》，《华南理工大学学报》（社会科学版）2001年第1期。

朱平：《思想政治教育要坚持"以人为本"》，《毛泽东邓小平理论研究》2004年第6期。